子どもの生と教育経営

日本教育経営学会紀要

第63号

第一法規

ま　え　が　き

　新型コロナウイルス感染症（COVID-19）の影響により，当たり前が当たり前でなくなり，教育経営の実践や研究のあり様も変わりつつあります。本学会大会も，第60回大会（千葉大学，2020年12月19・20日）に続き，第61回大会（広島大学，2021年6月4〜6日）もオンライン開催となりました。

　さて，このCOVID-19の影響を最も受けているのは，なにより子どもたちではないでしょうか。学校の休校，「ステイホーム」で外出自粛のなか，学校の友だちと会えず，オンライン授業の実施など，当たり前だった日常の生活が失われました。学校再開後も，学校行事やイベントの中止，「新しい生活様式」への適応など，子どもたちの生活は様変わりしました。その影響は，子どもたちの生きづらさに追い打ちをかけ，教育格差を拡大していると指摘されています。その一方で，学校から解き放たれたかのように，公園や近所で子ども同士が生き生きと遊んでいる姿が見られました。また，「こんな状況だからこそ，自分たちは何をすべきか」と考え，自分たちの意見を発信したり行動したりする子どもたちの姿も見られました。このような子どもたちの生きる経験や生活，すなわち「子どもの生」は，学校の存在価値に揺らぎをもたらすとともに，その価値を再確認させるものであったように思われます。

　そこで，本特集では，「子どもの生と教育経営」と題し，教育経営学は子どもの生（生きる，生活）をどのように捉えるべきかという視点から，これからの教育経営（学）の課題と展望について考察しました。

　教育経営学における子どもの位置づけについては，本学会紀要第33号『子どもと教育経営』（1991）以降，子どもの姿が見えない，子どもに向けられる視線が教育の客体としての視線にとどまる等の指摘がなされてきました。その後，生徒参加論などが，子どもを（自立的な）主体として捉えようとしてきました。本特集論文はさらに，子どもに向けられる視線の広さと多様さを大切にし，応答的な関係性に目を向けながら，「行為主体化（鋭敏な主体）」（水本論文），「生徒の声（student voice）」（古田論文），「ケア」（柏木論文），「ウェルビーイング」（末冨論文）等の概念で子どもの生を捉え，教育経営学の新たな展望を示しています。

　さて，研究論文につきましては，17本の投稿申し込み，13本の投稿があり，

厳正な審査の結果，2本の掲載となりました。今回，事例やデータは情報豊かで興味深いものの，研究の問題設定や位置づけが不十分なために考察や結論を深めきれていない論文が少なからずありました。惜しくも掲載に至らなかった論文も，この点に留意して，再投稿されることを期待しております。

　教育経営の実践事例につきましては，10本の投稿申し込み，6本の投稿があり，審査の結果，1本の掲載となりました。実践当事者としての思いのこもった貴重な実践事例を投稿していただきましたが，これまでの教育経営（実践や学）に対して自らの実践のもつ意義を評価するところに難しさがあるようです。また，自らの実践を公表することに伴う研究倫理上の問題をどのように考えていくかが今後の課題として残りました。

　その他ですが，第60回大会のシンポジウム，若手研究者のための研究フォーラム，課題研究，実践研究フォーラムの各報告，大会報告，実践研究賞を受賞された佐古秀一会員の自著紹介と審査結果の概要，書評3件を掲載しております。また，国際交流委員会による海外の教育経営事情，研究推進委員会による教育経営学研究動向レビューを投稿していただきました。

　本号をもちまして，今期の紀要編集委員会は3年間の任期を終了します。編集委員の皆様には，「教育的な視点で査読を行う」という方針のもと，毎回，丁寧なコメントを書いていただきました。この場を借りて御礼申し上げます。

　最後になりましたが，第一法規の田村雅子氏と芳賀郁雄氏には編集作業で大変お世話になりました。とくに前号と本号では，新型コロナウイルス感染拡大に伴う在宅勤務体制が続くなかでの作業となり，ご無理をお願いいたしました。紀要編集委員会を代表して心より御礼申し上げます。

　2021年6月

紀要編集委員長　曽余田浩史

目　　次

〈学会褒賞〉

特集　子どもの生と教育経営

教育経営における
子どもの主体化の現代的様相
―言説的制度としての教科書の
言語行為論的分析を通じて―

同志社女子大学　水 本 徳 明

1　言説的制度としての教育経営とその研究課題

(1)　言説的制度としての教育経営

　教育は意図に帰属する行為である（ルーマン 1993：386頁）。公教育は正当性を承認された社会的な教育意図の実現である。教育経営は社会を構成する諸主体の教育意図を調整して正当性を承認された社会的教育意図を形成し，教育実践に直接に関わる諸主体に伝達するとともに，資源を調達，配分して，その実現を図る過程である。この教育意図の調整と伝達の過程は，討議や対話など対面によるものであれ，文書によるものであれ，言説によって担われているので，教育経営を言説的制度として捉えることができる。

　教育意図の主体及び社会的教育意図が形成されて実現されるルートは多元的である。学校教育の実践場面から見ると，国会や国の審議会，地方議会，文部科学省，教育委員会など立法・行政機構を通じて調整，伝達されるルートもあれば，個別の児童生徒や保護者の（自己）教育意図との直接的な調整が行われる場面もある。学校運営協議会などで地域住民や保護者の意図が調整され，実現される場合もある。教職員も個別にあるいは校長会などの組織を通じて，教育意図の主体としてこの過程に関わる。また，教育経営の過程は複雑である。なぜなら，それに関わる諸主体は自存的ではなく，教育経営の過程において，言説を通じて諸主体が構築されるからである（水本 2017；2018）。

　教育経営における主体構築の最終場面が教育実践である。何らかの形で調整された社会的な教育意図を子どもに伝達し，主体としての子どもを構築するのが公教育における教育実践である。したがって教育実践においては，教育過程

と経営過程は一体のものとなる。児童会・生徒会活動や学級経営が教育過程であると同時に経営過程であることは見えやすい。しかし，教科指導の実践も教育過程であると同時に経営過程でもある。教科書は社会的な教育意図を伝達する言説である。教科指導はそのようにして伝達される社会的な教育意図と教師の教育意図，児童生徒の自己教育意図の調整過程として捉えられる。その過程で児童生徒の主体性を構築することがすなわち教科指導の教育実践である。

⑵　教育経営研究の課題と子どもの位置

　以上のように教育経営を捉えれば，教育意図がどのように調整，伝達，実現されるのかを問うことが教育経営研究の課題であると言える。その出発点にあるのは，誰が，誰に対して，どのような教育意図を表明し，それがどのように聴かれているのかである。それは，教育経営への参画の問題でもあるし，ニーズの把握の問題でもある。またそれは，教育経営に関わる各主体がどのように構築されているのかを問うことでもある。本稿は子どもに焦点化して，その問いにアプローチするものである。

　教育経営研究において子どもが取り上げられる場合，学校のガバナンスにおけるその位置づけが中心的に取り上げられてきた。例えば，葉養（2005：44頁）は子どもの参画が認められていないことについて「協働統治の方式が特定構成員を排除して成り立つ，というのはガバナンスの自己矛盾とも言える」と，岩永（2012：20頁）は「子どもは育てられるべき対象であり，大人が準備した学習・体験プログラムの受容者でしかない」と指摘している。

　最近では実践的にも研究的にも，子どもがガバナンスの参画主体であると同時に学習主体であるという両面をどう両立させるかが注目されている[1]。ドイツにおいては，生徒参加は「生徒の権利行使機能を中心としてきた従来の生徒参加に加え，それまでにも部分的には果たされてはいたが，必ずしも明確に果たすべき機能とはみなされていなかった教育機能，いいかえれば，民主主義教育の一環として民主主義的行動能力を獲得するために不可欠な実践活動の場としての，生徒の能力獲得機能を含む活動へと拡大している」と言われている（柳澤 2016：42頁）。米国イリノイ州シカゴの実践でも，生徒参加は「市民性教育の機会という側面に加え，「学校文化・風土の改善」という側面を併せ持つ」（古田 2019：80頁）。柏木・武井（2020：167頁）は，複合的困難を抱える子どもの支援の研究において，子どもの声に耳を傾けその状況に寄り添うこと

が，子どもが声を出せるようになり，子どもの主体的行為がみられるようになることにつながることを見出している。これらの研究が示しているのは，教育実践が教育過程であると同時に経営過程であること，さらには子どもの関わる経営実践が経営過程であると同時に教育過程であることである。

　しかし，これまでの教育経営研究では教科指導における子どもの位置づけについての研究は見られない。それは，学校における経営過程と教育過程が分断して捉えられ，教科指導がもっぱら教育過程としてのみ意味づけられてきたからであると思われる。しかし，これまで述べてきたように教科指導は教育過程と経営過程の両面性を持っており，教育経営研究としてそこにおける子どもの位置づけが問われなければならないのである。

⑶　本稿の目的と方法

　本稿では，教育実践を教育過程と経営過程の統一と捉える視座から，教科指導における子どもの位置づけを検討する。新学習指導要領で「主体的・対話的で深い学び」が推進され，学校教育目標などにも「主体的」な子どもの育成が掲げられることも少なくない。現代においては学校教育をめぐる議論の重心が「教育」から「学習」に移動し，教育の方法も目的も子どもの「主体性」に焦点化されるようになってきている。この現代的状況において生じている子どもの主体化の様相を明らかにすることが本稿の目的である。

　具体的に分析対象とするのは，小学校6年生用の社会科教科書における政治分野の記述である。現行の教科書は「主体的・対話的で深い学び」を推進する学習指導要領に基づいて作成され，社会科とりわけ政治分野においては社会の構成員としての子どもたちの主体性が重視されるはずだからである。教育経営の一つのルートを教育基本法における教育目的の規定を始点としてみれば，教科書は文章化された言説としてその終点に位置づく。確かに授業において教科書がどのように用いられるかが重要であり，その意味では授業過程そのものが言説として分析されなければならない。しかし，教科書は検定を経ており使用義務のある「主たる教材」であるから，それ自体を言説として分析することは教育経営研究として重要であると考える[2]。

2　言説的制度における主体化を問う理論的枠組み

　言説的制度としての教科書による子どもの主体化の様相を明らかにするため

の理論的装置について解説する。依拠するのは，①シュミット（Schmidt, V. A.）の言説的制度論，②バトラー（Butler, J.）の主体化＝服従化と行為主体化に関する議論，③サール（Searle, J.R.）の言語行為論である[3]。

(1) 言説的制度論

　言説的制度論とは，言説とアイディアに着目して制度のダイナミズムを理解する理論である。Schmidt（2010）によれば，合理選択的制度論，歴史的制度論，社会学的制度論という3種の新制度論は，それぞれ合理的計算，経路依存性，規範的適切性という説明論理で制度を静学的に捉えたのに対し，言説的制度論はコミュニケーションを説明論理とすることで動学的に制度を捉える。

　Schmidt（2008：p.310）は，政治領域における言説を「調整的言説」と「伝達的言説」に分けている。「調整的言説は政策形成の中心にいて政策と計画アイディアの創造，仕上げ，正当化に関与している個人や集団から構成される」，伝達的言説は「政策アイディアを一般公衆に対して提示し，伝達し，正統化する個人や集団から構成される」とする。公教育についていうと国や地方の議会や審議会，教育委員会や学校運営委員会での議論は調整的言説であり，その結果が様々なルートの伝達的言説を通じて伝達され，それが教室における教師の教育活動と児童生徒の学習活動として実践される。学習指導要領や教科書は政策アイディアを記述した伝達的言説である。

　Schmidt（2008：p.314）は「制度はアクターにとって内在的であり，アクターを制約する構造であるとともに，アクターによって創造され変化させられる構築物でもある」とする[4]。Schmidt（2015：pp.175-176）は，制度を対象化する主体を「鋭敏な主体（sentient agents）」と呼び，「集合的な行為につながる言説的相互行為を通じてアイディアを生み出し，アイディアについて熟考する鋭敏な（考え，語る）存在」と定義している。「人々の，制度の外側で考え議論する能力」によって，「制度を対象化して距離を置いて考え，話をすることができるようになるし，制度を利用し続けながらも制度を批判できるように彼ら自身を制度から解き放つことができるようになる」と言う。アクターは制度によって制約されると同時に，それを創造し変化させる主体としても捉えられている[5]。しかし，どのようにして主体が「鋭敏な主体」となるのかについては，ただそのような能力を持っているからであるという同語反復的な説明になっており，主体が「鋭敏な主体」になるメカニズムの説明はなされていな

い。そのメカニズムを捉えるために，主体化＝服従化に関するアルチュセールの議論を批判的に発展させている，バトラーの行為主体の議論を参照する。

⑵　主体化＝服従化の失敗を通しての行為主体化

　アルチュセール（2010：下88-89頁）は，警官が「おい，おまえ，そこのおまえだ！」と呼びかける例を挙げて，主体化＝服従化について説明している。すなわち「きわめてありふれた呼びかけのタイプに従って思い浮かべることができるようなあの明確な操作によって，諸個人のあいだから主体を「 徴募」し（イデオロギーは諸個人をすべて徴募する），あるいは諸個人を主体に「変える」（イデオロギーは彼らすべてを変える）ように「作用し」，あるいは「機能する」」という。呼びかけられた個人は振り向くことによって，「主体となる」。なぜなら「彼は呼びかけが「まさしく」彼に向かってなされており，また「呼びかけられたのはまさに彼である」（そして別のものではない）ということを認めたからである」。アルチュセール（2010：下102頁）によれば，そうした作用によって，諸主体は「尾行する警官抜きで「一人で歩む」」ようになる。

　しかし，人はそのように主体化＝服従化されるだけではなく，それを越え出ていく。そのことについてバトラー（2019：247-248頁）は，次のようにいう。
　自分自身の存在に固執することは，決して完全には自分自身のものでない社会的諸関係に最初から委ねられていることを意味する。社会的諸関係は，いかなる行為能力の行為にも先だって，話す「人」に言語的な生を設立するのであり，その諸関係は，話す人に還元されないままにとどまると同時に，その発話の必然的な条件であり続ける。その意味において，呼びかけは失敗によって機能する。つまり呼びかけは，まさしく主体を時間の中で完全に規定することに失敗する限りにおいて，その主体を行為主体［agent］として設立するのである。（改行）呼びかけの創始的光景は，構成されることのある種の失敗が，自分自身を構成する可能性の条件になるような光景である。社会的言説は，それ自体の諸関係を強制することを通じて，主体を形成し統制する権力を行使する。しかしながら，社会的言説の諸関係は単に受容され，内化されるのではない。それらの諸関係は，それらを偽装し，「反転させる」という運動を通じてのみ心的になるのである。
　ここで「行為主体」と呼ばれているものが，Schmidt（2015）の「鋭敏な主

体」に相当すると言えよう。バトラーによれば，権力の作用としての呼びかけによって人は主体化＝服従化されるが，それは失敗する限りで実現されるのであり，その失敗を通じて人は行為主体となるのである。その失敗は，人が「社会的諸関係」に委ねられていることから生じる。バトラー（2019）の解説をしている佐藤（2019：279頁）によれば，主体化＝服従化の失敗をもたらすものは「権力の呼びかけに介入する偶然性，あるいはずれ」であり，それこそが「抵抗の存在論的条件を構成する」。本稿では，主体化＝服従化の失敗を通じた行為主体化のプロセスを主体化と呼ぶ。

　教育実践において，主体化＝服従化の失敗はどのように生じるのか。ルーマン（1993：386頁）が，「教育されることを強い要請をもって期待されている人は，この意図がコミュニケーションされることによって，それから距離をおく自由，それどころかそれ以外の可能性を探し求め，それを見いだす自由を獲得している。とりわけ，教育的行為のすべての具体化は，それぞれに差異を背負わされている。そうした具体化はたとえば成功の道筋をあらかじめ指示しており，そうすることにより失敗する可能性を根拠づけている。」と述べているように，教育的コミュニケーションに介入する偶然性は，教育意図が伝わることによって生まれる。教育意図が伝わることは，教育においてその意図がそのまま実現することに失敗する可能性を生み出すが，それは子どもが行為主体となる可能性の条件でもある[6]。

⑶　言語行為論

　言説による主体化を論じる際には，人がどのように呼びかけられているかが分析されねばならない。そのために言語行為論に依拠することができる。サール（2006）は言語行為を五つの型に分類している（**表1**）。

　教科書分析のために重要なのが断言型，指令型，宣言型である。断言型はいわば事実の記述であり，とりあえず教科書における知識の記述はこれに当たる。指令型には願望や願いが含まれ，子どもにこうなってほしいというような教育意図の表明はこれに当たる。宣言型の言語行為は，「言うことがそれをそうさせる」（宣戦を布告することによって戦争状態になる）タイプの言語行為である。宣言型の言語行為は遂行的であり，制度的事実を創造する。「宣言型の言語行為においては，言語行為によって述べられた命題内容が，当の言語行為が成功裏に遂行されることによって実在するようになる」（Searle 1995：p.34）

表1 言語行為のタイプ

タイプ	説明
断言型	話し手が何かが事実であることを主張する（〜であることを信じるなど）
指令型	話し手が聞き手に何かを行わせようとする（命令する，助言するなど）
行為拘束型	話し手が未来の行為を約束する（約束する，計画に賛成するなど）
表現型	ある事態に対する話し手の心理状態を表現する（感謝する，詫びるなど）
宣言型	宣言することで宣言した事態をもたらす（例えば宣戦布告）

サール（2006：19-32頁）に基づいて筆者作成。

ので，「文脈CにおいてはXをYとみなす」（例えば，売買においてある紙片を貨幣とみなす）という構成的規則が成立し，それが制度を生み出す（ibid：p.43）。先に教科書における知識の記述はとりあえず断言型であると述べたが，社会的事実（制度的事実）については単なる事実の記述にとどまりえない。その記述によって遂行的に制度が維持され，創造され続けるからである。

　本稿の課題は，教育過程であると同時に経営過程でもある教育実践において，どのように子どもが主体化され，そこにどのような行為主体化の可能性が開かれているのか，いないのかを問うことである。そこで子どもはどのように呼びかけられているのか，その呼びかけはどのように失敗し，制度の外側で考え議論する可能性を生み出しているのかを問う。そのために，教科書を政策アイディアが記述された言説として捉え，言語行為論の視点からその記述を分析する。すなわち，どのような内容がどのような言語行為のタイプとして記述されているのかを分析するのである。

3　小学校 社会科教科書の言語行為論的分析

⑴　分析対象

　分析対象とするのは，表2に示すいずれも2019年3月26日検定済，2020年発行の3種類の教科書である。政治分野の構成と登場する子どものキャラクターの人数は表2の通りである。

⑵　指示される「学習過程」[7]

　どの教科書も単なる教科の知識（情報）の記述ではなく，学習活動の記述という形式を採っている。子どものキャラクター（Bではドラえもんのキャラクターも）が登場し，そのキャラクターたちが学習活動を進める（学習問題を設

表2　各教科書の政治分野の構成

教科書	政治分野の構成	キャラクター
A 教育出版 『小学社会 ⑥』	ともに生きる暮らしと政治 1 憲法とわたしたちの暮らし 2 わたしたちのくらしを支える政治 ・つなげる 災害からわたしたちを守る政治＊ 雪とともに生きる暮らしを支える政治＊	4 人
B 東京書籍 『新しい社 会6 政治・ 国際編』	わたしたちの生活と政治 1 わたしたちのくらしと日本国憲法 2 国の政治のしくみと選挙 3 子育て支援の願いを実現する政治＊ 3 震災復興の願いを実現する政治＊	6 人 他にドラえも んのキャラク ター
C 日本文教出 版『小学社 会6 年』	わが国の政治のはたらき 1 憲法と政治のしくみ 2 わたしたちの願いと政治のはたらき 自然災害からの復旧や復興の取り組み＊ 経験をむだにしないまちづくり＊	4 人

＊はそれぞれいずれかの選択

定し，調べ，まとめ，次につなげるなど）のを記述する形式になっている。**表3**は，各教科書に示された学習の過程が示されたページの内容を整理したものである（ただし，Cは教科書の各部分を説明する形になっているので，この順で学習過程が進むわけではない）。

　どの教科書でも，単元ごとに探究する問題をつくることから学習が始まる。Aでは学習過程が「つかむ」「調べる」「まとめる」「次の学習や暮らしにつなげる」のサイクルで構成され，「つかむ」の中に「1 学習問題をつくろう」「みんながそれぞれ疑問に思ったことや知りたいことを整理してつくろう。」とされている（4 - 5 頁）。Bでは「つかむ」「調べる」「まとめる」「いかす」の段階が示され，「つかむ」で「気づいたことや疑問に思ったことを話し合い，学習問題をつくろう。」とされている（12-13頁）。生活にいかす（A）ことや暮らしにつなげる（B）ことも「学習の進め方」の一環とされている。

　Cでは，「この教科書の使い方」のページで「1 わたし（たち）の問題」が「わたし（たち）が特に気になる疑問だよ。みんなも自分（たち）の？（はてな）を見つけてみよう。」，「5 学習問題」が「みんなで話し合ったり，考えたりしたい疑問だよ。」と解説されている（4 頁）。このように，いずれの教科書でも「わたし（たち）が」あるいは「みんなで」学習を進めるという形式になっている。さらにCでは「6 年生の社会科の学習でたいせつなこと」（2 頁）が語られている。そこでは5 年生での学習をふり返った後に6 年生の社会科での学習内容を紹介し，「6 年生の『小学社会』を学習すると，わたしたちの社

表3　各教科書に示された「学習過程」の構造

A（4−5頁）社会科の学習の進め方	つかむ 1 学習問題をつくろう 2 予想して，学習計画を立てよう	調べる 3 学習問題の解決に向けて調べよう	まとめる 4 学習をまとめよう	つなげる		
B（12−13頁）学習の進め方	つかむ 気づいたことや疑問に思ったことを話し合い，学習問題をつくろう。	調べる いろいろな方法で調べよう。	まとめる 調べてわかったことや考えたことをまとめよう。	いかす 学習したことを次の学習や生活にいかそう。		
C（4頁）この教科書の使い方	1 わたし（たち）の問題 わたし（たち）が特に気になる疑問だよ。みんなも自分たちの？（はてな）を見つけてみよう。	2 本文（学習活動）どういった学習活動をするのかが書かれている文章だよ。	3 本文（友だちの発言）みんなは，どんなことを考えているのか知りたいな。友だちのわかったことや疑問に思ったことが書かれている文章だよ。	4 本文（学習内容）写真や地図，グラフなどと同じように，疑問を解決するために必要なことが書かれている文章だよ。	5 学習問題 みんなで話し合ったり，考えたりしたい疑問だよ。さらに考えたい問題 学習問題を解決したあとで生まれたみんなでさらに話し合ったり，考えたりしたい疑問だよ。	6 学習の計画 学習問題を解決するために，何をどのようにして調べたらよいかや，調べたことをどのようにまとめたらよいかが書かれているよ。

会生活の基本となっているきまりやしくみ，今の世の中への発展してきた日本の歩み，世界の国々との関係などについて，より広く深く考えることができるようになります。（改行）そして，日本の社会の今後の発展と世界の平和を願う国民の一人であるという自覚が芽生えてきます。（改行）それでは，みんなでいっしょに，『小学社会』とともに，社会科の学習をはじめましょう。」と述べられている。

(3)　主体的に学習するキャラクター

キャラクターがつくった学習問題が提示され，キャラクターが調べ，キャラクターがまとめる形で教科書の内容は記述される。日本国憲法について学習する単元では，Aでは，「みんなでつくった学習問題」が「日本国憲法は，どのようなものなのだろうか」（14頁），Bでは「学習問題」が「わたしたちのくらしと日本国憲法の三つの原則は，どのようにつながっているのでしょうか。」（11頁），Cでは「学習問題」が「日本国憲法と政治が，わたしたちのくらしと，どのようにつながっているのだろう。」（11頁）と提示される。これらの「学習問題」についてキャラクターたちが具体的な疑問や調べるべき点を提示し，それについて解説や調べた内容が記述され，最後にまとめる形で単元の記述が展開する。まとめについては，Aでは見開きでキーワードを書き込むように図表に整理され（30-31頁），Bでは見開きで書き出しの例に続けて文章で記述でき

るようになっている（20-21頁）。Cでは見開きの左ページでキャラクターが学習をふり返って話し合いをし，右ページに一人のキャラクターの未完成の「ふり返りシート」が提示されている（26-27頁）。

　ただし，教科書Bの「２国の政治のしくみと選挙」では，「つかむ」と「学習問題」が示されていない。しかし，見開きページごとに「調べる」があり，「国会のはたらきについて調べて整理したことをもとに，最後に一文で説明しましょう。」（24頁），「選挙のしくみや税金の働きについて調べて整理したことをもとに，最後に自分の考えを書きましょう。」（26頁），「内閣の働きについて調べて整理したことをもとに，最後に一文で説明しましょう。」（28頁），「裁判所の働きについて調べて整理したことをもとに一文で説明しましょう。最後に国会・内閣・裁判所の図を完成させましょう。」（30頁）と，調べる内容とまとめ方が具体的に示されている。

　Cでは「国民主権と基本的人権の獲得」というコラム的な記述を行っているが，それについて「このページは，児童が自主的にさらに調べたいと思った内容をあつかっているため，指導時間を設定していません。」と記述されている（48-49頁）。教科書の記述では，「ゆいさんたちは，（中略）外国や日本のできごとをさらにくわしく調べ，政治について考えてみることにしました。」とされているので，「自主的にさらに調べたいと思った」児童とはキャラクターのことであるが，それが架空のものであることは教師も，児童も，保護者も了解済みのことであろうから，それを地の文で「児童が自主的にさらに調べたいと思った」と記述するのは奇妙である。

⑷　言語行為論的特徴

　小学校社会科教科書の政治分野の記述の言語行為論的特徴として，第一に，教科書における子どもたちへの呼びかけ，すなわち指令型の言語行為は「学習問題をつくろう」「調べよう」「つなげよう」「いかそう」など，もっぱら学び方について行われている。それらは地の文でも述べられるが，キャラクターからの呼びかけとしても述べられる。Cの「６年生の社会科の学習でたいせつなこと」は，地の文における子どもたちへの呼びかけとして意味づけることができる。ところがそこでは，社会科の学習の意義が，「〜すれば〜になる」という事実あるいは法則の記述のような形式（断言型の言語行為の形式）を採り，社会科の学習を通じて「日本の歩み，世界の国々との関係などについて，より

広く深く考えることができるように」なってほしい，「日本の社会の今後の発展と世界の平和を願う国民の一人であるという自覚が芽生えて」ほしいという願い（指令型の言語行為）としては語られていない。

　第二に，教科書には内容的に2種類の宣言型の言語行為がある。一つは，学習内容（知識）の記述である。たとえば「人々の間で争いごとや犯罪が起こったときに，憲法や法律にもとづいて判断し，解決するのが裁判所の仕事です。」と地の文で書かれ，キャラクターが「暮らしの中で，自分とだれかとの間に争い事が起きたときには，裁判に訴えることができるんだね。」（A：26-27頁）と発言しているなどである。いま一つは，「学習問題やこの時間の問いが〜である」という記述であり，たとえば「この時間の問い　裁判所には，どのような役割があるのだろう。」（A：26頁）という記述である。この2種類の言語行為は断言型すなわち事実の記述に見えるが，そうではなく，それによって遂行的に事実を生み出す宣言型の言語行為である。前者は裁判所がそのような制度であることを宣言し，社会の構成員たる子どもがそれを受容することによって裁判所という制度が遂行的に創造し続けられる。後者は遂行的に「学習課題」を生み出しているのであるが，それだけでなく，そこでは子どもの興味や関心が遂行的に定義されている。なぜなら，「学習課題」は「みんながそれぞれ疑問に思ったことや知りたいこと」(A)，「気づいたことや疑問に思ったこと」(B)であり，「みんなで話し合ったり，考えたりしたい疑問だよ」(C)と言われているからである。しかし，これらの文が宣言型の言語行為であることは，教師や子どもたちには見えにくく，単なる事実の記述すなわち断言型の言語行為と受け止められるであろう。制度的事実は「それが存在すると表象することによって現実を創造すること」を通じて生み出されるが（Searle 2009：p.93），そのメカニズムは教師や子どもたちには伏せられているのである。

　以上をまとめれば，本論文で分析した教科書は，①学習方法に関する指令型の言語行為，②社会学習の意義に関する断言型の言語行為，③学習内容（知識）に関する断言型に見える宣言型の言語行為，④「学習問題」＝子どもの興味関心に関する断言型に見える宣言型の言語行為から成っているといえる。

4　子どもの主体化の現代的様相と行為主体化の可能性

　新学習指導要領による「主体的・対話的で深い学び」の推進に象徴されるよ

うに，教育の方法も目的も子どもの「主体性」に焦点化されるのが，学校教育の現代的状況である。そこで子どもたちはどのように主体化されようとしているのか。本稿ではその一端を小学校6年の社会科教科書における政治分野の記述の分析を通じて捉えてきた。

バトラーの議論によれば，人は呼びかけられること（の失敗）によって行為主体化の可能性を開かれるのであった。分析から明らかになったのは，小学校社会科教科書の政治分野の記述においては，大人が教育意図をもって子どもに呼びかけていないことである。そこでは，学習方法に関するもの以外，意図に帰属する行為としての教育に内在化しているはずの，子どもたちにこのように思ってほしい，このようなことに興味関心をもってほしい，そしてこのように育ってほしいという願い（教育意図）は表明されていない。

一方，学習は子どもたちが主体的に設定した学習課題を起点として展開することになっている。しかし，学習課題はキャラクターによってすでに設定されている。ここでは，子どもたちにとって，自分（たち）がしたいことが他者から定義されるという奇妙なことが起きている。これは，キャラクターの言説の形を借りたパターナリズムである。すなわち，断言型を偽装した宣言型の言語行為によって子どもたちの主体性（何を疑問に思うか，何を調べたいか，何を話し合いたいかなど）が定義され，遂行的に子どもの主体性が構築されている。それは，不可視化された主体化＝服従化である。しかも声を発しているのはキャラクターであり，子どもたちの声は聴かれない。これは，Carstensen and Schmidt（2016：p.327）の言う，言説的制度における「アイディアについての権力」である。それは「アクター——通常は制度的な地位と権威の面においてきわめて強力な—の聴かない可能性，すなわち他の代替的なアイディアに抵抗する能力に」存し，「意味生産の支配は，対抗的なアイディアに耳を閉ざすことができる可能性をも含む」という。少なくとも教科書内部の言語行為を見る限り，子どもたちの行為主体性は抑圧されている，あるいは排除されていると言わざるを得ない。

だとすると，子どもを「鋭敏な主体」にするあるいは「行為主体として設立する」ために必要なことは，「教えることの再発見」（ビースタ2018）である。ビースタは，「教育の課題は，他の人間に，世界の中に，世界とともに成長した仕方で存在すること，すなわち主体として存在することの欲望を引き起こすことである。」（12頁）という。だから，教育を学習に解消してはならないし，

「教えられるという経験」が「人間の存在にとって」きわめて重要である（67頁）。教科書を使用する教師の役割は，教科書にある断言型（を偽装した宣言型）の言語行為を，子どもたちへの願い（教育意図）として指令型に変換して呼びかけることである。もちろん，その呼びかけがそのまま受容されるわけではない。そのまま受容されないところにこそ子どもたちの行為主体性があり，教師が耳を傾けなければならない子どもたちの声がある。教育実践は教育過程と経営過程の統一であり，呼びかけとそれからのずれやそれへの反発こそが，主体化＝服従化を越えて行為主体化の可能性を生み出すのである。

　教育経営研究の課題としては，学校における子どもの位置づけをガバナンスへの参画の面だけで考えるのではなく，教育実践とりわけ教科指導の中で問うことが重要である。教科指導において子どもの行為主体性が抑圧されていたなら，ガバナンスへの参画も表面的なものにとどまらざるを得ない。それは，教科指導という教育実践を経営過程として捉え，分析するということである。本稿は教科書という限定された範囲でのその試みにとどまった。教科の授業そのものを経営過程として分析する課題を指摘して本稿を閉じることとする。

［注］
(1)　児童会活動，生徒会活動は教育課程に位置づく教育活動であるが，「学校生活の充実と向上を図るための諸問題の解決に向けて」（小学校学習指導要領）行われる活動であり，いわば経営活動であるからこそ実現される教育機能が目指されている。現実には，教育活動であることが重視され過ぎて経営活動としてのリアリティが失われ，結果として教育活動としての効果が損なわれる事態が生じている可能性がある。
(2)　岡本（2001：3頁）は，歴史教科書について「国家によって国民に与えられ，またそれを与えられた国民によって国家が形成・維持・存続されていくという，我々の社会空間にとっての重要なメディアになっている」と言う。歴史教科書のみでなく，社会科教科書一般についてこれが妥当するというのが本稿の立場である。
(3)　ここでいう「制度」はいわゆる法制度に限られない広い概念である。私たちがある社会的構造が在ると思い，それに従って行動するべき理由があると考えているならそれは制度である。Searle（2009：p.92）によれば，ある名辞によって指し示されるものが制度であるかどうかは，それが権利や義務，強制，要請，許可，承認などの義務論的権力を伴うかどうかによる。
(4)　制度による制約は権力の問題である。Carstensen and Schmidt（2016）は，アイディアの権力（ideational power）を「アイディア的要素の使用を通じて，ほかのアク

ターの規範的及び認知的信念に影響を与えるアクター（個人的であれ集合的であれ）の能力」と定義し（p.321），アイディアを通じての権力，アイディアに関する権力，アイディアにおける権力に分類している。本稿の関心から注目すべき「アイディアを通じての権力」は，「アイディア的な要素の使用を通じて，何を考え何をするかについて他者に自分たちの考えを受け入れ，実行させるアクターの能力」（p.323)である。認知的な議論の成功は，解決されるべき問題の定義とその問題に対する適切な解決策の提案にかかっており，規範的議論の説得性は共同体の価値との関連における適切性を示すことにかかっているという（p.324)。

(5) 「主体性（agency）」を両義的なものと捉える視点はガンター（2020)の議論の根底にもあり，教育経営における「主体性」の在り方が問われている（306頁訳注（1))。西山（2019：261-262頁)は，「第一線公務員と市民の相互行為には，ラベリング実践によって「人びとを作る」だけでなく，そもそも政策や規則それ自体を作るということまでも含まれている」という。

(6) 子どもが学校的な認識や価値以外の認識や価値に触れることによっても，教育実践における主体化＝服従化が失敗する可能性がある。その可能性が大きく制約されている問題状況が「学校化」と呼ばれてきた。その検討は別の機会を期したい。

(7) ここで示すのは，教科書に示された「学習過程」である。だから実際の学習過程がその通りに進むわけではない。しかし，「学習過程」が示されている限り，教師の教育活動はそれを推進するように行われるべきというのが教科書のメッセージであろう。「学習過程」が示されることによって，教育過程が制約されるという形で，教育実践の経営過程が規定されている。

［文献］

・アルチュセール，ルイ『再生産について（下)』西川長夫ほか（訳)，平凡社，2010年。
・バトラー，ジュディス『権力の心的な生（新版)』佐藤嘉幸・清水知子（訳)，月曜社，2019年。
・ビースタ，ガート『教えることの再発見』上野正道（監訳)，東京大学出版会，2018年。
・Carstensen, Martin B. and Schmidt, Vivien A. 2016 Power through, over and in ideas：conceptualizing ideational power in discursive institutionalism, *Journal of European Public Policy* 23(3), pp.318-337 .
・古田雄一「米国イリノイ州シカゴ学区の市民性教育改革の方法と特質—格差是正に向けた学校全体での市民性教育実践の先駆的事例—」『国際研究論叢』第33号（1）2019年，69-84頁。
・柏木智子・武井哲郎編著『貧困・外国人世帯の子どもへの包括的支援』晃洋書房，

2020年。
・ガンター，ヘレン・M.『教育のリーダーシップとハンナ・アーレント』末松裕基・生澤繁樹・橋本憲幸訳，春風社，2020年。
・葉養正明「学校経営者の保護者・地域社会，子どもとの新たな関係」『日本教育経営学会紀要』第47号，2005年，36-46頁。
・岩永定「学校と家庭・地域の連携における子どもの位置」『日本教育経営学会紀要』第54号，2012年，13-22頁。
・ルーマン，ニクラス『社会システム論(上)』佐藤勉監訳，恒星社厚生閣，1993年。
・水本徳明「学習観の転換と経営管理主義の行方―公教育経営における権力様式に関する言語行為論的検討―」『教育学研究』第84号(4)，2017年，398-409頁。
・水本徳明「「教育行政の終わる点から学校経営は始動する」か？―経営管理主義の理性による主体化と教育経営研究―」『日本教育経営学会紀要』第60号，2018年，2-15頁。
・西山真司「〝非日常〟としての政治を日常的に作ること―ありふれた実践はいかにして権力と政治のリアリティを構成するか―」田村哲樹編『日常生活と政治』岩波書店，2019年，246-268頁。
・岡本智周『国民史の変貌』日本評論社，2001年。
・佐藤嘉幸「解説　主体化＝服従化の装置としての禁止の法」バトラー，ジュディス，佐藤嘉幸・清水知子（訳）『権力の心的な生（新版）』月曜社，2019年，256-279頁。
・Searle, J. R. 1995 *The Construction of Social Reality,* The Free Press.
・サール J. R.『意味と表現』山田友幸（監訳），誠信書房，2006年。
・Searle, J. R. 2009 *Making the Social World,* Oxford University Press.
・Schmidt, V. A. 2008 Discursive Institutionalism：The Explanatory Power of Ideas and Discourse, *Annual Review of Political Science,* 11, pp.303-26.
・Schmidt, V. A. 2010 Taking Ideas and Discourse Seriously：Explaining change through discursive institutionalism as the fourth 'new institutionalism', *European Political Science Review* 2（1），pp.1-25.
・Schmidt, V. A. 2015 Discursive Institutionalism：Understanding policy in context, Fisher, F., Torgerson, D., Durnová, A. and Orsini, M. ed. *Handbook of Critical Policy Studies,* Edward Elgar Publishing Inc. pp.171-189.
・柳澤良明「ドイツにおける民主主義教育と生徒参加―新たな生徒参加機能の解明―」『香川大学教育学部研究報告第Ⅰ部』第146号，2016年，35-46頁。

A modern aspect of children's agency in educational management : Through the speech act theory analysis of textbooks as a discursive institution

Noriaki MIZUMOTO (Doshisha Women's College of Liberal Arts)

The purpose of this paper is to clarify the modern aspect of children's agency in educational management through the analysis of elementary school social studies textbooks. Educational management coordinats the intentions of the actors who constitute society to form legtimated social educational intentions. The process conveys the intentions to all involved in educational practice, and procures and allocates educational resources. This process of coordinating and communicating educational intentions is carried out by discourse, whether face-to-face or written. Therefore educational management can be regarded as a discursive institution.

The process of educational management is complex. This is because the actors involved are not completely independent, and in the process of educational management, the actors are constructed through discourse. Educational practice is the final scene of construction of actors in educational management. Therefore, in educational practice, the educational process and the management process are integrated. Subject lessons can also be seen as a process of coordinating the transmitted social intentions, educational intentions of teachers and self-educational intentions of students.

In this paper, I rely on as theoretical bases (1) Schmidt's discursive institution theory, (2) Butler's discussion on subjection and agency, and (3) Searle's speech act theory.

Based on that theoretical basis, I analyzed three sixth grade elementary school social studies textbooks. As a result, it became clear that the textbooks consist of (1) directive-type of speech acts regarding learning method, (2) assertive-type of speech acts regarding the significance of social learning, (3) declarative-type of speech acts that seems to be assertive about learning content (knowledge), and (4) declarative-type of speech acts that seems to be assertive about "the topic of learning" that is children's interests. What is happening there is invisible and performative subjection of children. What is needed to make children "sensitive subject" or agency is "rediscovery of teaching." I pointed out that it is an important research issue to analyze educational practice, especially subject lessons, as a management process.

教育経営における
「生徒の声」の意義と課題
—近年の国際的動向の検討と考察をもとに—

大阪国際大学短期大学部　古 田 雄 一

1　はじめに

　日本の教育経営学研究では，教育経営における子どもの存在位置をめぐる問題提起が折に触れてなされてきた（下村1991, 林2007, 岩永2012）。

　下村（1991）は，当時日本でも批准への準備が進んでいた子どもの権利条約に触れながら，次のように論じている。「『児童の最善の利益』は，学校経営においても，さらに広く教育経営全般においても『最初に考慮』されるべきものである。その際，何が『児童の最善の利益』であるかについては，児童自身の意見がその年齢及び成熟度に応じて適切に酌量されなければならない」（下村1991：7頁）。その後1994年に日本が同条約を批准してから四半世紀余り経つ。学校協議会等の実践や研究も蓄積され（宮下ほか2008, 浦野ほか編2010），本学会の課題研究でも児童生徒の学校経営参加への問題提起もあった（柳澤2013, 加藤2014ほか）。だが，保護者や地域住民の参加の議論の進展に比べると，児童生徒の意見表明の機会確保や，彼らを学校経営参加の主体として積極的に位置づける動きはいまだ低調とも思われる（柳澤2019, 岩永2012）。

　今般のコロナ禍では学校が様々な対応を迫られることとなったが，この前例なき事態において，子どもの意見も適切に聴きながら，彼らと一緒に学校の教育活動の在り方を考えていくことが，子どもの意見表明権と自治的活動の保障という観点でも重要といえよう（石井2020：35-36, 44頁）。しかし，その実現は必ずしも十分とはいえない。国立成育医療研究センターが2020年6～7月に実施した調査では，中高生の42%が，コロナ禍で子どもに関わる事柄を決める際，子どもの気持ちや考えを聞いていると感じられていないと回答してい

た[1]。

　また最近では，校則等の見直しへの生徒参加の重要性も改めて注目されている。例えば佐賀県弁護士会は，校則をめぐる近年の議論の高まりを受け，校則内での子どもの権利の明記や，校則策定・変更手続を設け，そこで子どもを関与させる仕組みを作ること等を提言した[2]。また熊本市教育委員会が行った調査によれば，校則を児童生徒で作ったり考えたりする場が必要と回答した教職員は89.8％にのぼり，児童生徒も小学生79.8％，中学生86.4％，高校生89.4％が同様の回答であった。一方で，実際にそのような場があると回答した割合は，教職員31.5％，小学生28.7％，中学生27.4％，高校生13.7％にとどまる[3]。

　このように，子どもの学校内外での日常生活に関わる事柄について，子ども自身の様々な声を聴き，その視点を教育経営に反映し活かす道筋を探究することが，理論的にも実践的にも一層重要な課題となっている。そこで本稿では主に学校教育に焦点をあて，1990年代以降に欧米諸国で蓄積されてきた「生徒の声（student voice）」[4]をめぐる知見や展開事例を整理しながら，生徒の声のもつ教育経営上の意義や課題について考察を試みる。

　これまでの生徒参加関連の研究は，主に子どもの権利論を基盤として，学校協議会等への生徒代表参加を中心的に取り上げてきた。一方，近年の「生徒の声」の議論では，権利論に加え，学校改善における効果や意義の観点からも議論を補強するとともに，実践的にも上述のような生徒代表参加にとどまらない多様な展開をみせてきた。また，生徒の声をめぐる理論的・実践的な課題も明らかにされてきた。本稿では従前の研究では十分に捉えられてこなかったこれらの動向の概観と整理を通じて，今後の議論への示唆を得ることとしたい。

2　1990年代以降の「生徒の声」への注目と　実践展開

(1)　「生徒の声」の注目とその背景―生徒のもつ固有の視点

　「生徒の声」は，生徒たちの生活を形作る学校の意思決定に彼らが様々な形で参加できる方法を説明する言葉である（Mitra 2007）。この言葉は，1990年代に入り，教育問題や教育改革の議論から生徒の声が抜け落ちているという議論が当時の教育者や社会批評家，研究者などによって展開される中で徐々に広がっていった（Kozol 1991，Fullan 1991，Nieto 1994，Levin 1995ほか）。

　こうした議論を，1989年に採択された子どもの権利条約も後押ししたことは

論をまたない(5)。また加えて注目すべきは，生徒が学校教育について固有の視点をもつことを明らかにし，そこに学校改善に有益な示唆を見出す研究が蓄積され始めたことである（SooHoo 1993, Rudduck et al. 1996, Shultz & Cook-Sather 2001, Rubin & Silva 2003ほか）。こうした研究は，生徒を権利主体としてはもちろん，その関与が学校改善に重要な知見をもたらす存在として捉える議論の足場を作ったといえる。

　例えばアメリカの教育研究者 SooHoo（1993）は，中学校の学習環境の問題を調査するにあたり，「生徒の世界を理解するには，彼らの言葉に耳を傾け，彼らの説明をたどり，彼らの不満を理解し，彼らの論理を聴く必要があった」（p.386）との問題意識から，中学生と共同で研究を行う。生徒が明らかにした問題は，授業の学習リズムの問題，ケアや繋がりの欠如，生徒の自尊感情を傷つける不平等・不公平な学校経験などであり，当時の改革で重きが置かれていた学級規模や資金，親の関与の欠如といった問題との違いを浮き彫りにした。彼女は「私たちは知見をくれる外部専門家の意見を聴いていた結果，生徒という，自分たちの身近な宝物を見過ごしていた」と述べている（p.390）(6)。

　こうした研究の意味は，1990年代以降進められてきた基礎学力保障に向けた教育改革との関連でも考察できる。一つには生徒の声は，生徒の学習や目標達成に真に必要な支援を当事者である生徒の視点から明らかにするものとして価値づけられる。生徒は「教室やコミュニティから遠く離れた」改革者とは異なり，「彼らにとって何が機能し，何が機能してないかについての最も強力で信頼できる証言者」（Brasof 2015：p.35）なのである。

　他方で生徒の声には，学校改善の焦点や教育改革の掲げる目標の妥当性を問い直すものも含まれる。それゆえ，生徒の声がハイ・ステイクスな教育改革の目標達成の手段として位置づくことへの警鐘もみられ，その克服可能性も模索されてきた（Fielding 2001, Gunter & Thomson 2007）。生徒の声は，脱文脈的で，生徒の経験を軽視した，生徒を専ら統計や数値で捉えようとする教育政策への対抗軸としての意味ももつ（Mansfield et al. 2018）。

　このように「生徒の声」は，教育改革の推進者から見える世界と，生徒が実際に経験する世界との乖離を背景に，目指す学校改善に必要な知見の補完にせよ，改革自体の批判的吟味にせよ，生徒の現実世界に持ち込まれる「改革」をその内側から問い返すものとして注目されてきたといえよう。

⑵ 「生徒の声」を取り入れる試みの展開

　先述の議論や研究も基盤としながら，1990年代以降，イギリス・アメリカ・カナダ・オーストラリア等で，学校改善や教育経営に「生徒の声」を活かす試みが広がる（Cook-Sather 2006, Mitra 2004）。これらは学校協議会等への生徒代表の参加のみならず，生徒への聞き取りやアンケート，生徒との意見交換，生徒による調査や提言の活動など様々な形で展開されてきた。**表**は，それらが生徒の関与の程度や位置づけの視点で整理されたものである（Toshalis & Nakkula 2012）。以下，いくつかの国の動向を概観しておこう。

　イギリスでは，1992年に子どもの権利条約を批准後，生徒の意見や観点を反映させる動きが加速し，国レベルのフレームワークにもそうした考え方が組み込まれた（Rudduck & McIntyre 2007, Cook-Sather 2006）。2003年の政府文書『すべての子どもが大切（Every Child Matters）』でも，子どもに関わる諸サービスの真の改善は「子どもが関与し彼らの意見を聴くことで初めて達成しえる」（10頁）とし，子どもの参加機会の重要性が示された（Department for Education and Skills 2003）。学校の文脈でも，2002年教育法で学校が生徒の意見を聴くことが求められ，教育水準局（OfSTED）の学校監査（2005〜2010年度）の観点にも，生徒の意見の尊重や取り組みの実現度が盛り込まれた（Fielding & Bragg 2003）[7]。当時導入が進んだシティズンシップ教育も，生徒の声や参加の機会拡充を後押しした。ただし多くの学校が何らかの取り組みを行うようになったものの，その実態は多様でもある（Robinson & Taylor 2012）。

表　生徒の声の取り組みのスペクトラム[8]

生徒が自分の見解を表明する	データソースとしての生徒	表現 (Expression)	自発的に意見を述べる，アートを製作する，祝う，不満を言う，褒める，異議を唱える
↑ ┊	↑ ┊	コンサルテーション (Consultation)	意見を求められる，フィードバックする，フォーカスグループに参加する，サーベイに回答する
生徒がステイクホルダーとして関与する	協働者としての生徒	参加 (Participation)	意思決定がされる会議やイベントに出席する，課題の形成や行動計画における頻繁な包摂
┊	┊	パートナーシップ (Partnership)	意思決定での公式化された役割，標準的な運営で生徒関与が（招待だけでなく）求められる，大人がパートナーとしての子どもとどう協働するか訓練されている
┊	┊	アクティビズム (Activism)	学校内外の両方の文脈で変化を起こすために，問題を特定する，解決策を生み出す，反応を整理する，運動や啓発を行う
↓ 生徒が集合的行動を主導する	↓ 変革のリーダーとしての生徒	リーダーシップ (Leadership)	結果のために（共同で）計画する，意思決定する，重要な責任を引き受ける，グループプロセスを（共同で）導く，活動を（共同で）実施する

　一方アメリカの場合は，生徒の声や参加を促進する国レベルの政策や制度がなく，ボトムアップで取り組みが展開されてきた（Cook-Sather 2006，Mitra et al. 2014）。例えば，実践者によるモデル開発と草の根での展開（Goldman & Newman 1998），非営利組織によるプログラム展開（Fletcher 2005），各種補助金や外部研究者との協働を通じて展開された取り組み（Mitra 2008，Yonezawa & Jones 2009）などがある。また最近の事例では，生徒が学校の改善や問題解決に取り組むシカゴ学区の「ステューデント・ボイス・コミッティー（Student Voice Committee）」の活動なども注目される（古田 2019，Varlas 2020）。

　他にもカナダでは，マニトバ州の学校改善プログラム（Pekrul & Levin 2007, Lee & Zimmerman 1999）や，オンタリオ州政府のイニシアチブ（Courtney 2014）のように，学校・学区・州と多層的に生徒の意思決定への参加や問題解決への関与の機会を充実させる試みが展開されてきた。オーストラリアでは，例えばビクトリア州で，生徒会や学校協議会への生徒代表参加に加え，「お飾り参加」になりがちな生徒会を補完する生徒活動として「ステューデント・ボイス・チーム（Student Voice Team）」の設置も推奨され，一定の成果をあげている（Department of Education and Training Victoria 2019）。

　以上のような展開は，フランスやオランダ，スウェーデンといった欧州の一部の国々で従前から取り組まれてきた生徒参加の法制化[9]の動きとは幾分力点が異なる面もある。学校の意思決定における生徒代表参加の制度化に焦点を当てるのではなく，そうしたフォーマルな意思決定への参加の回路に限らず，多様な方法で生徒の声を取り入れ，生徒ならではの視点や考えを実質的に学校改善に活かすことに重きが置かれてきた点に特徴を見出せる。

3　生徒の学校内外での経験を教育経営につなぐ道筋としての「生徒の声」

　生徒の声には，学校の問題やあり方に対する意見に加え，背後にある彼らの様々な生活経験も含み込まれる。こうした生徒の経験が固有のものであり，また学校改善に有益な示唆をもつことが，生徒の学校経験に関する研究群によって明らかにされてきた（Thiessen & Cook-Sather 2007）。教員は，学校内での位置やアイデンティティ，役割の違いゆえに，生徒の世界の内情に十分に通ずることが難しい（Cook-Sather 2009）。そのため生徒の声を聴き，取り入れることは，彼らの生活経験を深く理解し，教職員からは見えにくい課題を表出さ

せ，得られる知見を教育経営の改善に結びつける意義がある。

　ここには，いくつかの道筋が考えられる。第一に，教室での生徒の経験を，教授学習の改善に活かすという回路がある。例えば，イギリスで研究者と連携し40以上の小中学校で行われた生徒の声の聞き取りの実践（Rudduck & Mc-Intyre 2007）では，生徒の声は，彼らにとって教室での生活がどのようなものか，新たな情報や知見を提供し，教員の多くが生徒の視点に価値を見出していた。こうした生徒の経験に基づく声を，個々の授業改善はもとより学校全体のカリキュラム改善に繋ぐことも考えられる（cf. Fielding & Bragg 2003）。これらは，生徒によって経験されたカリキュラム／達成されたカリキュラムの視点から，授業やカリキュラムを問い直すこととも捉えられよう。

　第二に，授業のみならず学校での様々な生徒の経験を，学校の改善に活かすこともできる（Mitra 2007）。ここには，学習を支える環境条件の問題や，そのほか学校生活に関わる諸問題（例えば友人関係やいじめ，学校の規律やルール，成績評価のシステム，進路指導，施設・設備等）も含まれる。

　この場合，例えば，進学重視の郊外地域で生徒の学業的ストレスを生んでいた学校風土の改善に取り組むべく生徒が議論に参加した事例（Galloway et al. 2007）のように，当該学校や地域の生徒が一定程度共通して直面している問題を提起し，教職員や学校関係者とともに解決を目指す取り組みも考えられる。他方で，同性愛の生徒の学校経験を聞き取り映像化する生徒の活動（Mitra 2008）や，英語が母語でない家庭の生徒の苦労を明らかにした生徒による調査（Blend 2011）などのように，困難な立場や背景に置かれた生徒の参加やその声の代弁を通じて，こうした生徒の知られざる経験や学校が取り組むべき課題を明らかにすることも大切な回路といえる。

　第三に，学校外での生徒の経験を，教育経営に活かすことも重要である。伝統的な学校カリキュラムは，特にマイノリティや低所得層等の生徒の現実の生活経験と乖離し，彼らが不整合を感じるものとなりやすい（アップル＆ビーン 2013，Rubin 2007）。生徒の声は，そうした実態を浮き彫りにし，授業やカリキュラムを彼らに意味あるものに変革する助けとなる（Mitra 2008）。

　学校外での生活経験は，授業だけでなく学校経営にも知見を与える。例えば，Mansfield（2014）が描出したアメリカ都市部の女子校の事例も示唆的である。進学熱心な同校の環境は，治安や教育上の問題を多く抱える周囲の他校とは大きく異なっていた。生徒たちはこの環境を好意的に捉える一方，学校外での地

元の友人から勉学志向を揶揄される，女子校を選んだことで性的指向を疑われる，白人的な振る舞いと非難されるといった経験もしており，学校の制服着用が，攻撃の標的にさえなっていた。Mansfield は「もし生徒たちに自身の生活経験について尋ねなければ，教育リーダーは彼女たちの生活で本当に起きていることを一体どのように知り得るのか」（p.425）と問い掛ける。学校経営において，生徒が学校外でどのような経験をしているのか，彼らの声を通じて理解し，必要な改善や見直しに繋げることの重要性を物語る言葉である。

4　「生徒の声」をめぐる課題

(1)　多様な生徒の声―包摂と排除

ここまでみてきたような可能性の一方で，いくつかの課題も挙げておきたい。

まず，生徒の背景の多様化に伴い，生徒の学校内外での生活経験も多様なものとなっている中で（Silva & Rubin 2003），こうした様々な生徒の声をいかに受け止め，包摂しうるかが重要課題となっている。この点は，「生徒の声」という語自体が単一の声があるかのように想起させるという概念上の問題としてもしばしば提起され（Cook-Sather 2006, Thomson 2011），また現実の実践でも，生徒の声の非対称性や排除性の問題がみられる。

特に留意すべきは，声をあげやすい生徒や，比較的恵まれた環境の生徒，既に文化資本を有する生徒の声が反映されやすいことで，生徒の声を聴く取り組みが，結果として弱い立場にいる生徒の声を排除し，既成の学校秩序や特権関係の強化・再生産に繋がりうる点である（Silva & Rubin 2003, Cook-Sather 2006, Rudduck 2007, Robinson & Taylor 2007）。例えば，1990年代のオーストラリアにおける生徒代表の声の反映を進める取り組みについて考察したThomson & Holdsworth（2003）は，多くの生徒がミドルクラスの学校からの参加で，また優秀な生徒が学校代表となりやすいことから，従前の不平等を維持するエリート・ガバナンスの構造的問題を指摘する。Rudduck（2007）の言葉を借りれば，「参加の問題は，しばしばそれが「代表」や「熱心家」に限定され，特権階級の創造（あるいは既成のものの承認）に結びつく」（590-591頁）ことにあるといえる。ここには，保護者や地域住民の参加における不平等や排除の問題（勝野 2016ほか）とも一定の類似性を見出せる。

また，生徒の声が形骸化したり，学校に都合の良い声が利用されたりする問題も挙げられる（Robinson & Taylor 2007, Thomson 2011）。Robinson & Taylor（2012）は，イギリスの小中学校における生徒参加の事例分析から，生徒が学校の期待する方向性に同調しやすい側面を描き出している。これらの学校は，生徒が学校に関するテーマを設定し調査を行う活動を行っていた。Robinson らは，参加生徒を選ぶ段階で既に教員が権力性を有することや，活動テーマには学校の承認が必要で，生徒の議論に教員も同席するため，自ずと学校を根底から問うような議論は出づらく，承認が得られやすい「安全な」テーマや予定調和的な範囲での意見に収斂しやすいことを浮き彫りにしている。

⑵　生徒の声の位置づけられ方―消費者としての声と監査社会

　もう一点留意すべきは，教育改革における生徒の声の位置づけられ方である。イギリスの政策で生徒の声が積極的に価値づけられていった背景の一つには，公的セクターの改善に消費者の選択と声を活かすことが有用であるという発想がある（Wisby 2011）。ここでは生徒の声は，新自由主義的教育政策が設定する成果や生産性の向上という目標の枠組みの中に押し込められ，生徒の声のもつ変革性が失われやすい（Fielding 2001，Gunter & Thomson 2007）。

　生徒の声が消費者の声として位置づくことの問題性は，監査社会化との連関で一層際立つ。先述の通りイギリスでは2000年代に，教育水準局（OfSTED）の学校監査に生徒の声の実現度の観点を取り入れる試みもみられた。こうしたアプローチには，子どもの権利保障やウェルビーイングの観点から各学校に評価・改善を促す意義も見出せるが，他方で，教員を責めるエビデンスとして利用されるといった側面も指摘されていた（Cook-Sather 2006）。生徒の声が監査文化の文脈に位置づくとき，それは教員の専門職性の基盤を掘り崩し，教員を過剰なアカウンタビリティの風土に統制づける手段となりうる（Keddie 2014，Charteris & Smardon 2019）。

　他方 Fielding（1999）の提唱する「ラディカルな同僚性（radical collegiality）」のように，教員と生徒が相互に学び合う関係性を目指す試みもある（Bourke & Loveridge 2018）。生徒への一方的な聞き取りやアンケートにとどまらず，生徒と教員が協働して学校の調査や問題解決に取り組む事例もその一例といえる（Fielding 2001）。こうした取り組みは，生徒の側も教員側の視点を理解する機会となり，学校改善を進める助けにもなる（Mitra 2007）。

5　おわりに―日本への示唆

　教育経営への「参加」が議論されるようになって久しい。しかしそこで想定される参加主体は保護者や地域住民といった大人であり，子どもはもっぱら教育経営の客体としての位置にとどまってきた。それは，「保護者や地域住民，ましてや児童生徒による参加によって学校を運営するという発想は，専門職者の領域という体質の強い日本の学校教育にはなじまないという考え方」（窪田2006：34頁）と不可分ともいえる。

　こうした中では，生徒の立場だからこそ得られる固有の視点や知見に積極的な意義を見出そうとする，近年の諸外国における「生徒の声」をめぐる議論は，ラディカルに映る面もあるかもしれない。しかし本稿で取り上げてきた動向や事例には，日本の教育経営の課題とも接続する点が数多くある。例えば，カリキュラム・マネジメントにおいても学習者の関与が課題の一つとして挙げられるが（田村2019），生徒の声を手掛かりに，彼らの経験されたカリキュラムの観点から授業やカリキュラムを検証し，改善を図ることが考えられる。また，授業やカリキュラムだけでなく学校経営参加についても，従来日本で一般的に想定されてきた学校協議会への生徒代表参加のような形態に限らず，生徒の意見聴取や関与の機会づくりは多様な方法で可能である。今日の生徒は日々の学校内外の生活において様々な困難を抱えており，そうした彼らが生きる生活世界のリアリティと教育経営を繋ぐ一つの道筋として，生徒の声には重要な意義があるといえよう。

　もっとも先にみたように，生徒の声がときに教員や学校への非難や責任追及に転化しうる点には注意を要する。これもまた生徒を教育経営の消費者的な客体として位置づけることに他ならないし，様々な課題のもとで困難や多忙をきわめる教職員の状況，さらには学校の置かれた構造的問題から目を背けることに荷担しかねない。そうではなく，生徒の声を契機として，生徒との対話を通じて相互理解を深め，協働的に問題解決や学校改善を図るような関係性が求められる。

　また，「誰が話すことを許されているのか」「何について話すことが許されているのか」「いかなる言葉が推奨されて／許されているのか」といった問いに象徴されるように（Fielding 2001：p.134），諸外国の研究で，生徒の声の多様性や，排除されやすい声の存在に意識的に目が向けられてきた点も重要な示唆

である。生徒の声は一枚岩ではない。ある事柄が「生徒の声」として語られるとき，それはどのような生徒の声なのか，そこで何が語られていないのか，一定の方向性に適合した声が都合よく選択されていないか，といった批判的吟味が不可欠である。

　今後は，多様な生徒の声を踏まえた教育経営の在り方や，生徒の声を効果的に学校改善に結びつけるための（あるいは逆に阻害要因となる）組織的条件—例えば教員と生徒の関係，学校の組織風土，校長のリーダーシップ等—についての解明が求められる。また，生徒の声や参加の意義や効果だけでなく，意図せざる帰結や陥穽も含め，理論的・実証的研究のさらなる蓄積が重要といえる。

［注］
(1)　国立成育医療研究センター『コロナ×こどもアンケート 第2回調査報告書』2020年，59頁。
(2)　佐賀県弁護士会「中学校校則の見直しに関する提言」2020年。
(3)　熊本市教育委員会学校改革推進課「校則・生徒指導のあり方の見直しに係るアンケート」2020年，21-22頁。
(4)　似た用語として youth voice 等もあるが，これは地域への子ども参加や市民性教育の文脈で用いられることが多い。学校改善や学校経営参加の文脈では student voice が主に使われる傾向にある（イギリスでは pupil voice という表現もみられる）。なお本稿では便宜上「生徒」の訳語を用いるが，広く児童生徒を意味する。
(5)　ただし国によって子どもの権利条約の具体的影響は異なると考えられる。またアメリカは同条約に署名はしたが，現在でも批准していない（2020年12月現在）。
(6)　こうした研究は中等教育段階の生徒を対象としたものが比較的多いものの，例えば Thorkildsen et al.（1994）のように，小学生でも教室での公平性や適切な評価について深い認識を有することを明らかにした研究もある。
(7)　2011年度に学校監査のフレームワークが大幅改訂され，この観点の使用は2010年度実施分までとなった（Cheminais 2011）。なお現在でも，教育水準局による学校評価の一環で生徒へのアンケートは実施されている（池本 2019）。
(8)　Toshalis & Nakkula（2012：p.24，Figure 3）をもとに筆者作成。
(9)　例えばフランスでは，学級・学校・地区・国レベルの生徒代表参加が制度化されてきた（小野田 1995，大津 2012）。オランダでも，中等教育学校の参加協議会への生徒代表参加が義務化された（Kallen 1997，Rudduck & McIntyre 2007）。

［引用・参考文献］

・マイケル・W・アップル＆ジェームズ・A・ビーン編，澤田稔訳『デモクラティッ ク・スクール―力のある学校教育とは何か（第2版）』上智大学出版，2013年。

・Blend, D., "Marginalized Students and Insider Knowledge", in Czerniawski, G. & Kidd, W. eds., *The Student Voice Handbook: Bridging the Academic/Practitioner Divide*, Emerald Group Publishing, 2011, pp.389-397.

・Bourke, R. & Loveridge, J. eds., *Radical Collegiality through Student Voice: Educational Experience, Policy and Practice,* Springer, 2018.

・Brasof, M., *Student Voice and School Governance: Distributing Leadership to Youth and Adults,* Routledge, 2015.

・Charteris, J. & Smardon, D., "Democratic Contribution or Information for Reform? Prevailing and Emerging Discourses of Student Voice", *Australian Journal of Teacher Education,* Vol.44, No.6, 2019, pp.1-18.

・Cheminais, R., "Every Child Matters, But Not Every Child is Heard", in Czerniawski, G. & Kidd, W. eds., *The Student Voice Handbook: Bridging the Academic/Practitioner Divide,* Emerald Group Publishing, 2011, pp.45-55.

・Cook-Sather, A., "Authorizing Students' Perspectives: Toward Trust, Dialogue, and Change in Education", *Educational Researcher,* Vol.31, No.4, 2002, pp.3-14.

・Cook-Sather, A., "Sound, Presence, and Power: 'Student Voice' in Educational Research and Reform", *Curriculum Inquiry,* Vol.36, No.4, 2006, pp.359-390.

・Cook-Sather, A., "Translation: An Alternative Framework for Conceptualizing and Supporting School Reform Efforts", *Educational Theory,* Vol.59, No.2, 2009, pp.217-231.

・Courtney, J., "Ontario's Student Voice Initiative", *FORUM,* Vol.56, No.1, 2014, pp.79-90.

・Department for Education and Skills, *Every Child Matters,* 2003.

・Department of Education and Training Victoria, *Amplify: Empowering students through voice, agency and leadership,* 2019.

・Fielding, M., "Radical Collegiality: Affirming Teaching as an Inclusive Professional Practice", *Australian Educational Researcher,* Vol.26, No.2, 1999, pp.1-34.

・Fielding, M., "Students as Radical Agents of Change", *Journal of Educational Change,* Vol.3, No.2, 2001, pp.123-141.

・Fielding, M. & Bragg, S., *Students as Researchers: Making a Difference,* Pearson Publishing, 2003.

・Fletcher, A., *Meaningful Student Involvement: Guide to Students as Partners in School Change, 2nd edition,* 2005.

・Fullan, M., *The New Meaning of Educational Change, 2nd edition,* Teachers College

Press, 1991.

・古田雄一「米国イリノイ州シカゴ学区の市民性教育改革の方法と特質―格差是正に
向けた学校全体での市民性教育実践の先駆的事例―」『国際研究論叢』第33巻第1号，
2019年，69-84頁。

・Galloway, M., Pope, D. & Osberg, J., "Stressed–Out Students–SOS: Youth Perspectives
on Changing School Climates", in Thiessen, D. & Cook–Sather, A. eds., *International
Handbook of Student Experience in Elementary and Secondary School,* Springer, 2007,
pp.611-634.

・Goldman, G. & Newman, J. B., *Empowering Students to Transform Schools,* Corwin
Press, 1998.

・Gunter, H. & Thomson, P., "Learning about student voice", *Support for Learning,* Vol.22,
No.4, 2007, pp.181-188.

・林孝「子どもの変容と教育経営」『日本教育経営学会紀要』第49号，2007年，25-36頁。

・池本美香「諸外国で進む学校の第三者評価機関の設置とそこから得られる示唆―子
どもの権利実現に向けた学校参加・学校選択・学校支援―」『JRI レビュー』Vol.7,
No.79，2019年。

・石井英真『未来の学校―ポスト・コロナの公教育のリデザイン』日本標準，2020年。

・岩永定「学校と家庭・地域の連携における子どもの位置」『日本教育経営学会紀要』
第54号，2012年，13-22頁。

・Kallen, D., *Secondary Education in Europe: Problems and Prospects,* Council of Europe
Publishing, 1997.

・加藤崇英「子どもの「位置づけ」から「主体的かかわり」へ」『日本教育経営学会紀
要』第56号，2014年，126-127頁。

・勝野正章「第6章「参加型」学校づくりの課題」小島弘道監修，小島弘道・勝野正
章・平井貴美代著『講座 現代学校教育の高度化 8 学校づくりと学校経営』学文社，
2016年，156-173頁。

・Keddie, A., "Student voice and teacher accountability: possibilities and problematics",
Pedagogy, Culture and Society, Vol.23, No.2, 2015, pp.225-244.

・Kozol, J., *Savage Inequalities: Children in America's Schools,* Harper Perennial, 1991.

・窪田眞二「学校経営参加制度の到達点とパースペクティブ」『日本教育経営学会紀要』
第48号，2006年，28-40頁。

・Lee, L. E. & Zimmerman, M., "A New Vision for Student Voice", *Education Canada,*
Vol.39, No.2, 1999, pp.34-35.

・Levin, B., "Improving Educational Productivity through a Focus on Learners", *Studies
in Educational Administration,* Vol.60, 1995, pp.15-21.

・Mansfield, K. C., "How Listening to Student Voice Informs and Strengthens Social Justice Research and Practice", *Educational Administration Quarterly,* Vol.50, No.3, 2014, pp.392-430.

・Mansfield, K. C., Welton, A. & Halx, M., "Listening to Student Voice: A More Holistic Approach to School Leadership", *Journal of Ethical Educational Leadership,* Special Issue 1, 2018, pp.10-27.

・Mitra, D., "The Significance of Students: Can Increasing 'Student Voice' in Schools Lead to Gains in Youth Development?", *Teachers College Record,* Vol.106, No.4, 2004, pp.651-688.

・Mitra, D., "Student Voice in School Reform: From Listening to Leadership", in Thiessen, D. & Cook–Sather, A. eds., *International Handbook of Student Experience in Elementary and Secondary School,* Springer, 2007, pp.727-744.

・Mitra, D., "Balancing power in communities of practice: An examination of increasing student voice through school–based youth–adult partnerships", *Journal of Educational Change,* Vol.9, No.3, 2008, pp.221-242.

・Mitra, D., Serriere, S. & Kirshner, B., "Youth Participation in U.S. Contexts: Student Voice Without a National Mandate", *Children & Society,* Vol.28, No.4, 2014, pp.292-304.

・宮下与兵衛・濱田郁夫・草川剛人共著，浦野東洋一解説『参加と共同の学校づくり―「開かれた学校づくり」と授業改革の取り組み』草土文化，2008年。

・Nieto, S., "Lessons from Students on Creating a Chance to Dream", *Harvard Educational Review,* Vol.64, No.4, 1994, pp.392-426.

・小野田正利「フランスの生徒，父母，そして教師の学校運営への参加―法の成立と展開―」日高教・高校教育研究委員会 森田俊男・小島昌夫・浦野東洋一編『高校生の自主活動と学校参加』旬報社，1995年，346-362頁。

・大津尚志「フランスにおける生徒・父母参加の制度と実態―市民性教育にも焦点をあてて」『武庫川女子大学大学院教育学研究論集』第7号，2012年，21-26頁。

・Pekrul, S. & Levin, B., "Building Student Voice for School Improvement", in Thiessen, D. & Cook–Sather, A. eds., *International Handbook of Student Experience in Elementary and Secondary School,* Springer, 2007, pp.711-726.

・Robinson, C. & Taylor, C., "Theorizing student voice: values and perspectives", *Improving Schools,* Vol.10, No.1, 2007, pp.5-17.

・Robinson, C. & Taylor, C., "Student voice as a contested practice: Power and participation in two student voice projects", *Improving Schools,* Vol.16, No.1, 2012, pp.32-46.

・Rubin, B., "'There's Still Not Justice': Youth Civic Identity Development Amid Distinct School and Community Contexts", *Teachers College Record,* Vol.109, No.2, 2007, pp.449-481.

・Rubin, B. & Silva, E. eds., *Critical Voices in School Reform: Students Living through Change,* Routledge, 2003.

・Rudduck, J., "Student Voice, Student Engagement, and School Reform", in Thiessen, D. & Cook-Sather, A. eds., *International Handbook of Student Experience in Elementary and Secondary School,* Springer, 2007, pp.587-610.

・Rudduck, J., Chaplain, R. & Wallace, G. eds., *School Improvement: What Can Pupils Tell Us?,* David Fulton Publishers, 1996.

・Rudduck, J. & McIntyre, D., *Improving Learning through Consulting Pupils,* Routledge, 2007.

・下村哲夫「教育経営における子どもの位置づけ」『日本教育経営学会紀要』第33号，1991年，2 -10頁。

・Shultz, J. J. & Cook-Sather, A. eds., *In Our Own Words: Students' Perspectives on School,* Rowman & Littlefield, 2001.

・Silva, E. & Rubin, B., "Missing voices: listening to students' experiences with school reform", in Rubin, B. & Silva, E. eds., *Critical Voices in School Reform: Students Living through Change,* Routledge, 2003, pp.1-7.

・SooHoo, S., "Students as Partners in Research and Reconstructing Schools", *The Educational Forum,* Vol.57, No.4, 1993, pp.386-393.

・田村知子「第 3 章 カリキュラム・マネジメント研究の進展と今後の課題」日本教育経営学会編『講座 現代の教育経営3 教育経営学の研究動向』2018年，24-35頁。

・Thiessen, D. & Cook-Sather, A. eds., *International Handbook of Student Experience in Elementary and Secondary School,* Springer, 2007.

・Thomson, P., "Coming to Terms with 'Voice'", in Czerniawski, G. & Kidd, W. eds., *The Student Voice Handbook: Bridging the Academic/Practitioner Divide,* Emerald Group Publishing, 2011, pp.19-30.

・Thomson, P. & Holdsworth, R., "Theorizing change in the educational 'field': re-readings of 'student participation' projects", *International Journal of Leadership in Education,* Vol.6, No.4, 2003, pp.371-391.

・Thorkildsen, T. A., Nolen, S. B. & Fournier, J., "What is Fair? Children's Critiques of Practices That Influence Motivation", *Journal of Educational Psychology,* Vol.86, No.4, 1994, pp.475-486.

・Toshalis, E. & Nakkula, M. J., *Motivation, Engagement, and Student Voice,* Student at the Center, 2012.

・浦野東洋一・神山正弘・三上昭彦編『開かれた学校づくりの実践と理論―全国交流

集会一〇年の歩みをふりかえる』同時代社，2010年。

・Varlas, L., "Districts Wired for Student Voice", *Education Update,* Vol.62, No.2, 2020.
・Wisby, E., "Student Voice and New Models of Teacher Professionalism", in Czerniawski, G. & Kidd, W. eds., *The Student Voice Handbook: Bridging the Academic/Practitioner Divide,* Emerald Group Publishing, 2011, pp.31-44.
・柳澤良明「総括2 児童生徒を中心にした参加型学校経営の意義と可能性」『日本教育経営学会紀要』第55号，2013年，128-129頁。
・柳澤良明「第9章 学校経営参加にかかる研究動向と今後の方向性」日本教育経営学会編『講座 現代の教育経営3 教育経営学の研究動向』2018年，95-106頁。
・Yonezawa, S. & Jones, M., "Student Voices: Generating Reform From the Inside Out", *Theory Into Practice,* Vol.48, No.3, 2009, pp.205-212.

The Significance and Challenge of "Student Voice" in Educational Administration: Based on the Investigation of Recent International Trends

Yuichi FURUTA (Osaka International College)

In an era of COVID-19, it has become increasingly important to reinvestigate how young people understand and think about their daily lives. This article examines the recent trends on "student voice" movement in some countries such as the United States, United Kingdom, Canada and Australia.

Mainly from the 1990s, student voice has reemerged on the educational research and reform argument, based on the notion and evidence that their voice has an important insight on school improvement and educational reform. It is because students experience their classroom, school and broader community in a very different way from teachers and other adults, and thus they have unique views and knowledge on schooling and their daily lives. In the countries mentioned above, student voice has become a part of educational policies, school improvement programs, or grassroots effort for school change. Student voice is not only about student representatives participating in school council/meetings; it contains much broader aspects such as expressing their own views in different ways, being consulted by teachers or administrators, conducting research with teachers and advocating for change. These activities would create multiple paths connecting students' daily lives and educational administration.

While student voice may have an important insight on school improvement effort, it also has some challenges. Since students have a variety of backgrounds, "student voice" is not monolithic. It is especially significant to understand that some voices are often marginalized than others, which could reinforce and reproduce the current power relationship in schools. In addition, student voice could become "consumer voice" which blame and impose accountability on teachers, rather than working together to make efforts, especially in the context of audit culture. Thus we need further investigation on these issues, as well as how to utilize the possibilities of student voice in Japanese schools.

子どもの生と学びを保障する学校づくり
―「ケア」に着目して―

立命館大学　柏　木　智　子

1　問題設定

　本稿は，子どもの生と学びを保障するための学校づくりについて，ケア概念に着目し検討するものである。子どもの生と学びの保障のための拠点として学校が位置付けられたのは，2000年以降に子どもの貧困対策が喫緊の課題となってからである。2019年改正の「子どもの貧困対策の推進に関する法律」や「子供の貧困対策に関する大綱」では，「学校を地域に開かれたプラットフォームとして位置付け」，福祉専門職や地域住民と教師との役割分担・協働による問題解決の促進，および教育の機会均等の保障がより強く打ち出されている。

　加えて，昨今の新型コロナウイルス感染症（以下，COVID-19）の影響を受け，子どもの生と学びの保障は注目を集めている。特に，貧困・外国人世帯といった困難を抱えやすい家庭に対する，不要不急の外出自粛と一斉休校の影響は大きく，学校や学校外の居場所での支援がなされにくくなり，社会的孤立の中で子どもの生が脅かされる事態に陥っている。（OECD 2020, Economic Policy Institute 2020）。たとえば，COVID-19下での一斉休校による学校給食の削減で，1日1食も満足に食べていない子どもがいたり，1日3食を食べていない子どもが約3割いたりすることが報告されている（彩の国子ども・若者支援ネットワーク2020）。また，昼夜逆転の生活をしていたり，約5割の子どもが日中に子どもだけで過ごしたりしている様子が示されている。さらに，筆者が2020年10月に行った教師を対象とする聞き取り調査では，これまでも家族の世話を担っていた子どもが，外出機会の減少により，さらなる世話役割を求められ，家事や育児を一手に引き受け，1日のほとんどの時間をそれにあてていた

ことがわかっている。加えて，家族との生活に緊張を強いられる子どもは，外出自粛要請によって連日の緊張にさらされ，そのストレスは相当なものであったと語られている。また，そうした子どもの学習時間の顕著な減少が指摘され，認知・非認知能力の双方を含む格差拡大が懸念されている（OECD 2020）。一方で，子ども全体に及ぼすCOVID-19の影響も大きく，子どもの72％に何らかのストレス反応・症状が見られるなどの心身の健康のリスクと（国立成育医療研究センター 2020），生涯所得の逸失といった将来に及ぶリスクの高まりが指摘されている（三菱ＵＦＪリサーチ＆コンサルティング 2020）。

　これらから，改めて学校が子どもの心身の健康につながる生を保障し，子どもの将来のためにも，学びの保障を行う必要性が浮かび上がる。しかしながら，小中学校といった義務教育の中で具体的にどのような教育活動を行えばいいのかについて，先の法律や大綱で示されているわけではなく，これまでの研究においても十分に議論されてきたわけではない。そのため，柏木（2020：ii）は，「学校教育の性質やその中心的な活動を変えずに，スクールソーシャルワーカーといった専門スタッフに子どもや保護者への支援を委ねるやり方だけで，子どもの貧困問題を解決することができるわけではない」と述べ，子どもへの学習指導といった学校の中心的業務とそれを担う教師の役割を重視する。一方で，山野（2018）も，学校プラットフォームには教師の機能の話はどこにも書かれていないと指摘する。両者から，子どもの生と学びを保障するための教育活動と教師役割の不明瞭性を指摘することができる。この背景には，子どもの学力向上と学習規律の強化および教師の授業技術や授業形態の標準化が学校現場に浸透する中での，生と学びの保障に向けた教育実践の不成立と，それを担おうとする教師の周辺化・孤立化があるとされる（中村 2014）。この基底に，競争と自己責任論からなる新自由主義や画一的な平等主義の影響があり，学校には生の保障を学びの保障と結びつけて論じにくい状況があったと考えられる。

　これらから，子どもの生と学びを保障する教育活動の内実を論じる前に，上記の背景的な問題を解きほぐすための学校論の構築が，すなわち学校の中心的業務とは何なのか，その理論的視座の確立が求められていると考えられる。

2　個別最適な学びと学校の福祉的機能

　前節の問題意識に関連し，COVID-19下で注目された，個別最適な学びの実現と学校の福祉的機能について触れておく必要がある。というのも，両者は日

本の画一的で一斉主義によるこれまでの学校教育を大きく転換させうるからである。2021年1月の中央教育審議会答申では，個別最適な学びという，「個」を重視する学びが協働的な学びと関連させられつつも前面に押し出されるとともに，日本の学校の福祉的機能の再評価がなされ，その機能強化が求められた。

　前者に関連し，学習の場所・時間・進度・教材等を学習者が自由に選べるICTを活用した学びの在り方は，一斉学習の中で取り残されてきた子どもと特異な才能をもつがゆえに適応できなかった子どもの双方の疎外感等を縮減する。一方で，以下の三点の懸念が示されている（石井英 2020）。一点目は，一部の子どもの先取り学習が，受験準備のための狭い意味での学力の修得を望む保護者の要求と合致する場合の，家庭の経済社会文化的違いによる格差の拡大であり，二点目は，個別最適な学びが孤立した学びとして他者性や社会的文脈から乖離する点であり，三点目は，学習用アプリとデジタルコンテンツの開発による学習活動のパッケージ化である。以下で，三点目の補足をしておきたい。

　教科学習やＰＢＬを主とする総合的な学習の時間のための多種多様なアプリとコンテンツの開発は，教育活動の幅を広げ，広範な学習を可能にするものである。しかしながら，それらに依拠しすぎる教育活動を行った場合，定められた目標と基準に即して固定化された内容を学ぶ学習活動の標準化の促進と，教師役割の矮小化や機械化が引き起こされる（山田 2015，ハーグリーブス 2015）。さらに，アメリカでは，効率性を追求する中で「テクノロジーが導入され，低賃金で働く即席教員やマネジャーが一度に大人数の生徒をモニターする」（鈴木 2016：26頁）形態の教育活動がなされつつあり，教職が「ほとんどトレーニングを必要としない」（鈴木 2016：43頁）職業となる懸念が示されている。

　これらから，特にICTによるコンテンツを使用しての学習活動の標準化が進むと，教師が学習を進行する補助員となり，子どもの学びを創造するための教育的判断をせずに教育・学習活動自体から疎外される傾向を読み取れる。こうした中で抜け落ちているのは学び論であろう。これは，新自由主義改革のもとで，学校の教職員が学校経営から切り離された単なる実施（授業）者として位置付けられる教師役割の縮小のみならず（石井拓 2020），教師の存在意義や学校の意味を問われる事態を引き起こすものであると言える。

　他方，上述した福祉的機能の再評価に関連し，日本では生活・生徒指導という子どもの支援を担う教師役割が残っている。しかしながら，学校外アクターの支援へとつなげるプラットフォーム形式において，その役割すら学校から外

部へと放出される可能性がある。ところが，外部組織とてその役割を十分に果たせる受け入れ体制にあるわけではない。学校がこれまでの機能を失い，それを代替する外部組織もない場合，困難を抱える子どもの学校内外での排除（西田 2012）はより深刻なものとなる。加えて，教師役割を福祉的機能としての承認や共感へと矮小化させた場合，子どもの成長や学びを促す働きかけを同化とないまぜにして躊躇し，あってはならない子どもの窮状や排除状態をありのままと認め承認するという，承認の名の下での子どもの放置を起こしかねない。

　これらから，教師は，子どもへの指導と支援に際し，これまでとは異なる状況下にあると考えられる。また，格差や排除の問題の広がりによる，交わらない世界の出現（バウマン 2001＝2008）と社会の分断も予断を許さない状況にある。こうした状況は，一条校の設置者と教育の担い手の多様化の進行（大桃・背戸 2020），および多職種連携を基礎とする「チーム学校」論や働き方改革における教師役割の分業論からも促進されつつあると言える。

　したがって，すべての子どもの学校生活への包摂を実現し，教育の機会均等，つまり実質的な学びの権利を保障するための学校論とそれを支える学び論が改めて求められていると考えられる。なお，これまでも学び論は展開されてきたが，以下の理由から，子どもの生と学びの保障を一体的に捉える理論の提示が必要であると思われる。第一に生を保障されないままの学びは成立しないため，第二に変化の激しい社会情勢の中で子どもの困難はいつ起きるのかわからないため，第三に共働き家庭等多様な形態の家族の出現もあり，家庭を基盤とする生の保障を必ずしも担保できないため，第四に子どもの生活実態や社会的現実から遊離した知や思考による公正な民主主義社会の実現不可能性のためである。特に，第一の理由について柏木（2020）から補足する。貧困状態にある子どもは，生活の不安定さや孤立から心身の問題を抱えやすく，未来への希望や生きる意味を見出しにくい状態におかれ，学ぶ意欲を失わざるを得ない状況にある。たとえば，母親がトリプルワークで深夜の2時に帰宅するために，不安で宿題もできず，寝られず，朝ご飯も食べられない子どもがいる。その子どもは学習しようとしても，体が疲れており，精神的にも不安と心配でそれどころではない。そのため，子どもの学びを保障する上で，物質的・文化的・関係的剥奪から免れ，まずは安心して過ごせるための生の保障が求められる。すなわち，困難を抱える子どもの生と学びを切り離すことは現実的に不可能なのである。

　以上より，学校論の中でも学び論に焦点をあて，学校の機能と教師の役割を

考究することは教育経営の在り方を考える上でも時宜を得ていると言える。その際，個別最適な学びに示される「個」のニーズを重視しつつも，学びをいかに他者性や社会の文脈と結びつけるのかを問う視点が重要である。そうでなければ学びは知識習得や能力主義に絡めとられたものでしかなくなる。このことは学校の機能を学力保障と福祉的機能とに二分するのではなく，生と学びの保障として双方を一体的に捉える視座の確立を求めるものである。

3　生と学びを保障する「ケア」

　個人を基軸にしながらも，他者との関係性からなる「個」を重視する概念として「ケア」がある。三井（2004：2頁）によると，ケアは「他者の『生』を支えようとする働きかけの総称」である。これは，ケアが生の保障を担うものとして定位されることを指し示す。人間の生を支える用語として「支援」もあるが，支援が「支援－被支援」の二者の対立関係を内在させるのに対し，ケアはケアの相互授受であるケアリングを必然的に伴うために，対立的な二者関係を乗り越える相互性をそもそも内包する（ノディングス 1992＝2007）。また，ケアの対象は幅広く[1]，それゆえ，ケアは自己を取り巻く社会全体との相互作用からなる人間の生を包括的に捉える概念として位置付けられている。近年，教育の世界で，ケアという用語が多く使用されつつあるのは，ケア概念のこうした特質のためであると考えられる。ただし，支援の代替・類似概念としてケアを使用することにより，ケアと学びは異なる二軸で捉えられる傾向にあり（石井英 2020），ケアを生と結びつけつつ，学びと分離させる様相が見て取れる。

　一方で，ケア概念に学びへとつながる原理を見出し，ケアを基盤とする教育実践を提唱する論者もいる。たとえば，ノディングス（1992＝2007）によると，ケアリングは人間の倫理の基本的な在り方であり，教育の基盤でもあるとされる。そのため，教師には子どもをケアしつつ，ケアする人々を生み出すカリキュラムづくりが求められる。なお，ケアリングとは呼びかけと応答からなるもので，ケアする者とケアされる者とが固定化されずに，受容・承認・応答・関心を相互に与え合う，相互性の成熟した関係であるとされる。また，竹内（2003）は，ケアとは他者に配慮し応答していく中で他者と共同の世界を編み上げていく活動であると述べ，授業の中での相互応答的な承認関係の構築を望む。これらに依拠しつつ柏木（2020）は，ケアから構想される教育活動の中に子どもの貧困に抗する要素を見出し，子どもの生理的欲求の充足，学習・生活

用品の貸与・供与，宿題や洗濯等の支援を含めた生の保障と，子どものケアする能力を育成するカリキュラムづくりの必要性を指摘する。ケアする能力とは，「自他に関心と共感をもって，自他のニーズに気づき，それに社会学的想像力を働かせて応答する力」[2] である。その育成過程を解明した事例調査から，子どもたちは，まずは学びに必ず参加できる仕組みとありのままを認められるあたたかな空間の中で被受容感や安心感を高め，次に人権の主体であることを自己認識して援助要求を出せたり，社会構造の問題を見出す批判的思考をもって自他の人権侵害に抵抗したりする社会参加をなしつつあった。そして，ケアする能力の習得により，すべての子どもの尊厳やウェルビーイングの保持が可能となっていた。

　これらには共通して，生を保障するケアが学びを支える基盤となる点が示され，教師―子ども・子ども―子ども間での相互応答的なケアリング関係の構築とそれによる相互承認から子どもの社会参加へと至るプロセスが描かれている。すなわち，ケアは子どもの生と学びを保障する基盤となりうるものであり，ケアする―ケアされる中でのケアリング関係の構築こそが子どもにとっての学びであり，社会参加へと誘うものであることがわかる。しかしながら，これらには，そもそもそうした学びを促すケアの前提となる「世界観」や「人間観」およびそこから派生される「他者」の位置付けと織りなされる「関係性」が「思考」と結びつく点について十分には示されていない。ケアが承認にとどまらずに学びへとつながる原理を見出すために，もう少し深く掘り下げてみたい。

4　ケアの前提となる「世界観」と「人間観」

　ケアは，①狭くは「看護」や「介護」，②中間的には「世話」，③広くは「配慮」「関心」「気遣い」という広範な意味をもつ概念である（広井1997）。これは，ハイデガーの用いる「Sorge」に依拠して整理されたものであり，この中でも「気遣い」を英訳すると「ケア」になるとされる（広井1997）。

　ハイデガーはこの「気遣い」を「配慮：Besorgen」と「顧慮：Fürsorge」に分ける。田中（2017：103-104頁）によると，配慮は道具やモノ（用材としての人）に対する気遣いであり，顧慮は他者に対する気遣いである。前者がしばしば成果追求や目的合理的態度につらなるものであるのに対し，後者は良心の呼び声にしたがい状況に即してなされる固有本来的な「応答」であり，相手の代わりに尽力したり，相手を導いたりするときの，相手に対する無条件の関

わり方であるとされる。良心の呼び声とは，他者からの要求がなくとも，他者にそもそも関心をもち，他者に応えようとする自らの声を指す（ハイデガー上1927＝1994）。すなわち，配慮は，自らを利したり目的を叶えたりするための手段的な意図をもってモノや他者にかかわるところであるが，顧慮は，本来的に固有な異なる他者のおかれた個別具体的な状況を自ら察知して，それに無条件に応答しようとするものである。また，これまでの論者の見解を踏まえると，ケアは，配慮を含みつつも，顧慮を意味する概念であると言える。

　こうした顧慮（＝ケア）は，ハイデガーが世界を「ある特定の人が他者や自然とかかわりあって生きている……略……『気遣い』で結びついている事物・人で満ちている」（田中 2017：99頁）場所として捉えるところから始まる。そして，氏によると，今ここに生きている現存在は「一人であるときでも，世界内の共存在であ」り，同時に他者も「共同存在として，すでに現存在の存在とともに」相互存在し，「『感情移入』が，共同存在にもとづいてはじめて可能」（ハイデガー上 1927＝1994：273-274頁）になるとされる。加えて，現存在は，他者を意識するそれ以前から，他者に対する気遣いや関心を持ち合わせた存在であり（ハイデガー下 1927＝1994），それゆえに「他者との根源的隔たりのなかでなお，他者に近づこうと努め，……略……他者に向かい，他者とともに在ることで，生き生きと生きられる」（田中 2017：55頁）共存在であると措定される。しかしながら，成長の過程で気遣いや関心を失う場合があり，それらを呼び戻すものとして，上記の良心の呼び声が重要な位置を占める。

　これらから，人間は，他者やモノとのかかわりの広がる世界に誕生し，意識する前から，他者と相互にかかわりあう共存在として存在することがわかる。共存在は，人間が，ともに存在する他者に対する気遣いや関心をそもそも持ち合わせ，無条件の気遣いを他者に向けている状態を示している。それゆえに，人間は，他者に近づき，他者とともにあろうとするのである。ここでは，個としての人間がケアリングへと移行するというよりは，かかわりの広がる世界の中でケアリングをそもそも内在させた存在が人間であると捉えられている。そのため，人間はケアリングの中で生き生きと生きられるという本来的な性質を有していると考えられる。ケアの本質を記したメイヤロフ（1971＝1987：15頁）も，ケアが支配や説明や評価から逃れ，ケアしケアされるケアリングの関係をその基本的原理として有するために，他者をケアする者は安定性の中で心を安んじて生きられると述べる。同様に，ブルジェール（2014：19頁）も，ケ

アの倫理を他者の幸福について「配慮」し，それに責任感をもつことを表明し，承認するものであると述べる。つまり，人々は，ケアしケアされる中で，相互に承認し合い，幸福へと導かれると言える。

　上記，ケアの前提となる世界観と人間観は，ポスト近代を「リスク社会」として危惧する論者（たとえば，ベック 1992＝1998，見田 2018）の求めるものと重なる。かれらは，生産主義的合理化社会における経済優先志向と人間の有用性志向を批判し，いかに人と人が互いに関心をもってつながりあい，それゆえに幸せを感じられる持続可能な社会をつくるのかを問うている。これらからも，ケアを基点に教育や社会を考える現代的意義を改めて見出すことができる。

5　ケアで想定される「他者」と「関係性」から学びへ

　前節より，ケアでは本来的に固有で個別具体的な文脈からなる生を生きる他者が想定されている。その中で，ブルジェール（2014）は，ケアは「弱さをもつ人々にむけられる」（9頁）とし，「根本的に弱く，お互いに依存している」（19頁）他者を想定する。同様に，岡野（2012：8頁）も，ケアの倫理は「脆弱で不安定な存在，ケアされることを必要とする存在を中心にした社会を構想する」と述べ，傷つきやすく弱く他者に依存せざるを得ない他者をその基底にすえる。これらは，自律・自立した合理的で政治的な主体（ロールズ 2001＝2010等）や，資本主義社会の中で収入を生み出す能力を備えた個人（フーコー2004＝2008）として想定される，依存しない市民とは全く異なる。しかしながら，「人間存在の脆弱性こそが，他者との交わりを生み，複雑な関係性の網の目を紡ぎ出す源泉であり」，その中で初めて「わたしたちは，自らのユニークさ，かけがえのなさに気づき，そこに個としての尊厳が宿る」（岡野 2012：351頁）との記述から，脆弱な人間が相互依存することによって，多様な関係が形成され，個が樹立されることが見て取れる。これは，上記ハイデガーの論と重なるものである。広井（1997：41頁）は，こうしたケアの視点を，「切る／能力主義／競争」より，「包む」機能を主とし，場や関係性を大事にするものであると述べる。

　上記より，ケアでは，脆弱で傷つきやすく依存する他者，そうであるからこそより豊かな関係を築け，その中で尊厳を保持する他者が想定されていると言える。それゆえに，ケアを基盤とする学びでは，すべての子どもを学びの当事

者として位置付け，包摂することが可能となる。したがって，ケアから構想される教育活動では，すべての人間を傷つきやすく弱さをもつ者として位置付け，そうした人間同士の相互作用と相互依存に焦点をあてた活動がめざされる。生の保障によって弱さを克服し，学びを通じた能力取得によって，依存から自律・自立可能な市民へと育成することがめざされるわけではない。

　次に，脆弱で依存的な他者による関係構築のメカニズムとそこで生起する学びについて論じる。このような他者を想定する社会で重視されるのは，弱さをもつ人々の声であり，少数派の声である。ギリガン（1982＝1986）は，力を欠く自己を第一に想定し，聞かれなかった声を聞こえるように配慮し，ニーズの主体を権利の主体に位置付け直すことを重視する。その際，ケアする者にはかれらを「自分の支配下に置かない，彼女・かれがその「ままに」ある」（岡野2012：229頁）ようにすることが求められる。こうした状況の中で声を出すという言論は「他の誰でもないこの＜わたし＞を他者の前にもたら」（岡野2012：81頁）すという，他者の立ち現れを生起させる。すなわち，声の尊重は，声を出せなかった／もてなかったために，世界の中でその存在までが見失われがちであった脆弱な他者の立ち現れを促すものである[3]。

　これは，個別具体的な文脈や状況の中で生じる，子どもの声にならない声を拾える空間と場を教師が準備し，その声から子どもの思いや願いを理解し，自身も揺り動かされつつその声を流通させる実践に相当する。そして，子ども同士が互いの思いや葛藤に触れ，響き合いながら他者の声を自身の中に取り込み，互いの現実生活にもとづく生きた知を構成する学習活動の展開を可能にするものである。たとえば，筆者のフィールドワークでは，貧困状態にあるＡさんが，授業中の地域住民の話から「そんな親子になりたい」と声を発する場面があった。それにより，今あるＡさんの苦しみとそれでもケアのある親子関係を求める葛藤が浮き彫りになった。Ａさんの日常の行為の背景にある苦悩と他者とのあたたかな関係を望む声を読み取った教師の促しにより，Ａさんの思いを徐々に取り込んでいった子どもたちの中には，Ａさんの状態と自己とを重ね合わせ，お互いに弱く支え合いながら生きている人間存在の有り様とそこにある社会構造的な問題に着目する子どもたちがいた。そうした子どもたちとＡさん自身が，あたたかく認め合う相互承認のある，そして社会構造的問題の解決に挑むコミュニティづくりに向けた提案を行う活動があった。この実践は，具体的な子どもの姿や行為の意味から教師自身の子ども観や授業観を問い直し，そこに周囲

の子どもを巻き込みながら教師と子ども全体の関係性を編み直す，ケアリングを基盤とした教育実践（中村 2014）に符合する。その結果，当人の生活現実が他者の文脈にも位置付くようになっている。他者の立ち現れが，社会的議論の偏狭性を回避し，排除型の社会から包摂型の社会への転換を図るための契機になりうる（セン 2009＝2011：172頁）のはこのためであると言える。

　ハイデガーの述べる「思考」は，上記の子どもや教師の中に見て取れるもので，相手に機敏に呼応する働きかけを意味する。それは，物事の真偽や成否を問いただすところへ収斂するものではなく，「他者からの贈与に感謝すること」（田中 2017：108頁）でもある。すなわち，ケアする者がケアされる者に揺り動かされ，その未消化感や未達成感の中で応答を繰り返すことで他者性を取り込み，自身も脆弱な他者としての当事者性を認識する過程が思考であると考えられる。そのため，ケアされる者からケアする者が学び，またケアされる者も学ぶというスパイラルな学びが展開される。その結果として，相互依存的な社会の有り様を認識したり，個別具体的な文脈と状況に応じて知を社会的に構成したり，それを実践知として駆使したりする行為が生起される。これは，知識や技術を獲得しつつ，それらを他者との関係性の中で意味づけ生かす実践共同体への参加こそが学びであると捉える状況論のアプローチに近しい（レイヴ＆ウェンガー 1991＝1993）。この一連の過程には，困難を抱える子どもが自身の被排除の状態を相対化して認識し，そこから脱しようと他者のケアを受け入れ，自らもケアする能力を身に付けるための自己との対話が含まれる。

　このような学び論は，メイヤロフ（1971＝1987：29頁）も提唱しており「学ぶとは，知識や技術を単に増やすことではなく，根本的に新しい経験や考えを全人格的に受けとめていくことをとおして，その人格が再創造されること」と述べる。また，大田（1990：210頁）も，人間は「何らかの形で私という個を超えた大きな大きな宇宙的生命力のどこかにかかわりをもち，それに依存すると同時に参加している」存在であり，「どう生きるのか」という人間にふさわしい目的意識を内面から育てる教育を重視する。両者ともに，脆弱と依存からなる人間が他者とのかかわりあいを通して新たな知を構築し，それによって自己の内面と人格を不断に更新し，参加へと誘われる学びを提案する。

　そこで必要となるのが，人が学ぶべき最も重要な営みである＜よりよく生きようとする＞こと，すなわち他人の痛み・苦しみを見て見ぬふりをする趨勢に抗う力の習得である（田中 2017）。学校が「学びの共同体」「協働学習」「共同

活動」などが可能になる豊かな学びの場となるためには，規範・制度に回収されない「他者への顧慮」が必要とされる（田中 2017：387頁）。

　これらから，ケアは脆弱と依存からなる自己と他者を想定するからこそ，排除されていた他者の立ち現れを促すことができる。そして，今ある教師―子ども・子ども―子ども間の関係性を個別具体的な文脈を有する他者性を取り入れたものとして編み直せると考えられる。加えて，他者の声に敏感に応答する思考の育成と知の社会的構成，および包摂型の学校や社会づくりに寄与する実践知の提案と参加を可能にすると思われる。こうしたケアを基盤とする学びでは，個別具体的な文脈と複雑な関係性を起点とし，子どもの創造性を育む即興的で動的な応答が求められるために，学習活動の標準化は回避される。また，修得される知識に文脈を与え，思考の中に他者性を取り組むため，個別最適な学びが孤立した学びになることは阻止される。ここでは，協働的な学びの中枢に個のニーズへの応答が組み込まれており，個別最適な学びと協働的なそれを二項に分離するわけでも，また脆弱者を克服して自立・自律した個人への移行がめざされるわけでもない点を読み取れる。そして，かかわりの広がる世界の中で，あらゆる他者と自己への応答自体が学びであると見なされる。それゆえ，その学びは，子どもの尊厳やウェルビーイングの保持と，脆弱な他者同士のケアするコミュニティ形成への参加を促すものになると推察される。生と学びの保障に向けて，ケアを基盤とするこうした学び論の構想と実現が求められる。

6　ケアする教師の役割

　次に，ケアを基点に生と学びの保障を担うケアする教師の役割について検討する。まず，ケアに際し，脆弱で依存的で声を出しにくく，本来的に固有な他者のニーズを中心に，「制度」からではなくまずは「現実」から出発して応答する役割である（広井 1997：132頁）。これは，制度的正義（ロールズ 2001＝2010）に代わる公正な正義の方略である。公正は，基本的には分配原理のもと，第一に社会的・経済的不平等を縮小するための再分配制度の構築を求める。しかしながら，公的制度ではすべての人々の生活実態や状況に応じた柔軟な対応をすることができない。そのため，セン（2009＝2011）は，第二に人々の実際の暮らしの中での現実的な行為への焦点化が必要であると述べ，目の前の明らかな不正義を取り除くことで公正を担保しようとする。その際，個人の実質的な選択の機会の多寡に着目し，それぞれに応じた資源配分を行うケイパビリテ

ィアプローチを主張する。これを教育に当てはめると，たとえば，家庭の事情でノートや宿題を持参できない子どもに対して，ノートは学校で準備して必ず学習に参加できるように，宿題は放課後の学校や学校外で，あたたかな関係性のもとで行えるようサポートする仕組みを身近な人々が整え，子どもが疎外感を感じることなく，自信や希望をもって授業に臨めるようにするものである。

　次に，子どもの学びを促す教師役割である。ＩＣＴを活用した「個」を重視する学びと福祉的機能の強化の中で見過ごされがちであったのが，学習指導者としての教師役割であった。先のケイパビリティアプローチの留意点は，弱者の望む生活の質を保障しようにも，永続的な逆境や困窮状態にある人々は現在の窮状を変えようとする動機すら持ち合わせていない点にある。そのため，そうした人々の声にならないニーズの汲み取りと選択肢の確保および人権主体としての意識化が積極的に求められる。したがって，貧困状態にあり，自己を肯定できず，他者を信頼できないために生きる希望を失い，学びに支障が出ていたとしても，当の子どもはその状態を改善したいとは必ずしも思っていない場合がある。ケアから構想される教育活動では，そうした状態の子どもをまずは承認することが必要だとしても，学びを放棄させずにそこへといざなう役割が教師には求められる。一人の人格をケアするとは最も深い意味で「その人が成長すること」を助けることであるとメイヤロフ（1971＝1987：13頁）が述べるように，教師には，成長するための働きかけを行い，その中で，学ぶタイミングや内容を選択する権利を子どもに委ねるやり方が必要となる。

　加えて，教師は目の前の不正義（子どもの困難や窮状）に気づき，それに取り組むケアする教師になることが求められる。ケアする教師になるための契機は二つある。一つ目は，ハイデガーの述べる良心の呼び声とそれによる顧慮であり，二つ目は，すでに失われていた関心を呼び戻す子どもの声である。ある教師は「子どもの声を聞いて先生たちは変わっていく…略…子どもの書いたもの，日常の会話から，次の授業に何をやったらいいかわかってくる」と話し，子どもの語る現実生活とそこにある子どもの思いや願いや葛藤を知るところから，子どものニーズに気づき，それに応答するための学習環境の整備と教育活動を考えたと述べる。バトラー（1997＝2019：247頁）も国家や他者からの呼びかけによる人間の主体化を考察する。そして，「呼びかけは失敗によって機能する」と述べ，人々が国家からの呼びかけに応じつつ，同時に他者からの呼びかけに応答することで市民として主体化されるとする。つまり，国家からの

呼びかけによって主体化された教師は，国家以外の声を，その一つとして子どもの声を聞くことによって主体を変容させ「行為主体」となるのである。

これは，教師が子どもに呼びかけられてケアする主体になり，その教師が子どもに呼びかけ，子どももケアする主体になるという永続的な育成関係へつらなるものである。広井（1997：14頁）は，このようなケアする専門職の変容について，ケアする過程を通じて「むしろ自分自身が力を与えられたり，ある充足感，統合感が与えられたりする」と述べる。これらから，ケアする教師は，自己と子どもに呼びかけられケアする過程で，子どもを総合的に理解し，生と学びの保障を一体化し，自身の役割も統合して捉えるようになると考えられる。その上でケアの総量を増やし，ケアの分配を促進することが求められる。

7　ケアを基盤とする学校と学びの成立に向けた課題

最後に，ケアを基盤に，生と学びを保障する学校づくりの課題を提示する。

第一に，脆弱で依存的な他者としての子どもと大人の立ち現れを促す理論と実践の構想である。これは，教育経営における子どもの位置付けの課題（岩永2012）をより具体化したものとなる。脆弱で依存的な他者とは，困難を抱える一部の子どもをさすのではなく，子ども全体，そして教師を含めたすべての大人に当てはまる。かかわりの広がる世界はそうした他者を想定しており，うまく自分をマネジメントできる自立した主体を理想的状態とするわけではない。特に，現代が人々の相互依存の度合いの広まりと深まりを見せている社会である上に（大田1990），そもそも人間は脆さゆえに他者のケアに依存することなく生存できないとするケアの倫理的観点からは，依存・相互依存は人間存在の一般的な存在形態であり，自立はその特殊な形態であるとされる（竹内2015）。ただし，依存の程度は個人によって異なり，依存しているがなお独立した存在だとする依存と独立は両立しうる（岡野2012）。そこで満たされる自由は，強い個人の内閉的な自己実現ではなく，他者とのかかわりの中でありのままとしての自己の尊厳を保ちながら，自らの声を紡ぎ出すことで解放される自己実現と社会参加である。したがって，脆弱と依存からなる人間を教育経営のデフォルトとして設定することによって，すべての子どもの生と学びを保障し，自由を確保しながら包摂する学校づくりの可能性が示唆される。

第二に，ケアする教師のケアと育成である。ケアの倫理において前提とされ

る人間は，つねに他者とつながり，かつ他者に依存するために，他者に応答されないことによって傷つく存在であるとされる（岡野 2012：157頁）。そのため，ケアする教師が子どもや保護者から応答されないために深く傷つく実態が明らかにされている（柏木 2020）。また，ケア実践の際に，葛藤や軋轢からは逃れることができず，ケアのプロセスを「美化しない」ことが必要となる（岡野 2012）。そのために，教職員のケアリング・コミュニティの創造が求められる。それは，ケアする教師へのケアによって教師の傷つきを防ぎ，葛藤の解消の手助けをするものである。また，それを基盤に，教職員同士がケアに向かって呼びかけ合い，互いにケアする能力を高め合う中で，子どもからの声をいかに聞くのか，その声をどう学習活動に生かすのかに関する学び合いが求められる。

　第三に，生と学びを保障する教師の専門性の検討である。これは，教育という仕事が輻輳的で業務の分割が困難なことを踏まえた「チーム教育」を担う教師の専門性の確立に向けた議論と重なる（榊原 2020）。本稿の議論から，教師の専門性は統合的に捉えられるべきであり，ケアを再分配する役割を含めた「ゼネラリスト」としての教師役割（浜田 2016）の再検討が求められる。

　第四に，学校や教育行政におけるソーシャルジャスティス・リーダーシップの研究蓄積である。それは，社会的・経済的・政治的・教育的排除への気づきから，資源獲得と配分を行い，現実の抑圧的要素に抵抗する実践を重視するものである（Dematthews, Izquierdo & Knight 2017）。傷つきやすい子どもが実際の被害を受けないよう，子どもの生と学びを保障する学校づくりのための資源配分を含めた議論の展開と責任あるリーダシップの構築が求められる。

　最後に，教育経営が依り立つ学校論や学び論の精査である。本稿では，子どもの生と学びの保障に向けた，ケアを基盤とする学校における学びを考察した。それは，かかわりの広がる世界の中でともに存在し，脆弱な他者として機敏に応答し合う子どもたちが，目の前の不正義に取り組むための知の社会的構築と参加を行うもので，それゆえに社会の分断を防ぎ，公正な民主主義社会の形成に寄与するものであった。今後は，その具体的実践の提示と，教師論や自由・依存・公正等に関する理論の構築が求められ，これらは本稿の課題でもある。

［注］
　⑴　ノディングス（1992＝2007）によると，自己，親しい他者，仲間や知人，遠方の他者，人以外の動物，植物と自然環境，物や道具，理念のケアがある。

(2) 社会学的想像力とは，生活圏における問題を，複雑に絡み合う歴史的・社会的な構造と結びつけて読み解く想像力のことである。

(3) 弱者も共同存在であるが，社会の中で見えにくい状態におかれていたと言える。

［引用・参考文献］

・Bauman, Z. *Community,* Cambridge: Polity Press, 2001（＝奥井智之『コミュニティ』筑摩書房，2017年）.

・Butler, J. *The Psychic Life of Power,* Stanford University Press, 1997（＝佐藤嘉幸・清水和子訳『権力の心的な生』月曜社，2019年）.

・Beck, U. *Risk Society,* SAGE Publications Ltd, 1992（東廉訳『危険社会』法政大学出版局，1998年）.

・ブルジェール・F/ 原山哲・山下りえ子訳『ケアの倫理』白水社，2014年。

・中央教育審議会『「令和の日本型学校教育」の構築を目指して（答申）』，2021年。

・Dematthews, D., Izquierdo, E., & Knight, D. S. Righting past wrongs, *Education Policy Analysis Archives,* 25(1), 2017, pp.1-28.

・Economic Policy Institute. *Covid–19 and student performance, equity, and U.S. education policy,* 2020.

・Foucault, Michel. *Naissancede la biopolitique,* Paris, Gallimard, Le Seuil, 2004（＝慎改康之『生政治の誕生』筑摩書房，2008年）.

・Gilligan, Carol. *In a Different Voice,* Harvard University Press, 1982（＝岩男寿美子監訳『もうひとつの声』川島書店，1986年）.

・浜田博文「公教育の変貌に応えうる学校組織論の再構成へ」『日本教育経営学会紀要』第58号，2016年，36-47頁。

・Hargreaves, A. *Teaching in the Knowledge Society,* Teachers College Press, 2003（＝木村優・篠原岳司ほか監訳『知識社会の学校と教師』金子書房，2015年）.

・Heidegger, M. *Sein und Zeit,* 1927（＝細谷貞雄訳『存在と時間上・下』筑摩書房，1994年）.

・広井良典『ケアを問い直す』筑摩書房，1997年。

・石井拓児「職員会議法制の変容と教職員の多忙化問題」『日本教育経営学会紀要』第62号，2020年，2 -16頁。

・石井英真「コミュニティとしての「日本の学校」のゆくえ」『教育学研究』第87巻，第 4 号，2020年，508-519頁。

・岩永定「学校と家庭・地域の連携における子どもの位置」『日本教育経営学会紀要』第54号，2012年，13-22頁。

・柏木智子『子どもの貧困と「ケアする学校」づくり』明石書店，2020年。

・国立成育医療研究センター『コロナ×こどもアンケート第2回調査報告書』，2020年。
・Lave, J & Wenger, E. *Situated learning*, Cambridge University Press, 1991（＝福島真人『状況に埋め込まれた学習』産業図書，1993年）.
・Mayeroff, M. *On Caring,* Harper& Row, 1971（＝田村真・向野宜之訳『ケアの本質』ゆみる出版，1987年）.
・見田宗介『現代社会はどこに向かうか』岩波書店，2018年。
・三菱UFJリサーチ＆コンサルティング「政策研究レポート　新型コロナウイルス感染症によって拡大する教育格差」，2020年。
・三井さよ『ケアの社会学』勁草書房，2004年。
・中村麻由子「ケアリングを基盤とした学校の教育実践の再編」東京学芸大学大学院連合学校教育学研究科『学校教育学研究論集』29，2014年，15-27頁。
・西田芳正『排除する社会・排除に抗する学校』大阪大学出版会，2012年。
・Noddings, N. *The challenge to Care in schools,* Teachers college, Columbia University, 1992（＝佐藤学訳『学校におけるケアの挑戦』ゆみる出版，2007年）.
・OECD「新型コロナウイルス感染症が子供に与える影響に対処する」，2020年。
・岡野八代『フェミニズムの政治学』みすず書房，2012年。
・大桃敏行・背戸博史『日本型公教育の再検討』岩波書店，2020年。
・大田堯『教育とは何か』岩波書店，1990年。
・Rawls, J. edited by Kelly, E. *Justice as Fairness,* Harvard University Press, 2001（＝田中成明・亀本洋ほか訳『公正としての正義　再説』岩波書店，2020年）.
・彩の国子ども・若者支援ネットワーク「生活実態調査アンケート」，2020年。
・榊原禎宏「学校経営論と「教職の専門性」論のもつれをほぐす」『日本教育経営学会紀要』第62号，2020年，17-27頁。
・Sen, A. *The Idea of Justice,* Belknap Press : An Imprint of Harvard University Press, 2009（＝池本幸生訳『正義のアイデア』明石書店，2011年）.
・鈴木大裕『崩壊するアメリカの公教育』岩波書店，2016年。
・竹内常一『おとなが子どもと出会うとき　子どもが世界を立ちあげるとき』桜井書店，2003年。
・竹内常一「生徒指導におけるケアと自治」竹内常一・折出健二『生活指導とは何か』高文研，2015年，73-108頁。
・田中智志『共存在の教育学』東京大学出版会，2017年。
・山田綾「生活指導と授業」竹内常一・折出健二『生活指導とは何か』高文研，2015年，110-140頁。
・山野則子『学校プラットフォーム』有斐閣，2018年。

Schooling system to ensure life and learning of children – With a focus placed on "care"

Tomoko KASHIWAGI (Ritsumeikan University)

In this report, schooling system to ensure life and learning of children was discussed with a focus placed on the concept of care. Specifically, for this purpose, it was intended to establish a viewpoint from a comprehensive perspective of life and learning with a focus placed on the theory of learning among theories of schooling. The roles of teachers and problems of educational management were also examined.

This report discussed that care-based schooling would be important because the activities to educate children who would interact with each other as vulnerable individuals would realize learning to promote social formulation of knowledge and thought to challenge immediate injustice. This might prevent divided societies and contribute to formation of a fair democratic society. As a result, the following four roles of teachers were suggested. The first role was to respond to intrinsically specific needs of others, who might be weak and dependent and have a difficulty in presenting their opinions, from a standpoint of "reality," not "system." The second one was not only to give an approval, but also to promote learning of children. The third one was to become aware of immediate injustice, such as difficulties and problems of children, and provide care for them.

The followings are problems in schooling system development to ensure life and learning of children based on care. Firstly, the theory to promote understanding on children as weak and dependent individuals, and the concept of actual schooling are included. Secondly, the care and education should be provided for teachers who provide care to children. Thirdly, the specialty of teachers who ensure life and learning of children should be examined. Fourthly, research on social justice and leadership in schools and educational administration should be accumulated. Fifthly, theories of schooling and learning should be closely examined so that educational management becomes viable.

教育における公正は
いかにして実現可能か？
―教育政策のニューノーマルの中での子ども・若者の
ウェルビーイングと政策改善サイクルの検討―

日本大学　末 冨　　芳

1　問題設定

　わが国は凡庸な格差社会にすぎず，教育において本格的な格差是正政策を導入していない，控え目に言っても，日本の教育システムは，都市部在住，男性，高所得者の子どもたちに有利な格差生成装置として機能し続けてきた（松岡2019：231頁，末冨2020a）。

　本論文の問題設定は，どのように教育政策・教育経営において，貧困格差を改善することが可能かを検討することにある。具体的には，教育の政策規範としての公正の重要性を指摘し，政策アクターの公正についての共通理解を前提とした政策改善サイクルの重要性を明らかにしていく。

　本論文においては，教育における公正とは，教育の機会・教育達成を含む子ども・学習者のウェルビーイングを実現・改善し，児童生徒間および社会集団間の格差を可能な限り縮小すること，と定位される。

　これに先立ち本論文では，2節において教育のＩＣＴ化，デジタルトランスフォーメーションの進行の中で，教育政策のニューノーマルの特徴を整理し教育経営に生じうる課題を概観する。デジタル技術や児童生徒1人1台端末を利用した「個別最適な学び」は，児童生徒間の格差拡大に作用する懸念もあるが，教育ビッグデータを活用した検証と政策立案はその改善のためにも機能しうる。3節においては，政策規範としての教育における公正の重要性を指摘し，概念定位を行う。日本に根強い排除的な「自立」パラダイムの中で，「個別最適な学び」を強調する教育のニューノーマルでは子ども・学習者単位での学び・意欲がクローズアップされがちであり，貧困・移民・女性や障害を持つ学習者な

どの社会集団への視点が後退してしまうからである。現に中央教育審議会（2021）「『令和の日本型学校教育』の構築を目指して」からは，Society5.0に関連するそれまでの教育政策で使用されていた公正の用語が消え，「誰一人取り残さない」という個人化された表現に置換されている。

　社会構造や政策の再分配の失敗が，特定の社会集団に不利に作用し，それは個人の努力だけでは挽回できないからこそ，日本の教育システムは格差生成装置として機能しているのである。

　教育における公正はこの状態を改善していくうえで，不可欠の概念であるが，日本では共通理解の不足から，教育政策における十分な位置づけを持っていない。それゆえに，本論文では教育政策アクターが共通理解すべき，教育における公正を簡潔に概念定位する手続きを行う。またその際，教育機会・教育達成だけでなく，子ども・学習者の生活・教育・参画にわたるウェルビーイングの実現・改善という視点の重要性を述べる。

　4節では，教育における公正を政策規範とし位置づけたとき，教育の政策改善サイクルがどのように機能すれば，教育システムにおける貧困と格差の改善が可能になるのか検討する。ＥＩＰＰ（Evidence Informed Policy and Practice）モデルを提示し，実現すべき公共の利益が肥大化する宿命を持つ教育政策において，貧困格差縮減のための政策改善モデルを検討する。この際，教育における公正の実現を政策規範とすることの重要性，政策改善サイクルの中での教育経営の役割の再定位，すなわち教育経営のニューノーマルへの対応が急務であることを指摘する。

　なお本論文では，教育政策の改善の視点から，国・教育委員会・学校の教育経営における課題に言及する。そのため本稿での教育経営とは，教育政策の実施主体としての国・教育委員会・学校の役割や活動と同義となる（青木2019：6頁）。

　紙幅の都合で，分析や検討の詳細をある程度サマライズした形で記述せざるを得ない。しかし，本論文で示される教育における公正の概念や政策改善サイクルは，学校や教育委員会のマネジメントの変革にとっても示唆をもたらすものと確信している。

2　教育政策のニューノーマル

教育システムを通じた貧困格差改善をいかに実現するかを論じる前に，新型

コロナウイルスパンデミックの中で加速した，教育政策のニューノーマルというべき変化について整理しておく必要がある。

　教育政策のニューノーマルは，以下の3点の特徴を有する。

　①ＧＩＧＡスクール構想の前倒し実施による，1人1台タブレット・ＰＣと通信環境整備，②「個別最適」な学びを強調する学力保障政策，③教育ビッグデータの収集・分析と教育政策や学校マネジメントでの活用，である。

　新型コロナウイルスパンデミックの前，2016年より，日本の教育政策はSociety5.0の政策アイディアを受容し，政策転換の途上にある（合田2020：3頁）。この政策転換のプロセスで，社会的な公正や個人の尊厳とのバランスをどう確保するかという視点を含みながら学校ver3.0というアイディアが提示されており（合田2020：9-11頁），教育政策のニューノーマルの原型が示されている。

　すなわち学校ver.3.0のアイディアにおいては，「資質・能力ベースの学校モデルを前提に，ＩＣＴ技術の活用で教育ビッグデータの収集・分析とそれに基づいた個人の認知と成功の特徴を踏まえた支援が可能になる」「学習成果（作文・レポート，プレゼン等）は学びのポートフォリオとして電子化して蓄積される」ことにより子どもたちが能動的な学び手として自らの学びを自分の意思で進めること，が想定されている。「個別最適化された学びをいかに公正に保障するか」が政策課題であると認識されている（合田2020：11頁）。

　その後，「個別最適」な学びに関する中教審（2021）での解釈変更をともないつつも，これ以降は，児童生徒1人1人がデジタル端末を持ち，その活動の記録（スタディ・ログ）を蓄積したり，教員がきめ細かい指導に活用したり，学校内・学校間・教育委員会間・行政機関間での共有・活用が想定された政策に変更はない（文部科学省2018）。

　これらの教育政策のニューノーマルが学校や教育委員会のマネジメントにもたらす影響は大規模であり，現在の予測が必ずしも将来の状況に適合するとは限らない。しかし，たとえば児童生徒1人1台のデジタル端末と通信環境の実現は，家でも学校でも学び続けられる環境を実現し，教育の機会均等実現のツールにもなりうる。ただし同時に，家庭間の社会経済格差やデジタル・デバイドを無視すれば，学校を通じた格差拡大政策にもなりかねない。

　同様に「個別最適」を強調する教育政策も，学習者の教育達成や教育機会を改善もしうるが，学習の前提として横たわる個人間や集団間の学習環境や学習意欲の格差を改善しうるのかどうかは自明のものではない。合田（2020）でも，

中教審（2021）においてもＩＣＴ技術の活用による児童生徒単位での個別化された学習を強調する。たとえば次のような記述に典型的である。

　　すなわち学習者に「個別最適な学び」を保障するために，教授者は「個に応じた指導」を実施する必要がある。この際，子ども・学習者ごとの理解習得や個々の興味・関心・意欲等の把握のために，ＩＣＴの活用が前提とされるのである。具体的には学習履歴（スタディ・ログ）や生徒指導上のデータ，健康診断情報等を蓄積・分析・利活用することが求められている（中教審2021：18頁）。

　特に中教審（2021）では，「個別最適な学び」と「協働的な学び」の併存を強調しつつも，個人単位の学習状況を重視する修得主義，探究的な学習における「学習の個性化」など，子ども・学習者個人単位での学習や修得主義による学習者間の学習進度差への許容的な言説が繰り返し強調されている。

　修得主義やＩＣＴ活用を通じた「個別最適な学び」に政策のウェイトが置かれすぎると，家庭社会経済格差に起因する子ども・学習者間のデジタル・デバイドや教育達成格差の拡大に帰結する可能性が高くなる（教育再生実行会議2021：北村委員発言7頁，松岡委員発言34-35頁）。また子ども・学習者個人の学習意欲の低さや，学びの前に空腹すら満たすことができない深刻な困難さの基底にある排除的な政治的社会的構造を軽視する懸念がある（苅谷2001，末冨2020b）。

　だからこそ，学級や集団を単位とする「協働的な学び」による社会性の育成も強調されていると考えられるが，中教審（2021）および「個別最適な学び」の議論をリードした中央教育審議会・教育課程部会（2021）「教育課程部会における審議のまとめ」でも学習意欲や教育格差拡大リスクや対策に関する記述は，十分ではない（同様の指摘は教育再生実行会議2021：松岡委員発言34-45頁）。

　さて教育政策のニューノーマルの第3の特徴はＩＣＴとデジタル技術を活用した教育ビッグデータの整備と活用，である。中教審（2021：77頁）では，「学習履歴スタディ・ログなど教育データを活用した個別最適な学びの充実」が強調されている。ＩＣＴ活用を通じ，家庭のバックグラウンドも含めた児童生徒の状況がきめ細かく把握できるからこそ，貧困状態の子どもや，外国人児童生徒，発達障害を持つ児童生徒，性同一性障害など，多様な教育的ニーズへの対応も可能になるというロジックが用いられている（中教審2021：20，24

頁）。

　確かに，筆者の把握する範囲内でも，イギリス，オーストラリアでは，児童生徒の個票データベースが蓄積されており，また日本でも足立区や箕面市などでは，テストスコアや健康状態，虐待相談歴，支援制度利用状況などの子どもの個票データベースを整備し，困難を抱える可能性のある子ども・学習者のスクリーニングや支援につなげられている例もある

　しかし，教育政策のニューノーマルに対応した教育経営や学校マネジメントについては，中教審（2021）や，その前身政策とされる文部科学省（2018）において，明確なビジョンや政策が示されているわけではない。「連携・分担による学校マネジメント」が強調され，チーム学校路線が継続していることが把握できるが，具体的な貧困格差改善政策については，スクールカウンセラー，スクールソーシャルワーカー等の専門スタッフとの連携，保護者地域連携などの従来の文科政策以上の新たな内容は示されていない。

　また教育委員会改革の方向性についても，「今後検討を要する事項」として，答申最終頁（中教審 2021：92頁）にあげられているにすぎない。教育経営学研究が留意しなければならないのは，教育委員会・学校におけるマネジメントモデルが未確立のまま，格差拡大リスクもある「個別最適」を強調する学力政策が教育ビッグデータ構築とともに推進されようとしている状況である。

　カリキュラムマネジメントだけでなく，学校外での児童生徒の学習保障や，ビッグデータ活用による貧困格差の改善アプローチなど，学校を超えた教育マネジメントの広がりも予測されるだけに，教育政策のニューノーマルに対応した教育経営のニューノーマルの構想・開発や検討が急務であるといえる。デジタル先進国の政策やエビデンスを手がかりに，貧困格差改善へのアプローチをいかに開発していくのかといった政策的あるいは教育経営学のストラテジーが必要とされる状況にある。

3　教育政策・教育経営における政策規範の重要性 ―公正とウェルビーイング―

(1) 消えた公正：教育政策における政策規範の共通理解の必要性

　ところで，ＧＩＧＡスクール構想の中で用いられてきた「公正に個別最適化された学び」という表現をふまえ，中央教育審議会（2021）を読み進めると奇妙な事実に気がつく。公正，という用語が消去されているのである。そのかわ

り「多様な子供たちを誰一人取り残すことのない個別最適な学び」という表現に置き換えられている。

　公正という概念が中教審（2021）から消えたことで，答申の重点が児童生徒単位での学習活動である「個別最適な学び」に移行したという課題が発生していることを指摘せざるを得ない。日本の教育政策が，大きな転換点にある中で，中教審（2021）が，過渡期にある学校や学習のモデルを示す挑戦的な政策指針であることの限界を考えれば，現在開催中の教育再生実行会議や今後の中央教育審議会において教育政策がどのように貧困格差問題に取り組むべきかの議論が，早急に行われ，方針や政策が示されるべきである。

　公正は，分配的正義の中心概念の一つであるが，貧困格差の改善に教育を通じて取り組む場合にこそ，政策に位置づけられる必要がある。実は日本の教育政策において，その定義が明示されているわけではない。この経緯については，①文部科学官僚や中央教育審議会委，教育委員会や学校などの教育政策アクター間での公正に関する共通理解の不足[1]，②その前提となる日本の教育学研究における公正に関する定義や共通理解の不足があげられると考えられる。

⑵　教育における公正（equity）

　これ以降，本論文では政策規範としての教育における公正の重要性を指摘し，概念定位を行う。なぜこの手続きが重要かといえば，日本に根強い排除的な「自立」パラダイムの中で，「個別最適な学び」を強調する教育のニューノーマルでは子ども・学習者単位での学び・意欲がクローズアップされがちであり，貧困・移民・女性や障害を持つ学習者などの不利な状況に置かれている社会集団への視点が後退してしまうからである。社会構造におけるマイノリティ排除や政策の再分配の失敗が，特定の社会集団に不利に作用し，それは個人の努力だけでは挽回できないからこそ，日本の教育システムは格差生成装置として機能しているのである（苅谷 2001，国立大学法人お茶の水大学 2014，松岡 2019）。

　教育における公正はこの状態を改善していくうえで，不可欠の概念であるが，前述したように日本では共通理解の不足から，教育政策における十分な位置づけを持っていない。それゆえに，教育政策のアクターが共通理解すべき，教育における公正の概念を簡潔に示す手続きを行う。またその際，公正とは，単に教育機会・教育達成の平等を追求するだけでなく，子ども・学習者のウェルビ

ーイングの実現・改善という内容を含むことの重要性を主張していく。

　まず教育における公正（Equity）について，概念の整理を行う[2]。公正については，学力格差改善政策を国際比較するための評価軸として公正を定義した志水・山本（2012：15頁）から出発することが，子ども・学習者の貧困格差問題の改善にとっても効果的であると考える。志水・山本（2012：15頁）では，公正（Equity）と卓越性（Excellence）の二つのキー概念を用いて，学力格差の改善政策を検討している。その定義は簡潔にまとめると以下のようになる。

　公正（Equity）は，教育の平等に関わる概念であり，すべての子どもに十分な教育機会（入口）と適切な教育達成（出口）を保障することである。また，集団間のバラツキを小さくすること，も重視される。

　これに対し，卓越性（Excellence）は，すべての子どものポテンシャルを最大限に伸ばすことができているか，全体の平均点を向上させているか，トップ層を特に伸ばすエリート養成も重視するという特徴を持っている。

　教育における公正は，教育機会・教育達成の保障や貧困格差の改善のために，社会的に困難を抱え政策や教育から排除されがちな社会集団に対するターゲット政策の設定および手厚い資源配分と，子ども・学習者個人に対する学力・スキル保障の組み合わせで実現されると考えられることが一般的である。学力だけでなく自己肯定感や学習意欲の育成や回復のためにケアを重視する学校文化や学校マネジメントの変革も必要とされる（山田 2015，竺沙 2016，柏木 2020等）。

　すなわち，教育における公正の実現のためには，子ども・学習者個人への働きかけのみでは不足であり，個人の努力では乗り越えられない＜集合水準の格差＞が存在するからこそ，貧困・移民・女性や地方や厳しい学校区等の社会集団に対する着眼が必須のものとなるのである（松岡 2019：135頁）。

　だからこそ，教育における公正とは，児童生徒間だけでなく社会集団間の格差を可能な限り縮小するという視点を必ず内包し，定位される必要がある。

　志水・山本（2012）では，学力政策を中心とし教育システムのパフォーマンスを国際比較する評価軸とするために公正の概念定位が行われていたことから，教育機会と教育達成に焦点を当てた概念となっている。しかし，子ども・学習者の間の貧困格差の改善のためには，教育機会や教育達成のみに着眼するだけでは不足であり，より広汎なウェルビーイングへの着眼が不可欠である。

⑶ 公正と子ども・学習者のウェルビーイング：共通理解のための概念定位

　そもそも，教育を通じて子ども・学習者に保障されるべき公共の利益は，教育機会や教育達成ばかりではない。基礎学力とともに，心身の健康や，自尊感情，良好な人間関係など，子ども・学習者自身や，ひいては社会全体のより良い状態を達成することが教育政策のゴールとしての重要度を増している（白井2020：60頁）。子どもの貧困対策や国際的な教育政策の中でも，子どものウェルビーイングの実現や改善自体が，個人においても社会においても重要なゴールであるとの位置づけがされている。

　たとえば，子どもの貧困指標の国際的な動向を整理した内閣府（2017：第2章）では，子どもの状況を補足する指標が「教育，健康・生活習慣，家庭・社会とのつながり，親の雇用，（保護者の就労状況），物質的豊かさ・所得，環境・その他」と多くの要素でとらえられていることをあきらかにしている。この背景として，子どもの貧困の定義を多元的に定義し，所得にかかわらず子どものウェルビーイングが阻害されている状況を，広く改善しようとする UNICEF やＯＥＣＤのアプローチがある（内閣府2017：第2章）。

　また教育政策でも，ＯＥＣＤ・Education 2030で「包括的成長」のために，個人と社会のウェルビーイングの実現が政策目標とされている。個人レベルの指標としては，「健康状況，ワークライフバランス，教育とスキル，社会とのつながり，市民参加とガバナンス，環境の室，個人の安全，主観的幸福，所得と財産，仕事と報酬，住居」の11要素が設定されている（白井2020：60-62頁）。

　子どものウェルビーイングの構成要素は，機関や国によって少しずつ異なり，多岐にわたるが，教育政策における共通理解のためにシンプルに整理するならば，筆者自身は生活・教育・参画の三つのレベルに集約できると考える。

　生活レベルでのウェルビーイングとは，衣食住のベーシックニーズや家計所得などの物資的条件，心身の健康などの「身体・心理的基盤」（白井2020：165頁）など，学びの前提条件を意味する。

　教育レベルでのウェルビーイングとは，教育機会やテストスコアのほか，PISA テストなどで多岐にわたり測定されている，子ども・学習者の主観的幸福度や自己肯定感など，学校への所属感や友人関係など認知・非認知両面にわたる多元的要素から把握される（国立教育政策研究所2017）。

　参画レベルのウェルビーイングは，これまで日本において，それほど注目は

されてこなかったが，スウェーデンの子どものウェルビーイング指標においては「学校に影響があると考える子どもの割合」が位置づけられている（竹沢2013：56頁）。また主体的に社会の形成に参加する学習者（エージェンシー）育成のためにも，子ども・学習者が学校や社会の意思決定に「大人とのパートナーシップのもとで」参画することは，子ども・学習者のウェルビーイングがより高いレベルで実現される状況と考えられている（白井2020：83-84頁，95-98頁）。子ども・学習者の自己肯定感や学習意欲が相対的に低く，不利な条件を持つ社会集団に排除的な日本の学校文化や教育システムを変革するためには，「そもそも設定されているゴール自体が適切か」「学力とは何か」を見直す省察的な政策改善が必要である（山田2015：227頁，白井2020：229-232頁）。この際，子ども・学習者自身が意思決定に参画することは，当事者ニーズを反映した有効性の高い政策改善のためにも，究極的には貧困格差を生み出す構造そのものを組み替えるための政策的基盤としても不可欠である。実際に我が国の子どもの貧困対策では，当事者の意見反映は法規定されている。教育政策でも子ども・学習者の参画は実現可能である。

　つまり教育における公正とは，教授学習活動を通じて子ども・学習者に対し，教育機会，教育達成を保障するのみならず，教育という行為を通じたウェルビーイングの実現という視点からも，個人や社会集団間の格差ができるだけ改善されている状態のことを示す，という定義が必要である。

　教育機会や教育達成の保障は，教育レベルでのウェルビーイングに包含されることから，ここまでの議論をふまえ，教育政策における公正は以下のようにシンプルな定義が可能となる。

　　教育における公正とは，教育の機会・教育達成を含む子ども・学習者のウェルビーイングを実現・改善し，児童生徒間および社会集団間の格差を可能な限り縮小することである。また子ども・学習者のウェルビーイングは生活・教育・参画の3つのレベルで多元的にとらえられ，改善される必要がある。

日本の教育政策においてともすれば貧困格差改善への視点やアプローチが後退しがちであるのは，そもそも政策規範として公正が位置づけられていないうえに，政策アクター間に教育を通じて子ども・学習者や社会において実現すべき公共の利益（Public Interest）への理解が不足しているためであると筆者自身は考えている。「望ましい状態」へのビジョンが描けなければ，人間は変革

に取り組めない。だからこそ，公正やウェルビーイングといった教育において達成される「望ましい状態」について，政策アクターが共通理解を進めていくことは，教育政策・教育経営においても子ども・学習者のウェルビーイングの実現や貧困格差の改善のための，もっとも基本的なプロセスであると考える。

4　教育経営を通じた公正はいかにして実現可能か？―教育政策改善サイクルの検討―

　4節では，教育における公正を政策規範に位置づけたとき，日本の教育政策がどのように機能すれば，教育システムにおける格差改善が可能になるのか検討する。この際，ＥＩＰＰ（Evidence Informed Policy and Practice）モデルを用いた教育政策改善サイクルを適用し検討を行う。

　ＥＩＰＰモデルとは，Levacic and Glatter（2001）に，本論文での教育政策改善サイクルの原型となるアイディアが示されている。教育政策においてエビデンスを共有し参照しながらも，調査・研究（Research）や実践（Practice）などそれぞれの段階でのステークホルダーの専門性を重視している。とくに研究者が専門性を持ちながらリサーチモデルを開発・検証し，より有効な政策決定や学校現場等での実践に結びつけることが強調されている。

　ＥＩＰＰモデルは，エビデンスから政策への一方向的作用が強調されがちなEvidence Based Policy Making モデル（ＥＢＰＭモデル）の課題を克服するためにも重要である。ＥＢＰＭモデルは医療政策における Evidence Based Medicine（ＥＢＭ）のように政策目標・政策ターゲットが絞り込まれている状態では良好に機能する。

　しかし教育政策では，教育機会や教育達成，ウェルビーイングなど実現すべき公共の利益（Public Interest）は多元的である。また政策対象も不利な状況に置かれがちな子ども・学習者や社会集団から，富裕層や傑出した才能を持った子ども・学習者まで多岐にわたる。したがって，ＥＢＰＭモデルを用いることには限界もある。教育分野だけでなく環境分野でも政策決定におけるＥＢＰＭモデルの課題が指摘されてきており，それぞれの政策分野にマッチした政策決定のリモデリングが必要な状況にある（林 2019）。

　図1に示したＥＩＰＰモデルは，Levacic and Glatter（2001）での，教育政策・実践の改善のためのリサーチの重要性を強調したモデルを基盤に，筆者が日本の教育政策決定の構造的課題を整理し，より良い政策改善サイクルのモデ

ルを明らかにするために整理したものである。大学入試政策の失敗と再発防止策をあきらかにするための末冨（2020a：7頁）をさらに改訂している。

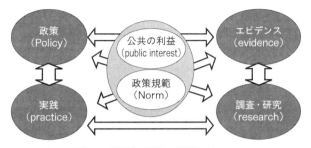

（Levacic and Glatter 2001を基盤に筆者作成）
図1　Evidence Informed Policy and Practice モデル

　2節でも指摘したように，教育ビッグデータが整備され，これまでにない規模で児童生徒個人単位での成績把握や，政策効果の検証が可能になる状況だからこそ，政策決定におけるエビデンスは，遵守すべき政策規範（Norm）や，子ども・学習者に対して実現すべき公共の利益（Public Interest）の実践との連関において位置づけられる必要がある。さもなければ，エビデンスは子ども・学習者への監視や強化される管理統制の道具として暴走しかねない。日本だけでなく国際的にも PISA や全国学力・学習状況調査のテストスコアの平均点ランキングを上昇させることが，自己目的化し，子ども・学習者のウェルビーイングを阻害する事態をしばしば引き起こしている。この事実は，政策規範や公共の利益を軽視したエビデンス政策の修正の必要性を示唆するものである。
　本論文でのＥＩＰＰモデルの特徴は，政策規範（Norm）を政策において達成すべき公共の利益（Public Interest）の基盤として位置づけている点にある。
　ここからは，教育政策と比較して相対的に良好な政策改善サイクルが機能している子どもの貧困対策を参照したモデルの説明を行っていく。子どもの貧困対策では，子どもの貧困の改善が政策を通じて達成すべき公共の利益になるが，それに先立って子どもの権利，とくに最善の利益の実現という遵守すべき規範（Norm）が法規定されている。そうでなければ，子どもの貧困の改善は，当事者のニーズを軽視し，自立や就労，学力向上など強調する強固な「自立パラダイム」に取り込まれ，貧困の当事者の自己責任論，学習や就労への意欲あるもののみが支援の対象となる排除的な政策として機能してしまう（末冨2020b）。一部のアクター，とくに政治家の一方的な意思決定による公共の利益（Public

Interest）の暴走を防ぐためにも，まず政策改善サイクルには規範（Norm）を位置づける必要性がある。

　さてＥＩＰＰモデルの特徴の１つは，実践（Practice）をモデルの中に位置づけた点にある。Levacic and Glatter（2001）でも，マネジメントやリーダシップを含む実践の改善のための政策改善のサイクルが強調されている。教育は学習者―教授者の相互作用という実践である。実践を改善できなければいかなる政策であれ意味がない。

　子どもの貧困対策でも実践は重視されている。教育の支援・生活の安定に資するための支援・保護者に対する職業生活の安定と向上に資するための就労の支援・経済的支援の４つの体系の中で複合的な政策実施や現場実践が展開されている。また先進自治体では，より良い実践のための事業実施主体の選定の工夫や自治体支援，専門家が関与した事業の効果検証をし，エビデンスに基づく政策改善につなげている。もっとも予算は不足し，子育て困窮世帯への所得再分配が失敗しているエビデンスがあるにもかかわらず，現金給付政策が拡充されないなどの大きな課題はあるが。ともあれ子どもの貧困対策では，子どもの貧困の改善のための政策体系化と，より良い実践のための工夫や支援，自治体・専門家による丁寧な検証等の政策改善サイクルが機能している構造が確認できる。

　しかしながら，日本の教育政策では，達成すべき公共の利益（Public Interest），とくに子ども・学習者に保障すべき能力・スキルのアイディアが肥大化する傾向がある（中村 2018：214-217頁）。それゆえ政策が遵守すべき規範（Norm）や，実践（Practice）が軽視されてしまう傾向にある。学校へのヒトやカネの軽視も，ＥＩＰＰモデルを通じて観察するとこのような構造的把握ができる。また本論文で指摘したように，中教審（2021）から，貧困格差の改善のための重要な政策規範である公正（Equity）という概念が消える程度には，教育における政策規範およびその共通理解を作る政策手続きは軽視されているのではないかという懸念もある。

　だからこそ，教育において貧困格差を改善していくためには，政策規範である公正の位置づけ，肥大化しすぎない適切な公共の利益の設定，なによりも疲弊する学校現場の実践を改善するだけの十分なリソースを保障し，子ども・学習者の教育機会・教育達成やウェルビーイングの改善が行われる必要がある。しかし同時に限りある資源を有効活用にするために，調査・検証やエビデンス

にもとづく政策決定が行われなければならない。この際、政治家や官僚だけでなく、研究者や教員、子ども・学習者等の政策アクターの参画や協働が、政策の有効性を高めるための前提とされる必要もある。

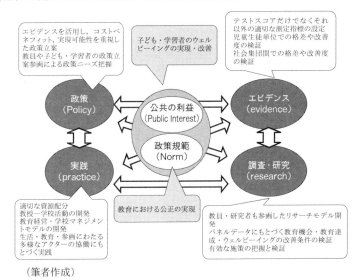

（筆者作成）

図2　教育政策改善サイクル

　図2には、教育における貧困格差の改善のために、公正を政策規範として位置づけた教育政策改善サイクルを示した。

　教育政策のニューノーマルの中では、ビッグデータを活用し子ども・学習者の学習活動のモニタリング、あるいは学びの基礎的な条件である生活を支えるための支援制度の利用状況や健康状況や生徒の意思決定参画など、ウェルビーイングのすべてのレベル（生活・学び・参画）にわたるデータ収集と分析が可能になる。

　それゆえ、教育における公正の実現に際しては、国・教育委員会・学校レベルのいずれにおいても、多様な実践を支えつつ、子ども学習者のウェルビーイングや格差の改善に対する効果を検証しながら、政策改善サイクル全体での有効性を高めるストラテジーがきわめて重要になる。

　たとえば、足立区や箕面市の子どもの貧困対策の先進自治体では、児童生徒1人1人のテストスコアや出欠状況、健康情報等から、ハイリスク児童生徒のスクリーニングを可能にし、学校をプラットフォームとして積極的に支援につ

ながったり，学校教育を通じた改善アプローチが採用されたりしている．たとえば足立区における虫歯本数の減少や，学力向上などの政策は，自治体・教育委員会と研究者等との連携によるデータ分析やエビデンス検証にもとづくものである．自治体での調査・検証の体制にはなお向上の余地があるものの，低所得層や不登校児童生徒に対する学習支援等のターゲット政策等も含め，政策改善サイクルが比較的良好に機能している．

またエビデンス検証に際しても，テストスコア以外の指標群，とくにウェルビーイング指標の設定や，児童生徒単位や社会集団単位での格差測定が行われ，それが適切に政策に反映されなければならない．朝食欠食児童生徒のテストスコアが低いことは，全国学力・学習状況調査の結果で把握されている．にもかかわらず，何の政策介入も行わないような子ども・学習者のウェルビーイングを無視した状況の放置は許されない．現金・現物給付を通じた朝食の保障政策や，その学力や健康面への効果検証が行われつつ，より望ましい政策や実践につながるような政策改善サイクルが実現されなければならない．

また政策決定に際しては，実践段階での有効性を向上させるために管理職ではない一般の教員や子ども・学習者，専門職や支援者の参画と当事者や学校現場のニーズ把握もきわめて重要になる．

また公正という政策規範を位置づけ子どものウェルビーイングという公共の利益の実現を目的とする，教育委員会・学校のマネジメントは，教授学習活動の実践と改善にとどまらず，教育と福祉にまたがる政策体系のマネジメントと，その中での教育経営の役割の再定位を要請している（末冨 2020b：82-90頁）．いわば教育政策のニューノーマルに対応した教育経営のニューノーマルへの対応が必要な状況といえる．何を学校・教員が分担し，何を専門職や福祉政策にゆだねるのか，子ども・若者に効果をあげる実践は何か，検証しながらの政策改善が必要になる．

くわえて，合田（2020：17頁）で指摘されているように，政策アイディア自体の検証も重要である．とくに政策を通じて実現されるべき公共の利益の肥大化が発生しやすい教育政策においては，エビデンス検証だけでなく，政策規範にも基づきながら，教育政策における理念やアイディア，子ども・学習者に保障すべき公共の利益の妥当性合理性を検証し精査していく政策プロセスも必要であり，何らかの形での制度化も期待される．教育経営学を含む教育学研究者の参画も重要であると考える．

［注］
⑴　中央教育審議会初等中等教育分科会および教育課程部会議事録を確認した。その
　うえで2021年 2 月21日文部科学省初等中等教育局教育課程課から議論の経過の確認
　をした。中教審において，公正に関しての指摘は複数あったが（初等中等教育分科
　会令和 2 年 4 月27日議事録，教育課程部会令和 2 年 7 月27日議事録），答申に盛り込
　まれなかった理由のひとつに教育政策アクター間での共通理解の困難さがあったの
　ではないかという見解を筆者は採用している。
⑵　教育における公正には Equity，Fair，Equality などの複数の用語や定義があるが，
　筆者は貧困格差の改善の視点からは，公正（Equity）がそのほかの概念を包含する概
　念であるという見解に立つ（末冨 2019）。

［引用文献］
・青木栄一「増税忌避社会における政治主導教育改革の帰結」『教育制度学研究』第26
　号，2019年， 2 -19頁。
・竺沙知章『アメリカ学校財政制度の公正化』東信堂，2016年。
・中央教育審議会「『令和の日本型学校教育』の構築を目指して～全ての子供たちの可
　能性を引き出す，個別最適な学びと，協働的な学びの実現～」2021年。
・合田哲雄「アイディアとしての『Society5.0』と教育政策―官邸主導の政策形成過程
　における政策転換に注目して―」『教育制度学研究』第27号，2020年， 2 -23頁。
・林岳彦「環境分野における"EBPM"の可能性と危うさ：他山の石として」https://
　www.slideshare.net/takehikoihayashi/ebpm-190936398，2019年。
・苅谷剛彦『階層化日本と教育危機―不平等再生産から意欲格差社会へ』有信堂，
　2001年。
・柏木智子『子どもの貧困と「ケアする学校」づくり―カリキュラム・学習環境・地
　域との連携から考える』明石書店，2020年。
・国立大学法人お茶の水女子大学「平成25年度全国学力・学習状況調査（きめ細かい
　調査）の結果を活用した学力に影響を与える要因分析に関する調査研究」，2014年。
・国立教育政策研究所「PISA2015年調査国際結果報告書：生徒の well-being」，2017年。
・教育再生実行委会議「教育再生実行会議・第 5 回初等中等教育ワーキング・グルー
　プ議事録」（2021年 2 月 3 日），2021年。
・Levacic, Rosalind and Glatter, Ron, 2001, "'Really Good Ideas? Developing Evidence-
　Informed Policy and Practice in Educational Leadership and Management", *Educa-
　tional Management & Administration,* Vol. 29, (1), pp.5-25.
・松岡亮二『教育格差―階層・地域・学歴』ちくま新書，2019年。
・文部科学省「Society5.0に向けた人材育成～社会が変わる，学びが変わる～」，2018年。

・内閣府「子供の貧困に関する新たな指標の開発に向けた調査研究報告書」，2017年。

・中村高康『暴走する能力主義』ちくま新書，2018年。

・志水宏吉・山本晃輔「各国の学力政策の理論的整理」『学力政策の比較社会学【国際編】-PISA は各国に何をもたらしたか』明石書店，2012年， 9 -27頁。

・白井俊『OECD Eduacation2030プロジェクトが描く教育の未来―エージェンシー，資質・能力とカリキュラム』ミネルヴァ書房，2020年。

・末冨芳「教育財政配分における『公正』：2000年代以降の日英カナダを中心とした検討」日本教育行政学会第54回大会自由研究発表，2019年10月19日，埼玉大学，2019年。

・末冨芳「本検討会議における検討・検証についての提言―大学入試の『公共性』の回復の視点から―」，文部科学省・大学入試のあり方に関する検討会議配布資料および議事録（2020年 4 月14日），2020年a。https://www.mext.go.jp/b_menu/shingi/chou-sa/koutou/103/siryo/1417595_00007.htm

・末冨芳「子どもの貧困における教育と『政治』―2019年子どもの貧困対策法・大綱改正を中心に―」日本教育社会学会『教育社会学研究』第106集，2020年 b，77-95頁。

・竹沢純子「子どもウェルビーング指標に関する国際的動向」『海外社会保障研究』，No.185，2013，48-59頁。

・山田哲也「学力是正策の現状と課題」，志水宏吉・山田哲也編『学力格差是正策の国際比較』岩波書店，2015年，213-231頁。

本論文は JSPS 科研費20H01637，18KK0067，18K18668の成果の一環である。

How Is It Possible to Promote Equity in Education?
Kaori SUETOMI (Nihon University)

The education system of Japan fails, because it excludes the minority group such as girls, children and youth in poverty, students in rural area and ethnic minorities. To say the least, it has widened inequality and boys, students in metropolitan area and children who have rich and high educated parents have advantaged status in the education system of Japan.

The purpose of this article is to discuss how is it possible to promote equity in education and how to narrow the educational gap between deprived children and non-deprived group. The key idea is to share the importance of equity in education among the actors in policy cycle in Japan.

Equity in education is defined to improve and narrow the gap of children and learner's well-being which includes education opportunity, educational attainment as much as possible.

Firstly, the feature of recent education policy in Japan is described. Ministry of Education emphasizes "individualized learning" through digital transformation of compulsory education. "Individualized education" could have both possibility to wide or narrow the gap, we should use effectively the big data of children and youth to promote equity in education.

Secondly, the importance and definition of equity in education is indicated. Interestingly, the word and concept "equity" has disappeared from the newest report of the Central Education Council, Ministry of Education and replaced the phrase "never leave children and learners" which disregard the gap between deprived and non-deprived groups. The reason is the actors could not share the idea of equity in education, unfortunately. To share the importance and definition of equity is the most essential factor to narrow the educational gap and improve well-being.

Finally, the effective policy cycle model, "Evidence Informed Policy and Practice" in education has showed to promote equity in education in Japan.

研　究　論　文

地方小都市における地域住民の学校参加の意義に関する一考察

―教育に関わる当事者としての認識形成に着目した事例分析―

筑波大学大学院・日本学術振興会特別研究員 木 下　　豪

1　研究目的と問題の所在

　本稿の目的は，地方小都市における地域住民（以下，住民）の学校参加の意義を明らかにすることである。そのために，ある地方小都市の事例から，住民は学校参加を通じて教育に関わる当事者としての認識をいかに形成するのかについて分析する。

　学校参加は，多様な形態の参加を包摂した概念である。具体的には，学校運営協議会等の会議体での学校の意思決定参加（「経営参加」），授業を中心とした教育活動への参加（「教育参加」），放課後等の学習支援活動や施設・環境整備等の支援活動（「学校支援」）である。日本における学校参加に関する従来の議論では，このうち「経営参加」をいかに実質化するかが主流を占めてきた。

　こうした視座に立つと，2004年の学校運営協議会の法制化は，「経営参加」を実現するものとして注目された。しかし，その実際は，「教育参加」や「学校支援」を拡充する仕組として普及している（岩永2011）。それを導入した各自治体・学校の意向としても「学校支援」の拡充や地域づくりに期待が寄せられている（コミュニティ・スクール研究会2016：97-100頁，仲田2018）[(1)]。

　その背景には，住民間の相互作用の問題状況がある。少子高齢化・人口減少は「地方」[(2)]の基礎自治体にとって焦眉の課題となっている（中山2018：9-36頁）。それは住民間の相互作用の基盤を揺るがしているからである（吉野2018）。従来，住民間の相互作用の減衰は都市化された地域の課題であったが，近年農村部においても顕現しつつある。それは，地域コミュニティ[(3)]の維持を困難にし，学校と住民の関係を希薄化させている。そのため，教育に対する

住民の当事者意識は低下しつつある。よって，住民の意識を教育に惹きつけるという角度から住民の学校参加を考えることは，きわめて重要な現代的課題である。

　住民の学校参加に関する従来の研究では，少なくとも二つの視点が重視されてきた。第一は，住民の権利論である。例えば今橋（1983）は，教育の地方自治・住民自治の観点から住民の教育権を定位し，学校運営への住民の教育意思・要求の反映を論じた。第二は，学校ガバナンス改革の進行を背景とした，学校の自律性確立である。例えば堀内（2006）は，学校教育の公共性を国家に代わって実現する主体として保護者・住民を定位し，彼らの教育意思の反映を論じた。こうした視点に基づくと，学校運営協議会は「学校支援型」から学校と保護者・住民が対等に意見交換・合意形成する「参加・共同決定型」に進むこと（岩永2011）や，ガバナンス機能を重視した運用（佐藤2017）が必要だとされる。いずれも，「経営参加」を目指すべきだという主張になる。

　他方，近年，これらとは異なる議論がある。例えば大林（2015）は，学校運営協議会の設置により住民・保護者と教師のネットワークが形成され，「学校教育の改善」が実現しうると論じ，諏訪ら（2019）はそうしたネットワークが「地域活性化」に寄与しうると指摘している。これらは，ソーシャル・キャピタル論に基づき，学校と住民の関係形成という学校運営協議会の機能に注目している。先述した住民間の相互作用の減衰という問題状況に関心を向けると，学校参加を通じたネットワーク形成が住民の行動変容を促すという視点は重要である。そして，教育に対する住民の当事者意識が希薄化しかねない問題状況を踏まえれば，住民がいかに学校参加を通じて自身を当事者として認識するのかは，実証的に解明されるべき課題である。

　それに関連して，佐藤（2011）は，学校参加が成人の潜在的な学習機会になりうると論じているが，その内実は検討されていない。諏訪ら（2016）は，学校運営協議会の設置が住民らの認識変容を引き起こしうると指摘したが，学校参加の活動を通じた住民の認識変容は明らかにされていない。

　そこで本稿では，地方小都市に類するA市を事例として[4]，以下の課題に取り組む。第一に，A市において住民の学校参加に係る施策が形成・実施された背景・経緯を明らかにする。第二に，市内でも人口減少が進むX地区に焦点を当て，住民の学校参加活動の実態を明らかにする。第三に，教育に関わる当事者としての住民の認識形成の内実を明らかにする。以上から，最後に地方小

都市における地域住民の学校参加の意義を考察する。

2　研究の方法

(1)　A市X地区の選定理由

　本稿がA市X地区を対象とする理由は，以下の三点である。第一に，A市が都市部と農村部の双方を有し，それぞれの特性や課題に応じた施策が実施されているからである。A市は，関東地方に位置する人口約8万人の地方小都市である。昭和の大合併期に町村合併を繰り返して現在の市域が形成された。東部は旧来の農村地域だが，西部は周辺自治体のベッドタウンとして発展したため，地区ごとに地域特性が大きく異なる。こうした市域の形成過程や都市的地域と農村地域の分化は，地方小都市に一定程度共通する性質であるとされる（青木・和田 1985）。実際にA市では，住民間の相互作用の減衰はかつて西部の課題とされてきたが，近年は東部の課題としても強く意識されている。

　第二に，これまでA市は，多様な地域特性に対応した教育課題を意識して住民の学校参加に係る施策を展開してきたからである。それは，A市の教育振興基本計画の記述に表れている[5]。

　そして第三に，A市は農村部のX地区に対して住民の学校参加に係る施策を重点化させてきたからである。X地区の面積は約21㎢であり，A市の総面積の約1/3を占めるが，市内で最も人口減少が顕著な地区である。A市の「住民基本台帳」によると，人口は1995年の約6,500人を境に減少の一途を辿り，2018年8月には約4,800人（うち老年人口割合38%）となった。さらに，2019年時点で100件以上の空き家の存在が把握され，対応の必要が生じている[6]。このように，X地区の地域コミュニティの維持はA市の政策課題となっている[7]。

　X地区を通学区域とする学校はB小学校とC中学校であり，両校は隣接している。B小学校は1960年代，C中学校は1940年代後半の設立である。A市は，廃校が懸念された両校を存続させるべく，X地区における学校と住民の関係の維持・再構築をねらいとして，住民の学校参加に係る施策を重点化してきた[8]。こうした施策の実施を通じて，住民の学校参加活動が活発化した。

(2)　調査の方法

　調査の方法は，以下の通りである。第一に，市の学校参加に係る施策の形成

過程に関する資料の収集，教育長や教育委員会担当者への半構造化インタビュー調査を実施した。第二に，Ａ市の学校教育指導方針や広報誌，Ｂ小学校の学校通信等の資料を収集した。また，Ｂ小学校長への半構造化インタビュー調査，Ｂ小学校の「土曜塾」や「日曜塾」の参与観察，学校と地域の合同行事である「Ｘ祭り」の参与観察を実施した。第三に，Ｘ地区で学校参加活動を行う住民４名への半構造化インタビュー調査を実施した。質問項目の大枠は，①参加の契機と当時の意識，②参加を通じた気付きや考え方の変化，③やりがい，④自身の行動の変化である。調査の概要は**表**の通りである。

表　調査の概要

	氏名	役職	備考	調査年月日			調査時間	
インタビュー（教委）・（校長）	S氏	市教育長	2013年より現職	2020年7月10日			88分	
	T氏	市教育委員会職員	元B小学校長（2014～2015年度）2016年より現職	2019年7月5日（グループインタビュー）			83分	
	U氏	市教育委員会職員（課長）	2016年より現職					
	V氏	社会教育主事	コミュニティー・スクール関連業務等を担当	2019年11月8日			50分	
				2020年7月10日 ※S氏に同席				
	W氏	B小学校長	2019年に着任	2019年7月22日			75分	
インタビュー（住民）	氏名	年代	性別	居住地区（居住年）	役職（開始年）	調査年月日		調査時間
	J氏	70代	男性	X地区（約45年）	授業支援員（2002年）学校運営協議会委員（2017年）	2019年10月6日		107分
	K氏	60代	女姓	A市外	「コーディネーター」（2014年）学校運営協議会委員（2018年）	2019年10月19日（グループインタビュー）	2020年11月28日	98分 / 41分
	L氏	60代	女性	X地区（約5年）	授業支援員（2002年）「コーディネーター」（2015年）学校運営協議会委員（2017年）		2020年12月13日	98分 / 36分
	M氏	40代	女姓	X地区（約40年）	「コーディネーター」（2018年）			
参与観察	調査内容					調査年月日		
	「土曜塾」の参与観察					2019年10月19日，2020年11月28日		
	「日曜塾」の参与観察					2019年10月6日，2020年12月13日		
	「X祭」（学校と地域の合同行事）の参与観察					2019年10月26日		

※「コーディネーター」は，2018年度より地域学校協働活動推進員へと再編されている。

　本調査は，筆者の所属機関における研究倫理審査により承認されている。インタビュー調査は調査意図を説明したうえで同意を得て録音し，分析には文字化したものを使用した。なお，引用するインタビューデータは内容を損なわない範囲で修正しており，引用中の括弧は筆者による補足を示す。

3　学校参加に係る市の施策の展開

(1)　学校参加に係る施策の形成

2010年代以降，A市では住宅開発が進む西部と旧来の農村地域である東部という対照的な地域で，ともに地域コミュニティの形成が課題となった。西部では，子育て世代を中心とした人口流入がみられ，核家族世帯や周辺自治体へ通勤する世帯が増加した。その結果，「地域コミュニティが無い」（S教育長）とされる状況にあった。他方，東部のX地区では，少子高齢化・人口減少により，農業従事者や地域活動の担い手の高齢化・減少，空き家の増加が進んだ。それは地域コミュニティの衰退ともいうべき状況であった。

こうした対照的な地域特性・地域課題が把握されるなか，A市では，不登校出現率が全国平均と比べて高いことや，家庭児童相談窓口への相談件数が増加傾向にあることが把握された。その要因として，核家族化や住民間の関係性の希薄化に焦点が当てられた[9]。つまりA市は，地域課題と教育課題の双方を視野に入れ，子どもへの教育環境の改善を重要課題に位置づけたのである。

以上の文脈のもと，A市では住民の参加を得て子どもの居場所や学習機会を保障する施策が形成された。それが，2014年から実施された「放課後塾」と「土曜塾」である。「放課後塾」は，放課後に学校で住民が学習支援を行う取組である。「土曜塾」は，土曜日に学校で住民が英語や漢字，運動，料理等の多様な学習・体験活動を実施する取組である。

並行して，「コーディネーター」を担う住民の発掘・養成が検討された。それは，「土曜塾」の継続的な運営を担う地域側の主体を定める必要があったからである[10]。S教育長は，「コーディネーター」の役割を「学校に入って地域コミュニティを作っていく調整役」と説明している[11]。ここから，子どもの教育と地域コミュニティ形成の双方に関する役割期待が読み取れる。その後，2015年に「コーディネーター」の発掘・養成が開始された。なお，2017年の社会教育法改正をうけ，「コーディネーター」は地域学校協働活動推進員に再編されている。

(2)　X地区に対する施策の重点化

全市的に学校参加に係る施策が展開されるなか，X地区における地域コミュニティ維持の困難化は，さらなる施策の必要性を喚起した。2015年には，B小

学校児童数191人，Ｃ中学校生徒数90人といずれも30年前の約1/3になっていた。同年5月には，両校の児童生徒数の減少が教育委員会の議題に上っている[12]。また，両校の児童生徒数は減少の一途を辿り，その増加が見込めないことから，2016年1月の通学区域審議会では両校が将来的には統廃合の対象となりかねない状況であることが示されている[13]。

それを踏まえ，教育委員会や通学区域審議会では，両校を存続させ，住民の学校参加の拡充によって学校内外の教育環境の改善を図ることが検討された。具体的には，小規模特認校化に向けた検討が進められた。

その背景には，両校がＸ地区における地域コミュニティの維持・形成の重要な基盤であるという教育委員会の認識があった。Ｕ氏は，「学校を存続させて，地域のコミュニティを維持していきましょうということ」が議論の前提にあったと語る[14]。また，2015年7月には，学校と地域福祉組織や生涯学習施設との連携によってＸ地区の学校と地域の関係を再編する「Ｘ学園構想」がＳ教育長から示された[15]。それにより，学校を基盤とした住民間の相互作用の活性化も射程に含めて小規模特認校化の具体が検討されることとなった。

小規模特認校の導入過程では，教育内容の再編と並行して住民の「教育参加」の条件整備が進められた。実際に，新たに住民や地域福祉組織，ＮＰＯ団体の関係者をゲストティーチャーとして招いたり，そうした人々の協力のもと地域の自然や文化財を活用したりして実施される「特色ある教育活動」が編成された。こうして，両校は2017年度から小規模特認校に認定された。

さらにＡ市では，Ｂ小学校とＣ中学校へのコミュニティ・スクール[16]の導入が議論された。その提案がなされた2015年9月の教育委員会会議では，住民の学校参加による教育活動の充実化が目的だと説明されている[17]。約2年間の検討期間を経て，2017年度末に両校合同の学校運営協議会が設置された。その検討期間には小規模特認校化が並行して進められており，上記の「Ｘ学園構想」のもと，地域福祉組織による学校支援活動や教育活動が形成されていた。Ｓ氏は「お年寄りと子どものふれあいが始まっていたのを見て，コミュニティ・スクールの原型があると思った」と語る。つまり，コミュニティ・スクールの導入は，それまでの学校参加に係る施策の延長線上にあった。なお，設置された学校運営協議会の委員は，両校の校長やＰＴＡ会長，Ｘ地区の行政区や地域福祉組織の長，生涯学習センター所長，「コーディネーター」（地域学校協働活動推進員）等から構成されており，計20人ほどである。

以上のように，A市X地区では，地域課題の顕在化によって学校と住民の関係が特に問われていた。それにより，小規模特認校化やコミュニティ・スクールの導入が進められ，住民の学校参加活動が拡充された。つまり，X地区に対する学校参加に係る施策は，統廃合が懸念された学校を存続させたうえで，改めて学校と住民を関係づけることで教育環境の改善を図るものであった。

4　X地区における学校参加活動の実態

⑴　B小学校における学校参加活動の具体化過程

　X地区において住民の学校参加活動が具体化される転換点は2014年5月だった。前月にB小学校長に着任したばかりのT氏が，校長らと住民が意見交換する「懇話会」を立ち上げたのである。S教育長によれば，それ以前の学校と住民の直接的な関わりは乏しいものだった。

　T氏が「懇話会」を立ち上げた理由は，家庭や地域社会における児童の学習・体験の機会が不十分であることを，児童の姿や家庭学習ノート等から認知したからである。それにより，T氏は児童の学習・体験の機会を創出する必要があると考えた。以下は，この点に関するT氏の語りである。

　　T氏：まず，子どもたちの学力を上げたいと思った。ですが，それは学校だ
　　　　けではだめなので，地域の人たちの知恵を借りようと思ったんです。
　　　　（中略）知的な部分を含めた体験をやらせたかった。農村で限られた
　　　　地域。そういった環境の中で，「体験をさせてあげたいんだけど」と
　　　　言った。

　T氏は，X地区の地域特性を踏まえ，学校を場とした学習活動や体験活動を実施する必要があると考え，「懇話会」で住民に呼びかけた。T氏は，それまでに学校評議員や授業支援員を務めていた住民や地域組織の代表者等に参加を依頼し，「懇話会」には約20人の住民が参加していた。その一人であるJ氏は，「Tさんに呼ばれてわけもわからずに行ったら，私にとっては初めて会う人がいた」と振り返る。実際に，初対面同士の住民も多くいたという。

　「懇話会」は2014年度に4回開かれ，住民の学校参加活動を具体化する場となった。そこでは学校や地域に対するT氏や住民の認識が語られ，参加者間で共有された。そして「土曜塾」で英語と漢字の学習活動を行うことが決定した。第1回の活動は2014年10月に実施され，それ以降継続的に実施されている。なお，2018年度には計24回実施され，参加児童数は平均37人だった[(18)]。

　他方，体験活動についても議論され，住民から実施・協力が可能な活動が提案された。その実施にあたってB小学校独自の「日曜塾」が創設された。「日曜塾」では，住民やX地域で活動するサークル等が主体となり，月に1回程度実施されている。活動内容は，料理，スポーツ，芸術等多様である。なお，2019年度には計11回実施されている。活動内容によっては定員が設けられており，参加児童数には幅がある。なお，2019年10月6日の「日曜塾」には，児童20人と「コーディネーター」（3人）を含む住民6人が参加していた。

⑵　B小学校における学校参加活動の実態

　学校参加活動は，学校を場として子どもと住民の関係を形成するものとなった。住民の参加場面は次第に拡大し，新たな住民が参加するケースが増えた。

　前者の例がJ氏である。J氏は，IT企業を定年退職した後，学校でのIT機器の活用を促したいと考えて自ら教育委員会と学校に掛け合い，2002年度からB小学校とC中学校でパソコン等の使用方法を教師や児童生徒に教える支援活動を行っていた。しかし，2015年からは「土曜塾」や「日曜塾」，「特色ある教育活動」等の様々な場面で子どもや教師と関わるようになった。

　後者の例が「コーディネーター」のK氏・L氏・M氏である。K氏は，NPO団体の活動でT氏と面識があったため「懇話会」に招かれ，参加していた。しかし，学校との関わりは無かった。

　また，L氏は，2015年にX地区に引っ越して約半年後に，夫と旧知の仲であったB小学校の教師から依頼されて「特色ある教育活動」に参加し始め，英会話のゲストティーチャーを務めるようになった。そして，当時の校長であったT氏の誘いで「土曜塾」や「日曜塾」にも参加し始めた。L氏は，「住んでいるところが過疎地域というのもあるので，子どもとはほとんど会う機会が無い」と語る。そのため，学校参加活動は子どもと直接関わる希少な機会となっている。

　B小学校の卒業生でもあるM氏は，先輩からの勧誘で2018年度から「土曜塾」や「日曜塾」に参加し始めた。

　それぞれの学校参加活動は多様だが，住民が子どもと直接関わる機会を創出した点で共通する。学校参加が次第に形成・定着する過程で，活動の内容にも変化が生じている。例えば「土曜塾」では2017年度からダンスが加えられた。その理由は，「コーディネーター」が児童の実態が多様であることを認知し，

それに応じた活動の必要性を認識したからである。K氏は，「様々な子どもがいることは確かだから，それでダンスも始めた。（英語や漢字の）学習だけじゃなくて」と当時の状況と判断を振り返っている。

　つまり，住民は子どもとの直接的な関わりから子どもの実態を把握し，それに基づいて活動内容を主体的に再構成していったといえる。

5　教育に関わる当事者としての住民の認識形成

　これまで，A市による学校参加に係る施策の実施とX地区における学校参加活動の具体化によってX地区の住民と子どもの直接的な関わりが形成されたこと，そして住民の学校参加活動自体にも変化が見られることを述べてきた。これらを踏まえつつ，以下では住民の認識に着目する。そして，学校参加を通じていかに住民が教育に関わる当事者として自身を認識するのかを検討する。

(1)　子どもの成長・発達に対する認識の形成

　第一に，子どもとの直接的な関わりを通じた認識形成である。「土曜塾」の活動内容であるダンスについて，「コーディネーター」のK氏・L氏・M氏から次のやりとりがなされた。それは，ある男子児童が，これまで活動中に落ち着いて座っていることができないでいたが，次第にそれができるようになってきたことである。また，L氏は，ある女子生徒の例を挙げた。その女子生徒は，彼女が小学5年生の時の「土曜塾」では精神的に不安定な様子が頻繁に見られたが，その後C中学校の「放課後塾」等で彼女と継続的に関わる中で，学習面でも精神面でも改善された様子を見ることができているという。

　このように，「コーディネーター」は，学校参加活動を通じて子どもの成長・発達を認識した。こうした子どもの成長・発達は，「コーディネーター」の共通認識となっている。この点に関連して，L氏は以下のように語っている。

　　L氏：「土曜塾」や「日曜塾」が無ければ，子どもとはそこまで関わり合いが無かったと思うし，普通の地域の子みたいになっていたけど，その子たちの成長を見ることができた。

　L氏は，学校参加を行い始めた当初の認識を「教育に関しては白紙の状態」と表現している。また，当初は自身を「お手伝い」と捉えていた。しかし，現在では「先生とは違う，友達ともまた違う，親とも違う」存在として位置付けている。また，「子どもが違う価値観を持った大人と接することには意味があ

ると思う」と語る。ここから，子どもの成長・発達を認識することで，自身を教師や親とは異なる立場から子どもの教育に関わる大人として捉え直していることがうかがえる。

　また，Ｊ氏は，ＩＴ機器使用の支援を始めたのは機器を活用してほしいという気持ちからだったが，様々な授業の支援や「土曜塾」，「日曜塾」への参加を通じて，その認識は大きく変容した。次の語りはそれを象徴している。

　　Ｊ氏：最初は「ハード（情報機器）があまり使われていないのはもったいないじゃないか」というように平たく思ってスタートしたけども，今はもう逆転したよ。子どもに力をつけるにはどうしたらよいか。

　ここには，学校参加を通じて子どもの教育に関わる当事者としての認識を強めている様子が示されている。Ｊ氏は「授業支援で何ができていますかということが，自分にとっては一番の課題」と述べる。学校運営協議会の「授業支援部会」に属し，情報教育以外の場面でもいかに子どもや教師を支援できるか模索している。その根底にあるのが，子どもの成長・発達に関する認識である。この点についてＪ氏は，以下のように語る。

　　Ｊ氏：私が幸せなのは，ここで小学１年生から中学３年生まで見ていることなわけだよ。今日の「日曜塾」に来ていたあの子たちは「ここまで来たか」みたいなね。子どもの成長がエネルギー。

　以上のように住民は，学校参加活動を通じて子どもの成長・発達を認識し，自身を教育に関わる当事者として位置づけつつあると考えられる。

⑵　教師の教育実践に対する認識の形成

　第二に，住民は，学校参加を通じて教師と直接的な関わりをもち，教師の教育実践に対する認識を形成している。

　まず，学校参加活動の中で実感する子どもの成長・発達が，教師による教育実践にも視野を広げる契機となっていた。まず，上で取り上げた女子生徒と「放課後塾」で関わる中での一場面に関するＬ氏の語りを以下に示す。

　　Ｌ氏：（その子どもと）勉強の合間にちょっとお話をすると，小学校の時に先生に声をかけてもらっているんですね。それは担任だけじゃないんですよ。他の先生たちも声をかけたりしていて。（中略）いろんな先生が子どもを育てているんだなということに，この頃気づきましたね。

　こうした気づきは，教師の教育実践の重要性を認識する一つの経験となって

いる。また，Ｌ氏は，「放課後塾」の実施に際して自ら教師とコミュニケーションをとり，学習内容や方法を相談するようになった。それにより，教師の教育実践やそれに関する技量を直接認識している。これらの経験も相まって，教師の教育実践の重要性に対する認識が形成されているといえる。

　他方で，住民は，教師の教育実践上の苦労に関する認識を形成している。このことを示すＪ氏とＬ氏の語りをそれぞれ引用する。

　　Ｊ氏：始めてみたら，先生の世界って大変で，あれもこれもしなきゃいけない。ホームページ（の作成）もやりなさいと，あれもこれもと入ってくる。

　　Ｌ氏：見ていると，先生は大変だなって思います。一口水分補給する時間あるのかな，トイレに行く時間あるのかなってすごく思いますよね。

　このように，Ｊ氏は授業内外で教師と関わる中で，職務の多忙状況を直接認識している。また，Ｌ氏は授業への参加を通じて，教師の業務の苦労や難しさを認識している。

　以上のように，住民は学校参加を行うことで初めて教師の職務の実際を認識し，それによって教師の教育実践の重要性や実践上の苦労を認識している。

⑶　自身の役割に対する認識形成と葛藤

　これまで，学校参加を通じて住民に子どもの成長・発達や教師の教育実践に対する認識が形成されていることを明らかにした。以下では，これらの認識が結びつきながら住民が自身の役割認識を形成していること，その半面では葛藤も生じていることについて考察する。

　第一に，役割認識の形成についてである。まず，Ｊ氏の語りを以下に示す。

　　Ｊ氏：「子どもの能力をつけよう」というところからスタートしたのに，「そのためには先生を助けないとだめじゃん」と分かっちゃった。「じゃあ，そこもやろう」となるでしょ。

　このＪ氏の語りは，上記の「子どもの力をつけるにはどうしたらよいか」という認識と結びついている。それが教師の多忙状況に対する認識と結びつき，教師への支援の重要性が認識されている。それにより，学校ホームページの作成や学校と地域の合同行事である「Ｘ祭」の運営等，教師の本来的な職務ではないと判断した職務を引き受けるようになった。つまり，役割認識の形成は，住民自身の行動変容の萌芽となった。

　また，L氏は，教師による児童生徒の自習監督業務を一部引き受け，国際交流に関する教育活動では英語での会話を支援するようになった。L氏はその理由を「子どもが困っているなら」と語っているが，こうした認識が教師への支援に関する行動の拡充へと結びついている。

　他方，K氏は，「日曜塾」の活動として植栽の専門的知識をもつ地域団体と連携した花壇整備活動を提案し，実際に採り入れた。その理由の一つには教師の働き方改革が進んでいると認識したことがある。一見すると珍しくない活動であるが，K氏は「次に行けたんです。お知り合いになって，地域の人たちも手伝ってくれるようになって」と語る。つまり，子どもに対する教育や教師に対する支援を自身の役割と認識し，それと関連する地域活動を実施できる条件が整ってきたと認識していることがうかがえる。

　以上のように，住民は，子どもの教育，ひいてはその場である学校に関わる当事者としての認識を形成している。それが個々の住民に自身の役割の問い直しを促し，行動変容を導いていると考えられる。

　第二に，住民の役割認識をめぐる葛藤について検討する。一つは，教師の多忙状況を知りながらも，教師とコミュニケーションをとる必要性を意識していることの葛藤である。それを象徴するのが以下の語りである。

　　J氏：先生を助けたいからということでやってきているほうの立場だけどね。
　　　　　どうもこう……。（中略）日頃からある程度先生との接点が無いと困
　　　　　る。

　上述のように，J氏は教師の多忙を認識している。そのために，教師の支援を自身の役割の一つだと考えている。しかし，上の語りに見られるように，教師との連絡調整が不可欠であることに葛藤を抱いている。

　もう一つは，自身が役割を担うことに対する葛藤である。この点について，「どこかでけじめをつけないと辞められないという思いもある」（J氏），「辞め時が分からなくなってしまうことがあるんじゃないか」（L氏）と語られた。ここから，学校参加活動にどこまで関与するかをめぐる葛藤がうかがえる。

　以上のように，住民が学校参加活動に関する役割を担う中で，教師の負担や自己の負担との兼ね合いによって葛藤が生じていることも指摘しておきたい。

6　考察

　以上の分析結果をもとに，地方小都市における学校参加の意義を考察する。

従来，農村部は都市部と比べて子どもや学校に対する住民の意識や関わりが濃密であるとされてきた。例えば，林（1998：54-56頁）は，徳島市の保護者を対象とした意識調査から，人口規模の小さい農村部では住民が地域の子どもをよく見知っており，気軽に子どもを注意できる住民も大きな割合を占めることを指摘している。また，玉井（1996：210-211頁）は，北海道の農山村の小規模校では特に学校運営や学校行事への住民の協力や参加が得やすいと述べている。このように，農村部は住民の学校参加がなされやすい条件を自ずと備えていることが半ば定説とされてきた。それに従えば，農村部のX地区およびそこに古くからある小規模校のB小学校・C中学校でも似た様相が予想される。

　しかし，実際には住民間の関係や住民と子どもの関わり，そして住民と学校との関係は希薄で，その基盤を形成するための条件も脆弱になっている現実が見出された。市の学校参加に係る施策の実施とB小学校を中心とした活動の具体化以前には，学校と地域の連携による教育実践はあまり行われておらず，住民の学校参加も活発ではなかった。このことは，農村部であっても，住民の活発な学校参加は自然に行われるものとはいえないことを意味している。

　こうした状況のもと，A市X地区では，住民の学校参加に係る行政施策の実施によって，ようやく住民の学校参加活動が形成された。その一方，学校参加を行い始めた当初，住民は子どもへの教育に関心を向けてはいなかった。しかし，市の施策を契機として様々な参加機会を得た住民は，それぞれの学校参加活動を通じて子どもの成長・発達や教師の教育実践に対する認識を形成し，それによって徐々に子どもの教育や学校に関わる当事者として自身を認識するようになった。こうした一連の認識形成こそが地域の教育に対する住民の役割認識を創出し，住民の学校参加に関する行動変容を引き起こすことになった。

　以上から，地方小都市における住民の学校参加の意義は，地域社会の変動により減衰しつつある住民と子ども・教師の相互作用を創出し，参加活動を通じて教育に対する住民の当事者意識を形成することに見出すことができる。今日の日本では，人口減少・少子高齢化の進行によって地域コミュニティの共同性の衰退が全国的に加速している。それは農村部も例外ではない。本稿でとりあげたA市X地区が置かれている状況に類似する地域は全国的にも多いだろう。そこにおける住民の学校参加は，「経営参加」の実質化にとらわれるべきではないといえるのではないか。むしろ，教育に対する住民の当事者意識を形成する仕掛けの一つとして，住民の学校参加の意義を捉え直すことが求められる。

　本稿でみてきたように，その仕掛けをつくるうえで，地域特性に応じて学校参加を促進する施策を自治体が形成し，実施することはきわめて重要である。ただし，その具体的方策は，学校運営協議会の設置だけに限定されるものではないといえよう。国による政策文書や広報資料では，学校運営協議会の設置の効果として委員の当事者意識をもった参加の実現が強調されている[19]。しかし，本稿でみられた教育に関わる当事者としての住民の認識は，学校参加活動を通じた子どもや教師との関わりから徐々に形成されるものであった。コミュニティ・スクールは，教育委員会に設置の努力義務が課されて以降その数が急増しているが，そうした施策の基盤として，各地域における学校と住民の関係を踏まえた学校参加のビジョンを各自治体が十分に議論することが必要である。

　最後に，本稿の課題を述べる。第一に，本稿の知見は単一事例の分析に基づくものであり，基礎自治体の多様な地域特性と学校参加に関する施策との連関構造を追究すべく，横断的な調査研究が必要である。第二に，住民の属性や学校参加の程度の多様性を踏まえると，学校参加を通じた住民の認識形成の全貌を解明したとは言い難い。そのため，さらなる事例分析の蓄積が必要である。

[注]

(1)　2017年の地方教育行政の組織及び運営に関する法律の改正（以下，地教行法）では，学校運営協議会に関する制度改正が行われた。それにより，「学校支援」に主眼を置いて運用される学校運営協議会は今後も増大すると考えられる。

(2)　「地方」の語は，それ自体明確な定義がなされているわけではない。本稿ではひとまず，総務省「住民基本台帳人口移動報告」にならい，三大都市圏（東京圏，名古屋圏，関西圏）以外の地域を「地方」と規定する。

(3)　地域コミュニティの概念について，山崎（2009）によるその構成要素に関する検討を参考として，本稿では「一定の地理的範囲において，人々の社会生活関係によって相互作用やそれによる共通意識が築かれている地域社会」と捉える。

(4)　小都市とは，人口5～10万人の市を指す。小都市は，全国の市町村の31.0%を占め，町村（54.0%）に次いで大きな割合を占める（総務省「令和2年版地方財政白書」2020年3月）。なお，本稿では「地方」の小都市を地方小都市とする。

(5)　A市教育委員会「第1期A市教育振興基本計画」2019年3月。

(6)　A市「空き家等実態調査結果報告書」2020年3月。

(7)　A市「第三次総合計画（後期）」2017年3月。

(8)　A市教育委員会「平成31年度学校教育指導方針個別事業説明書」。

(9)　注(7)に同じ。

(10)　Ａ市教育委員会「教育委員会定例会会議録」2015年４月。

(11)　同上。

(12)　Ａ市教育委員会「教育委員会定例会会議録」2015年５月。

(13)　Ａ市通学区域審議会「第１回通学区域審議会議事録」2016年１月。

(14)　Ａ市教育委員会「教育委員会定例会会議録」(2015年５月，同７月)から，こうした見解に基づく他の委員の発言が確認できた。そのため，Ｕ氏の私見ではなく教育委員会でおおよそ共有されていた見解であるといえる。

(15)　Ａ市教育委員会「教育委員会定例会会議録」2015年７月。

(16)　地教行法に基づいて学校運営協議会を設置する学校を指す。

(17)　Ａ市教育委員会「教育委員会定例会会議録」2015年９月。

(18)　Ａ市「第２期子ども・子育て支援事業計画」2020年３月。なお，2018年度のＢ小学校児童数は187人である。

(19)　例えば，中央教育審議会「新しい時代の教育や地方創生の実現に向けた学校と地域の連携・協働の推進方策について（答申）」2015年12月。

[引用文献]

・青木志郎・和田幸信「町村合併からみた地方小都市の成立と地域特性に関する研究」『日本建築学会計画系論文報告集』第355号，1985年，71-81頁。

・今橋盛勝『教育法と法社会学』三省堂，1983年。

・岩永定「分権改革下におけるコミュニティ・スクールの特徴の変容」『日本教育行政学会年報』第37号，2011年，38-54頁。

・大林正史『学校運営協議会の導入による学校教育の改善過程に関する研究』大学教育出版，2015年。

・コミュニティ・スクール研究会『平成27年度文部科学省委託研究　総合マネジメント力強化に向けたコミュニティ・スクールの在り方に関する調査研究報告書』日本大学文理学部，2016年。

・佐藤晴雄「地域ガバナンスから見たコミュニティ・スクールの意義と課題」日本社会教育学会編『学校・家庭・地域の連携と社会教育』東洋館出版社，2011年，60-73頁。

・佐藤晴雄『コミュニティ・スクールの成果と展望―スクール・ガバナンスとソーシャル・キャピタルとしての役割―』ミネルヴァ書房，2017年。

・諏訪英広・畑中大路「学校運営協議会設置による大人の『つながり』の醸成に関する事例研究―ソーシャル・キャピタル論の視座から―」『九州教育経営学会研究紀要』第22号，2016年，37-46頁。

・諏訪英広・田中真秀・畑中大路「学校運営協議会設置による地域活性化―ソーシャル・キャピタル論の視座から―」露口健司編著『ソーシャル・キャピタルで解く教育課題』ジダイ社，2019年，86-107頁。
・玉井康之『北海道の学校と地域社会―農村小規模校の学校開放と地域教育構造―』東洋館出版社，1996年。
・仲田康一「地方教育政策としてのコミュニティ・スクール」佐藤晴雄編著『コミュニティ・スクールの全貌―全国調査から実相と成果を探る―』風間書房，2018年，83-96頁。
・中山徹『人口減少時代の自治体政策』自治体研究社，2018年。
・林孝『家庭・学校・地域社会の教育連携―学校週5日制導入による保護者の意識変化―』多賀出版，1998年。
・堀内孜「学校経営の構造転換にとっての評価と参加」『日本教育経営学会紀要』第48号，2006年，2-13頁。
・山崎丈夫『地域コミュニティ論―地域分権への協働の構図　3訂版―』自治体研究社，2009年。
・吉野英岐「地域社会における共同性の再構築をめぐって」日本地域社会学会編『地域社会学会年報』第30集，2018年，5-14頁。

［謝辞］

　ご多忙の中，調査にご協力いただいた方々に心より御礼申し上げます。

［付記］

　本稿はJSPS科研費（課題番号：20 J 20225)の助成による研究成果の一部である。

Significance of Residents' Involvement with Schools in Small Cities: How Recognition of Involvement is Formed

Go KINOSHITA
(Graduate School, University of Tsukuba / JSPS Research Fellow)

This study's aim is to clarify the significance of the residents' involvement with the schools in a small city. To do so, an analysis was performed regarding how residents in a community recognize one another as being involved in education. Analysis of a small city clarified the following two points.

First, the relationships between residents, between residents and children, and between residents and the schools were weak, and the conditions that establish these relationships were weak. This is why residents' involvement with the school was limited and not very active. This suggests that even in rural areas, residents' active involvement in a school cannot be taken for granted.

Second, residents who had the opportunity to participate in various activities as a result of city policies created their own means for assessing children's growth and development and teachers' educational practices through these activities and gradually recognized that they were involved with their children's education and the school. Such a series of recognitions created a larger recognition of residents roles in education and caused them to change their behavior.

These results indicate that the significance for a community of residents' involvement with schools in small cities is the interactions between residents, children, and teachers, which have been declining due to changes locally, and that the residents' recognize one another's involvement in education. In contemporary Japan, the decline in the communal nature of communities is accelerating nationwide because of the declining population, falling birthrates, and an aging society. Rural areas are no exception. Therefore, residents' involvement with schools should not be confined to "management participation." Rather, it is necessary to reconsider the significance of this as a mechanism because of how its capacity to create recognition of educational involvement.

《研究論文》

「災害経験の継承」をねらいとした カリキュラム改革の意義と課題
―福島県双葉郡における 「ふるさと創造学」の策定過程―

独立行政法人教職員支援機構　吉　田　尚　史

1　問題の所在と本研究の目的・方法

(1)　問題の所在と本研究の目的

　繰り返される災害から次世代の社会やそこで生きる人々の生命を守るために，いかに子どもを育成するか。それは，歴史的に全国各地で災害が繰り返されてきた日本において公教育が解決すべき課題である。この課題に向き合ってきた防災教育の研究や実践では，防災の専門家の知見にもとづいて，災害から自らの命を守り生き延びるための知識・技術の獲得，とりわけ発災時に行動できる主体性の育成が目指されてきた（例えば，片田 2012）。確かに，人々の防災に対する無関心と災害経験から学習する機会の喪失（田中 2013：367-374頁）や，学校での防災教育が低調な実態（鎌田他 2020：119-120頁）を踏まえれば，自分の命を守るための防災教育の定着は重要な課題である。しかし，社会に潜在する脆弱性が不意の自然現象で露呈することによって社会や人間の被害が発生する（ワイズナー他 2004：23-25頁）のだとすれば，発災直後に主体的に行動できる子どもの育成のみでは十分とは言えない。繰り返される災害を前提とした社会の形成には，災害経験にもとづいて社会に潜在する構造的な問題を認識し，その改善を試みることが不可欠である（仁平 2012：152頁）。つまり，学校教育は，災害経験から社会や人間のあり方を問い直すことができる子どもの育成を目指すべきである。国士舘大学・日本教育経営学会（2012：271頁）も，次の災害への備えとして，学校教育全体で社会や人間の構えを見直すカリキュラム開発の必要性を指摘するが，このような観点から学校教育の課題を問い直す議論は不十分である。「災害経験の継承」は，単なる災害の事実や防災のた

めの教訓の伝達ではなく，社会や人間のあり方の問い直しを含む営みと理解されるべきである。

　以上の問題意識から，東日本大震災（以下，震災）後の被災地におけるカリキュラム改革に注目する。カリキュラムは，教育の目的・目標の達成を目指して，「教える価値のある学問・芸術等の研究の成果と方法」である「学問的要請」，国家が政治的・社会的・経済的要請に応えようとする「社会的要請」，「子どもの成長・発達に関する生理的・心理的状況」や「子どもの興味・関心」を考慮した「心理的要請」を視野に入れねばならない（安彦 2019：7 - 8 頁）。とすれば，震災後の被災地におけるカリキュラム改革は，これらのうち特に「社会的要請」の捉え直しを迫られた営みだと推察される。教育経営学ではカリキュラムを地域との連携の中で捉える知見が蓄積されてきた。例えば，中留（2010：93頁）は，カリキュラムマネジメントの基軸として教育内容・方法上の「連関性」とそれを実現するための「開かれた協働性」の必要性を指摘した。また，植田（1995：204-211頁）は，教育課程経営における学校と地域の関係の構造化は教師の専門性を問うことになり，教育課程を地域との共同所有物とする発想の転換が必要だと論じた。このように地域社会からの要請を教師がいかに認識してカリキュラムに反映させるかが問われてきた。以上の知見を踏まえて震災後の被災地におけるカリキュラム改革を捉えると，「災害経験の継承」という地域社会からの要請が学校関係者に認識され，カリキュラム内容に反映されている可能性がある。被災地の学校関係者は，「災害経験の継承」という要請をいかに捉え，それをどのようなかたちでカリキュラムに位置づけようとしたのか。それは，学校関係者のどのような認識変容を伴うものだったのか。

　この問いに迫るために本稿は，震災後の福島県双葉郡（以下，双葉郡）の全公立学校が総合的な学習と各教科等の連関を意識して独自の内容に取り組んでいる「ふるさと創造学」の策定過程に着目する。全町村避難により他自治体内での学校再開を余儀なくされた双葉郡の公立学校は，避難生活の中で困難を抱える子どもたちの社会的保護の役割を担っていたが，移転や帰還を前提とした諸条件のため，十分な教育環境ではなかった（境野 2018：73-76頁）。そこで郡内町村の教育長たちは，「福島県双葉郡教育復興に関する協議会（以下，協議会）」と「福島県双葉郡教育復興ビジョン推進協議会（以下，推進協議会）」を設けて議論し，郡全体の教育復興の方針と方策を示した「福島県双葉郡教育復興ビジョン（以下，復興ビジョン）」と，復興を題材とした課題解決学習の

具体像である「ふるさと創造学」を策定した。それらは，悪条件のもとで各学校が新たなカリキュラムを編成・実施するために不可欠な，教育目標・内容・方法の基準になるものだった。その後，各学校がカリキュラムを具体化するため，「推進協議会」のもとに教員中心の委員会を設置し，実践共有の場として「ふるさと創造学サミット」や教員研修の企画・運営等を行っている。各学校では策定された基準をもとに，総合的な学習と各教科等の連関を意識して独自のカリキュラムを編成・実施している[1]。双葉郡の教育長たちは，希有の災害により主体的なカリキュラム編成を担える状態になかった学校を，自治体を超えた協働で支援しようとしたのである。本来，カリキュラム（教育課程）は学校単位で編成される教育活動の全体計画である。だが，被災した学校の場合，単位学校の主体性のみに委ねることは極めて困難であり，教育委員会（以下，教委）による支援は不可欠と考えられる。加えて，双葉郡の場合は各自治体が甚大な被害を受けた状況にあり，隣接する町村間の協働も必要だった。そのため，本稿では，災害経験を踏まえた新たなカリキュラムの編成・実施を支援する教育長たちの協働による取り組みに焦点を当てて「カリキュラム改革」を捉える。具体的には，教育目標・内容・方法に関する基準である「ふるさと創造学」の策定である。教育長たちはそこで，災害経験をどう捉え直し，その「継承」をカリキュラムにどう反映させようとしたのだろうか。そこには，「災害経験の継承」を踏まえた学校教育のあり方を考える上で重要な示唆が含まれるものと考える。

　以上から，本稿は「災害経験の継承」をねらいとしたカリキュラム改革の意義と課題を，「ふるさと創造学」の策定過程の分析を通して明らかにすることを目的とする。研究課題は次の通りである。第一に，震災後の双葉郡でカリキュラム編成に対する支援が求められた背景を明らかにする。第二に，「ふるさと創造学」の策定過程において，教育長たちが双葉郡の公立学校におけるカリキュラムのあり方をどのように捉えていたかを明らかにする。第三に，「災害経験の継承」をねらいとしたカリキュラム改革の意義と課題を考察する。

(2)　研究の方法

　調査は，まず「協議会」と「推進協議会」での議論内容を捉えるために関係資料の収集を行った。次に，支援的取り組みの背景や当事者の認識を明らかにするため，中心的な役割を担っていたA氏とB氏に聞き取り調査を実施した[2]。

表1　聞き取り調査対象者一覧

表記名	性別	震災発生時の所属・役職	要望書提出	「協議会」	「推進協議会」(WGでの役割)	調査日	調査時間
A氏	男	X町教育長	教育長会会員	委員(途中から副座長)	副座長	2020.1.14	94分
						2020.6.22	117分
						2020.10.20	101分
B氏	女	Y町教育長(2014年1月末まで)	教育長会会員	委員	委員(WG①委員長)	2020.6.29	110分
						2020.10.20	71分
C氏	男	文科省生涯学習政策局復興担当	文科省事務担当	文科省事務担当	文科省事務担当(WG①委員)	2019.10.9	79分
						2020.10.13	87分

また当時，文部科学省（以下，文科省）の担当者であるとともに「推進協議会」のワーキンググループ（以下，WG）①の委員であったC氏に聞き取り調査を実施した[3]。調査後には逐語録を作成して対象者に確認・修正してもらった。また，第一次分析の内容を対象者と共有し，事実誤認の有無の確認と分析内容についての意見交換を行った。その後，最終的な分析を行った。聞き取り調査対象者の概要は表1の通りである。本稿では，逐語録や収集資料から引用する場合は「引用」〔表記名（アルファベットのみ）または資料名〕で示している。ただし，文脈に調査対象者を示している場合は「引用」のみ記載している。

2　先行研究の検討：被災地におけるカリキュラム改革の動向

　文科省は被災地の実践を整理して「創造的復興教育」を掲げた。また，岩手県は「いわての復興教育」，宮城県は「志教育」を掲げて震災後の教育施策を策定した。これらの政策を佐藤（2013：109頁）は「震災前も後も，東北の教育は学力向上路線，新自由主義改革路線のただなかにある」と批判的に評価する。一方で，被災地の市町村教委や学校現場を対象にした研究では，「いわての復興教育」が校長の掲げるビジョンのもとで震災前の学習内容を組み替えて取り組まれていること（村上他 2014：139頁）や，官民協働による子どもの学習機会保障を実現した要因としての教育長のリーダーシップの存在（本山他 2015：274-276頁）が明らかになっている。ただし，これらからは被災地の学校が災害経験をいかに捉え直そうとしたのかが十分に読み取れない。一方，松田（2020：115-117頁）は，災害経験の忘却が進む中，教師たちが個々の生徒

の事情に逡巡しながらも，災害経験を教育実践に位置づけようと試行錯誤していることを明らかにした。しかし，「忘却」に関心を向けており，災害経験の「継承」の内容については十分に考察していない。本稿では，「ふるさと創造学」の策定に中心的な役割を果たした3名の議論と認識及びその変容の分析を通して，「災害経験の継承」を意識した教育目標・内容・方法に関する基準の策定の実相を検討する。

3　教育長によるカリキュラム編成に対する支援の背景

(1)　震災後の双葉郡の公立学校がおかれた環境

　全町村避難後の各教委は，子どもに他自治体立学校への区域外就学を支援するとともに，他自治体内での公立学校再開を行った。突然地域や友人との関係が崩壊し，差別や分断の中での避難生活を余儀なくされた子どもにとって，学校は重要な居場所となっていた。他方，校舎はプレハブや急ごしらえの仮設だった。また，保護者の就労事情等により転出者が多く入学者が減少し，時間の経過とともに，学校は小規模化した。表2は2010年度と2014年度の学校数，児童生徒数，教職員数である。2014年度の教職員数は，休校中の学校の教職員等を含むため実際の教職員数とは異なる場合がある。例えば，浪江町の実際の教

表2　双葉郡の各町村における2010年度と2014年度の学校数，
　　　児童生徒数，教職員数

	学校数				児童生徒数				教職員数			
	小学校		中学校		小学校		中学校		小学校		中学校	
	2010	2014	2010	2014	2010	2014	2010	2014	2010	2014	2010	2014
広野町	1	1	1	1	311	91	230	50	19	15	21	18
楢葉町	2	2	1	1	432	87	254	73	40	24	26	17
富岡町	2	2	2	2	937	23	550	26	53	19	47	26
川内村	1	1	1	1	112	26	54	17	15	16	11	12
大熊町	2	2	1	1	756	128	371	68	57	42	35	19
双葉町	2	2	2	1	343	4	208	7	34	13	20	11
浪江町	6	2	3	1	1,162	22	611	25	101	59	60	35
葛尾村	1	1	1	1	68	12	44	8	13	11	13	13
合計	17	13	11	9	4,121	393	2,322	274	332	199	233	151

（福島県統計課編「平成22年度学校基本調査報告書」及び「平成26年度学校基本調査」を参照して筆者作成。なお，2014年度「学校数」には4月時点で再開している学校数を記載。）

職員数は，小学校が22人，中学校が25人であった。このように，各学校は，震災による未経験の課題への対応に追われ，災害経験を踏まえた新たなカリキュラムを編成するための条件が不十分だったのである。

(2) 教育長が抱いた学校教育の復興に対する課題意識

　自治体間連携と中長期的な視点での学校教育の問い直しの必要を感じたA氏は，震災後の教育長会でそのことを繰り返し提起した。だが，他の大半の教育長は目前の課題解決に精一杯で，住民の帰還可能性の違いもあったため，その必要性を認識しつつも当初は消極的だった。しかし，議論を重ね，事態が長期化するにつれて，子どもが自町村以外で就学していたとしても教育長の責任には変わりないことを認識すると同時に，単独町村でその責任を果たすことに限界を感じた。「今ここの自分の足元だけを固めていくことが復興ではない」〔B〕という認識が教育長の間に共有されたのである。同時に，全町村避難や区域外就学先での経験が将来的に子どもの不利益になってはならないというのが共通の認識だった。その視点から，「復旧」を志向する対応の現状は十分ではないと考えたのである。以下のA氏の語りにそれは示されている。

　「これだけのことになって，ただ避難先の学校借りて，あとは何年か経って自分の町に戻して，教室直して，今まで通りっていうことでは子どもたちに申し訳ないっていうのが，すごく強かった。こんなんでは済まされないぞって。（中略）子どもたちには原発事故は全然責任ないんだからね。突然友達ともさよならを言えずに，町を追い出されて，どこに行くかもわからない。知らない学校に行って，またいじめられたり，いろいろしてるわけ。そういう中で何年か経ったら自分の町に戻るだろう，それまではどこかの教室借りてやってようぐらいではね。そんなのはとんでもない話だって。やっぱり，それが一番あったな。」

　だが，具体的に何をどのように進めればよいかわからなかった。様々な未経験の課題への対応の困難さに加えて，自治体間連携による活動の実績も持たなかったからである。震災後に双葉郡の現状把握と復興に関わる情報提供をしていたC氏も，それを持続的に検討する仕組みの必要性を感じた。そこで，2012年9月26日に文部科学大臣へ「平成25年度教育に於ける人的支援・財政的支援に関する要望書」を提出した。そこでは双葉郡内の県立高校サテライト校の集約，幼小中一貫校の新設，教職員の特別加配等による人的支援，児童生徒の就

学や離散した児童生徒の再会の場づくりのための財政的支援，復興への文科省の積極的関与等を要望した。その結果，教育長会を主催者として，文科省や復興庁，福島県，福島大学から協力を得ながら，中長期的な視点で双葉郡の学校教育の復興のあり方を協議する「協議会」が設置された。その後，「協議会」での議論を経て策定された「復興ビジョン」の具現化に向けた具体的方策の検討を目的として，「推進協議会」と３つの WG が設置された[4]。表３が各会議等の構成員である。表４は「ふるさと創造学」の開始までの経緯である。

表3　「協議会」と「推進協議会」及び WG の構成員

会議名	人数	会議構成員　※複数いる場合は（　）内に人数
「協議会」	15	双葉郡教育長（８），福島大学教員，復興支援財団専務理事，福島県教育委員会，文部科学省（２），復興庁（２）
「推進協議会」	15	双葉郡教育長（８），福島大学教員，復興支援財団専務理事，福島県教育委員会，文部科学省（２），復興庁（２）
各町村幼小中学校間の連携（WG ①）	10	双葉郡教育長（２），小中学校校長会会長，中学校校長，町 PTA 代表，福島大学教員，他県の大学教員，有識者，福島県教育委員会義務教育課長，文部科学省
多様な主体との連携（WG ②）	12	双葉郡教育長，教育長職務代理者，小学校校長，高等学校 PTA，地域代表，福島大学教員（２），復興支援財団専務理事，周辺自治体関係者，福島県教育委員会社会教育課長，文部科学省，復興庁
避難している子供たちや住民との絆づくり（WG ③）	9	双葉郡教育長，教育長職務代理者，小学校校長，中学校 PTA，福島大学教員，有識者，相双教育事務所所長，文部科学省，復興庁

（聞き取り調査と収集資料をもとに筆者作成）

表4　「ふるさと創造学」開始までの経緯

	日付	概　要
2012年	9月26日	「平成25年度教育に於ける人的支援・財政的支援に関する要望書」提出
	12月18日	「福島県双葉郡教育復興に関する協議会」設置
2013年	3月31日	「福島県双葉郡子ども会議」開催
	7月31日	「福島県双葉郡教育復興ビジョン」策定
	9月23日	「第１回福島県双葉郡子供未来会議」開催
	10月13日	「第２回福島県双葉郡子供未来会議」開催
	10月26日	「第３回福島県双葉郡子供未来会議」開催
	11月28日	「福島県双葉郡教育復興ビジョン推進協議会」設置
2014年	4月1日	「ふるさと創造学」開始

（収集資料より筆者作成）

4 「復興ビジョン」と「ふるさと創造学」の策定

(1) 多様な視点から双葉郡の学校教育の復興を考える意義の理解

「協議会」の議論は，双葉郡が今後直面する課題と望ましい教育の姿を共有することから始まった。しかし，教育長の議論は「どうしても課題から出発した目の前の議論が非常に多かった」〔C〕。大半の教育長の発言は，自分たちの立場や環境という「非常に限られた範囲での復興に向けての考え」〔B〕に留まっていた。これに対して文科省は，多様でより広い視野での議論を喚起するために，国際的な資質能力論の動向や「創造的復興教育」の事例を紹介するとともに，岩手県や宮城県の被災地との交流の機会を設けた。カリキュラムを検討するために必要な「社会的要請」に関する様々な知見・情報が提供されたのである。このとき教育長たちは，岩手県や宮城県の被災地が「ただすくんでいるのではなくて動き出している」〔A〕状況に刺激を受けた。

ところが，それは議論を発展させる契機にはならなかった。B氏は当時を振り返りながら，「大事なんだということはわかるんだけど，自分に戻ってきたときに不安」を抱き，「闇に投げ出された気」になったという。紹介された事例には正解がないため，教育長たちは全町村避難という双葉郡独自の課題による被害をどのように乗り越えるかを考える必要があった。

教育長たちの認識変容の契機となったのが，「福島県双葉郡子ども会議」と「福島県双葉郡子供未来会議」であった。この会議は「先生主体，教委主体では駄目というところから議論が始まって，いろいろ議論している中で，じゃあそのぐらい子ども主体って言うなら，子どもの考えを聞かないでこれを進めるのはおかしい」〔A〕との意見により開催された。背景には，被災による苦しさや悲しさを抱えた子どもの学校教育に対する思いを生かしたいという教育長たちの思いがあった。復興過程における「子どもの意見表明権」〔A〕の保障をねらったのである。それらの会議には委員だけでなく保護者，管理職，教職員，教委関係者も参加した。その場では，子どもたちから「教科書で覚えるのは嫌だと。先生が書くのをノートするのだけでは嫌だと。いろいろ動く授業」〔A〕を求める意見が出された。また，他の学校にはない授業や体験の機会，学校で当たり前に取り組んでいた集団活動の機会，避難している友人との再会の機会，将来を考えるための選択肢や機会等が欲しいとの意見も出されている〔福島県双葉郡子ども会議実施報告〕。このような意見によって「今まで自分た

ちが議論してきた，こういう学舎があったらいいみたいな考えは，本当に子ど
もたちも求めている」〔C〕という認識が「協議会」の中に広がった。先述の
「社会的要請」に子どもから「心理的要請」が加えられ，従前の学校教育の捉
え直しが意識されて，教育長たちは，多様な視点から双葉郡の学校教育の復興
を考える意義を理解した。

(2) 「復興ビジョン」に明記された教育長たちの課題意識

以上の議論を経て「復興ビジョン」が
策定された。**図**がその内容構成である。
そこには「双葉郡教育復興の方針」(5)の
もとで具体的方策，役割分担と環境・体
制整備のあり方が書かれている。**表5**は
「各学校段階を通じて一貫した価値観の
教育目標・カリキュラムによる教育」の
記載内容である。「復興ビジョン」の前
文には「震災・原発事故による原発安全
神話や産業基盤の崩壊をその背景も含め
て受け止め，価値観を大きく転換し，復
旧を超えた復興を目指し，夢・希望・笑
顔のある未来を実現しなければならな

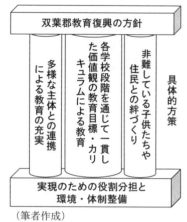

（筆者作成）

図 「復興ビジョン」の内容構成

い」や「子供たちの被災経験がハンデとして固定化されてはならない」という
「教育長さんたちの世代としての反省の弁」〔C〕が書かれている。この背景に
は教育長たちのどのような意識があるのか。

教育長たちは，双葉郡の被災に関して「危ないんだぞって思いながらも，何
重にも安全装置ありますから大丈夫ですって言われ続けていくと，本当かなっ
ていう問いかけを自分自身にもしなくなっていた」〔A〕や「原子力発電所と
いうのは心配ないんだ，安全なんだということで大半の人たちは生きてきた，
生活してきたんだけれども，実はそうじゃなかった」〔B〕と語り，このよう
な地域社会を形成してきた大人の責任を指摘する。その上で，子どもたちに
「自分たちが駄目だったのと同じ道を歩ませてはいけない」〔A〕という教育長
としての課題意識を抱いた。「原発に限らず，いろいろな物事について，何か
あったとき，誰々が言ったからそうなんだではなくて。本当かなとか，別な道

表5 「各学校段階を通じて一貫した価値観の教育目標・カリキュラムによる教育」の内容

理念
創造力と想像力で子供たちの夢と人間力を育て，地域の復興に主体的・協働的に関わる人材を育成する

教育目標
○被災した子供たちが獲得した地域復興等への貢献意欲を具体的な学びにつなげる ○双葉郡ならではの課題に立ち向かう力を培うために単なる知識・技能の修得に留まらない応用力・課題解決力・実践力を重視する学力観に転換 ○経済的豊かさを優先しがちな社会の価値観とは適切な距離を保ち，人間（心と命）を最優先にした教育 ○様々な個性や能力を尊重しながら一人ひとりを大切に育てる学校づくり ○長期的な双葉郡の復興や子供たちの成長につながる未来志向の教育

基盤となる資質・能力	双葉郡で特に育むべき資質・能力
○困難な事象に対して自らの考えを持ち積極的に取り組む姿勢 ○様々な体験から主体的に学び続け実生活に生かす姿勢 ○自信をもって目的達成に向けて努力する力 ○これからの情報社会に対応した知識・情報やICT（情報通信技術）を活用する力 ○周囲との関わりの中で自らの役割や生きる意味を考え自らの人生を組み立てられる力	○経験や学びを通して将来の希望や夢を見出し，その実現に自らを近付ける力 ○価値観の違いを乗り越えて周囲とともに活動し，喜びを分かち合いながら他者と協働し，各人が力を発揮する協調性 ○ふるさとに生まれた誇りを持ち，文化や伝統を大切にする姿勢 ○放射線の影響等に関する知識とそれを実生活に生かす力（リスクマネジメント力（危機対応能力）） ○被災経験を次世代や国内外に伝える表現力，発信力

方法論とカリキュラム	充実した教育環境の整備
○地域の課題解決や復興に生かす「課題解決学習」 ○子供たち自身の主体的な活動を引き出す教育 ○地域課題と学校教育を関連付ける仕組み構築 ○地域の視点と全国・海外の視点を育成 ○震災・原発事故の影響を客観的に把握し，未来の双葉郡を創造する力を育成するカリキュラムの策定 ○震災・原発事故の経験から得た双葉郡ならではの学びの要素を各教科等の学習内容に取り込む ○多様な主体と連携した学校づくりと教育 ○双葉郡の子供と他地域の子供が相乗効果を生み出す仕組み構築	○教員加配やALT等による指導体制の強化 ○SCやSSWの充実等，子供たちの生活を支える体制整備 ○学校施設の充実とICT環境等の各種設備の充実 ○中高一貫校の設置 ○避難している子供たちの受け皿となる幼稚園・小学校の設置 ○各町村立幼小中学校間の連携

（記載内容をもとに筆者作成）

があるんじゃないかと」〔A〕思考できる子どもを育成する学校教育に転換する必要性を認識した。そして「考える力がないというか，考えようともしない」〔A〕思考停止の大人を生み出してきた学校教育を転換するために「教科書と試験で脅しをかけている教育はもうやめなきゃ駄目だ」〔A〕と，学力観の転換を求めたのである。

　このような価値観と学力観の転換のもとで構想された課題解決学習について，B氏は以下のように語っている。

「こういうことに取り組んでなければ，自分たちが今，遭ったよ，震災に遭ったよって，それは原発のためにすっごい大変な時期だったよ，それで終わっちゃうんじゃないかなと思うの。建物だったら遺構っていうのがありますけど，子どもたちの心の中っていうのは，そのときだけで，いろんなことが自分の目の前に降りかかってくるから，そんなに一ヶ所に留まってるわけにはいかないでしょ。そういうものをかたちとして残しながら，継承しながら，また，それを繰り返して学習することによって，忘れないもの。それこそ長崎だって，60年も経ったって，まだ悩んでいる人がいっぱいいるわけです。そういうのを後世に伝えていくっていうのは，今の子どもたちじゃないかなと思います」

　ここには双葉郡の災害経験の背景にある社会の問題を問い続けることができる主体として子どもを育成することへの期待が込められている。教育長たちは「協議会」での議論を通して，「災害経験の継承」を地域社会からの要請として認識し，それを学校教育のあり方を問い直す課題として受けとめたといえよう。

⑶　課題解決学習の具体像

　「復興ビジョン」に明記された課題解決学習の具体像の検討を引き継いだWG①では，地域の記憶がない子どもの増加を予想して，「地域を喪失した中で"ふるさと学習"を構想する」という矛盾を乗り越えることが課題とされた。そこで教育長たちは，体験と理解に終始していた従前のふるさと学習の転換を目指した。浪江小学校の「ふるさとなみえ科」と大熊中学校の「放射線教育」が，その参考事例とされた。「ふるさとなみえ科」は「復興に努力する大人の生き方や，大人の描いている復興の夢（計画）に触れることを通して自らの生き方を考える」学習であり，総合的な学習だけでなく各教科等でも取り組まれていた〔WG①第3回会議概要〕。また，浪江小学校は全町村避難で分断され

た地域をつなぐ役割を意識していたことから，前述の矛盾を乗り越える手がかりとされた。「放射線教育」は「なぜ会津に避難しているのか，福島の現状はこのままで良いのか等の問いから，大元の原発事故という事実について考える」ことから出発して，放射線についての調べ学習に取り組み，最終的には大熊町の復興と再生への提言を行う学習である〔WG①第3回会議概要〕。これらの参考事例には「課題意識を高めて，いろいろな人の話を聞いたり，本で調べたり，実際にやってみたりしながら話し合いをして，より良いものをつくっていこう」〔A〕とする特徴があった。従前のふるさと学習よりも，双葉郡に対する課題意識の醸成と復興への貢献の強調がみられたのである。特に，復興への貢献はすべての学校段階で求めている。教育長たちは地域の改善に対する思いを積み重ねられるように，発達段階に応じた貢献の可能性を考えて指導をする必要性を意識していた。

　このような課題解決学習は郡内の多様で複雑な価値観に向き合うことが求められる。「原子力とは何か，原子力発電所はどのように動いているのかを十分に勉強しないで賛成や反対を表明しがちだし，これに巻き込まれがち」〔A〕な子どもの生活環境に向き合う必要があった。そのために「大人の情報として子どもに植えつけられている。それがすべて正しいということではない」〔B〕ことを理解することが必要となる。C氏はWG①における「ふるさと創造学」の名称決定を振り返りながら，「未熟な子どもが学ぶ，大人はすべてを知っているっていうのが崩れたのが原子力災害だったと思う（中略）子どもたち自身も参画して大人と対等に，どうあるべきかを議論したり，活動する中から生み出していく，まさにそれこそがふるさとの創造であり（中略）他所に真理というものがあってそれをコピーして暗記するのが学問ではなくて，まだ未知の状況に対して能動的に関わって，知恵を想像していくのが学問」と語り，探究や学問に対する「姿勢の転換」を意識していた。あえて双葉郡の多様で複雑な価値観に向き合う背景には，「自分たちは失敗した。学問ということも間違うこともある。大人も間違うこともある。その中で何を確実な未来に向けて創造していくのかっていうことを，この子たちには，自分たちの失敗を学びの糧にして創造してほしい」〔C〕という教育長たちの思いが垣間見える。以上のように「ふるさと創造学」が「客観視して多面的に物事を見て，反省も駄目だったところもしっかり見つめた上で（中略）実践を求めている」〔C〕ことは，子どもが双葉郡の多様で複雑な価値観に向き合う上で重要な要素になっている。

⑷ 「ふるさと創造学」の必要条件としての授業観の転換

「推進協議会」は課題解決学習の具体像を示したが，各学校の存立基盤である地域の被災状況等が異なっていたため共通で取り組む具体的な教育内容は示さなかった。「推進協議会」は2014年度から「ふるさと創造学」の開始を決定した。開始を急いだ背景には，災害経験をもつ子どもたちからの意見を早急に取り入れていくことを目指していたこと，地域を喪失した中での総合的な学習の展開が学校現場の課題であったことがある。教育長たちは全町村避難や復興の中にある子どもや学校の困難を少しでも早く解消することを目指していた。

他方，A氏は当時，双葉郡はもちろんのこと全国的にも「学力向上の大合唱」があったことや，学校現場において「今まで通りという考えとか意識が非常に強い」ことに危機感を抱いていた。「推進協議会」において，「復興ビジョン」や「ふるさと創造学」の理念が「ちゃんと（学校現場に：筆者補足）浸透するかっていうのは，全員不安に思っていた」〔C〕のである。なぜならば，「子どもに課題意識を持たせる，この力が教師にあるかどうか」〔A〕が具体化の段階で最も重要な要因だからである。教師には「いわゆるファシリテーターみたいな，子どもと伴走しながら，あるときは半歩前に行ったり，あるときは遅れたりしながら，子どもの主体性を高めていく」〔A〕役割が期待されていた。また，「教師が生徒より知識の量が多いとか，レベルが高いとかは」〔A〕関係なく，「地域とともに歩む，子どもとともに歩む先生」〔B〕がイメージされていた。このような教師の役割を意識した授業は，総合的な学習の時間に限らず，「各教科とりあえず1年に1題材でも，1単元でも」〔A〕設定することが目指されていた。「ふるさと創造学」の具体化には授業観自体の転換が不可欠だと認識されていた。

5 考察

以上，「ふるさと創造学」の策定過程とそこでの教育長たちの認識変容を検討してきた。本稿で得られた知見を改めて整理すると次の通りである。カリキュラム編成に対する支援は教育長たちが被災した子どもに対する課題意識を抱いたことで着手された。当初の教育長たちは自分たちの立場や環境の課題から出発する目の前の議論に終始していた。だが，文科省からの「社会的要請」に関する知見・情報の提供や子どもからの「心理的要請」によって，教育長たちは，多様な視点から双葉郡の学校教育の復興を考える意義を理解した。また，

教育長たちの双葉郡独自の課題に対する意識が醸成され，地域社会からの要請として「災害経験の継承」を認識し，学校教育の課題として受けとめた。そして，自分たちの失敗を糧としてこれからの社会を形成してほしいという思いを込めて，過去や失敗からの学びを位置づけた「ふるさと創造学」を策定した。

　このように教育長たちが教育目標・内容・方法の基準策定に漕ぎ着けた要因としてあげられるのが，人間の誤謬可能性を認識したことである。教育長たちは「協議会」での議論の中で，安全神話への加担と思考停止の大人を生み出してきたことへの反省と悔恨を抱いていた。この教育長たちの思いは，「学問的要請」と「社会的要請」を絶対的なものとみなしてきたことや，「心理的要請」を十分視野に入れてこなかったことへの反省と悔恨だと理解できる。教育長たちが学校教育の課題として「災害経験の継承」を受けとめた背景には，このような人間の誤謬可能性という認識があったと推察される。

　では，教育長たちにどのような変化があったのか。従前の学校教育は問題解決の成果の集積である文化遺産の伝達を重視してきた（国立教育政策研究2016：166頁）。ところが，教育長たちは災害経験を通して，文化遺産の伝達によって安全神話への加担と思考停止の大人を生み出してきたことへの反省と悔恨を抱いた。すなわち，文化遺産の伝達だけでは社会の脆弱性をも継承する可能性があることに気付いたのである。石井（2017）は「民主主義の担い手としての知性的市民の育成に向けての教養教育（liberal education）論，一般教育（general education）論として教育内容論を構想するとともに，それを民衆や子どもの生活との関係で問い直す文化遺産の再審の活動（文化的実践）として，教師の教材研究と子どもたちの学習過程をとらえる視点」（124-125頁）の重要性を指摘する。「ふるさと創造学」の策定過程において，教育長たちはこの視点を強く意識するようになったのだといえよう。そして，その実現にあたっては実践者である教師のあり方を問い直す必要性を認識した。教師には，教育課程を地域との共同所有物として認識するだけではなく，教科の専門性に立脚しながらも，子どもとともに地域の実態を改善していく役割が求められていた。

　以上のように結論づけられる双葉郡の事例分析から，「災害経験の継承」をねらいとしたカリキュラム改革の意義と課題を考察する。意義の第一は，共通の災害経験を有する自治体どうしが協働組織を形成して，多様な人々の間で「災害経験の継承」について議論したことである。教育長たちは協働組織の中で「社会的要請」や「心理的要請」を視野に入れて学校教育を捉え直すととも

に，「災害経験の継承」を学校教育の課題として受けとめた。さらに，協働組織が中心となって，各学校で取り組まれる多様な実践を共有しながら自身の実践を見直すことが継続的に行われている。こうした取り組みを通じて，学校関係者は従来の学校教育に対する考えや災害からの「復旧」に留まっていた思考を相対化し，学びを促進することが可能になったと考えられる。

　第二は，災害の事実や命を守るための教訓に留まらない，社会や人間のあり方の問い直しを含む取り組みだということである。学校教育における「災害経験の継承」は一般に防災教育で扱われ，防災の専門家の知見に基づいて命を守るための知識・技術の獲得が目指されてきた。しかし，教育長たちは，そのような文化遺産の伝達のみでは社会の脆弱性が継承されてしまうという危機意識を抱いた。また，人間の誤謬可能性の観点から文化遺産を捉え直した上で，復興への貢献を求める「ふるさと創造学」を策定した。そこでは，従来の防災教育の限界が示されるとともに，単なる災害の事実やその教訓の伝達を超えた，新たな「災害経験の継承」のあり方が示されたといえよう。

　以上のような意義が認められるものの，過去の災害経験やそこからの教訓が忘れ去られる傾向にある（国士舘大学・日本教育経営学会 2012：267頁）とすれば，「ふるさと創造学」もその例外とはいえない。双葉郡の学校数と児童生徒数が減少していることからも，ここで検討したカリキュラムを継続することは長期的には困難といわざるを得ない。しかし，本稿で明らかになった「『災害経験の継承』をねらいとしたカリキュラム改革」は，たとえこの地域内の学校での継続が困難になったとしても，類似の経験をもつ（あるいは将来そのような経験をする）自治体や学校において重要な示唆をもつものである。「災害経験の継承」は，単純な防災教育という視野を超えて社会や人間のあり方を問い直す教育と理解される必要がある。今後はこのような観点から，協働組織による支援やカリキュラムの編成・実施のあり方を検討する必要がある。

［注］

(1)　例えば，教科での学習内容を生かしながら取り組まれた放射線教育やキャリア教育を中核とした実践，英語との連関によるシリア難民と双葉郡の避難者を比較する実践等がある。各学校でのカリキュラム実態は別稿で検討する予定である。

(2)　当初は「協議会」と「推進協議会」の構成員である8つの自治体の教育長に聞き取り調査を予定していたが，すでに教育長の職を辞しており，調査依頼が困難であ

った。調査を進める中で出会ったＡ氏と，Ａ氏から紹介いただいたＢ氏には聞き取り調査を依頼・実施することができた。Ａ氏とＢ氏は，資料分析等から中心的な役割を果たしていたことが明らかになっていたため分析対象とした。

⑶　本調査は独立行政法人教職員支援機構研究倫理委員会による審査を受けている。調査実施時には，調査の趣旨等を説明した上で調査協力に対する許諾を得た。その後，事前に送付した聞き取り内容に基づいて聞き取り調査を実施した。

⑷　WG①は，課題解決学習や各学校の連携による集団活動の機会確保等に向けた取り組みと教職員研修のあり方，WG②は，地域や産業の復興と関連させた，教育の復興に向けた学校と地域・大学・企業・ＮＰＯ等との連携による取り組み，WG③は，区域外就学をしている子どもへの支援と地域との絆づくりによって双葉郡との関係を維持する方策，が検討内容とされている〔推進協議会第2回会議資料6〕。

⑸　1）震災・原発事故からの教訓を生かした，双葉郡ならではの魅力的な教育を推進する。2）双葉郡の復興や，持続可能な地域づくりに貢献できる「強さ」を持った人材を育成する。3）全国に避難している子供たちも双葉郡の子であるという考えのもと，教育を中心として双葉郡の絆を強化する。4）子供たちの実践的な学びが地域の活性化にもつながる，教育と地域復興の相乗効果を生み出す。5）双葉郡から新しい教育を創り出し，県内・全国へ波及させる。

〔引用文献〕

・安彦忠彦「カリキュラムとは何か」日本カリキュラム学会編『現代カリキュラム研究の動向と展望』教育出版，2019年，2 - 9頁。

・石井英真「『科学と教育の結合』論と系統学習論　反知性主義への挑戦と真の知育の追求」田中耕治編『戦後日本教育方法論史（上）　カリキュラムと授業をめぐる理論的系譜』ミネルヴァ書房，2017年，107-126頁。

・片田敏孝『命を守る教育　3.11釜石からの教訓』PHP研究所，2012年。

・鎌田克信，伊藤常久，数見隆生「東日本大震災後の東北被災地と東南海地域沿岸部の学校における津波防災―震災7年後の現状と課題―」『学校保健研究』第62巻，第2号，2020年，112-121頁。

・国立教育政策研究所編『資質・能力［理論編］』東洋館出版社，2016年。

・国士舘大学・日本教育経営学会『震災時における学校対応の在り方に関する調査研究・報告書』2012年。

・松田洋介「被災地で統合中学校をつくる　被災学校アイデンティティの創造と＜震災への自由＞」清水睦美，妹尾渉，日下田岳史，堀健志，松田洋介，山本宏樹『震災と学校のエスノグラフィー：近代教育システムの慣性と摩擦』勁草書房，2020年，94-119頁。

・村上純一，柴田聡史，梅澤希恵「東日本大震災後の復興教育の実践と展開―『いわ
　て復興教育』の事例研究」『東京大学大学院教育学研究科教育行政学論叢』第34号，
　2014年，125-141頁。

・本山敬祐，本図愛美「官民協働が可能にした学習機会の保障」青木栄一編『復旧・
　復興へ向かう地域と学校』東洋経済新報社，2015年，259-279頁。

・中留武昭「カリキュラムマネジメント論の登場と挑戦的課題」『第3巻　自律的経営
　の展開と展望（自律的な学校経営の形成と展開―臨教審以降の学校経営の軌跡と課
　題）』教育開発研究所，2010年，86-100頁。

・仁平典宏「＜災間＞の思考―繰り返す3.11の日付のために」赤坂憲雄，小熊英二編
　『「辺境」からはじまる東京／東北論』明石書店，2012年。

・境野健兒「原発事故と福島の学校・教育の現状と課題―避難指示解除と学校再開」
　『季論21』第40号，2018年，71-83頁。

・佐藤修司「岩手・宮城・福島における教育復興と教育行政・学校」教育科学研究会
　編『3・11と教育改革』かもがわ出版，2013年，108-125頁。

・田中重好「東日本大震災を踏まえた防災パラダイムの転換」『社会学評論』第64巻，
　第3号，2013年，366-385頁。

・植田健男「カリキュラムの地域的共同所有」梅原利夫編『教育への挑戦2　カリキ
　ュラムをつくりかえる』国土社，1995年，173-213頁。

・ベン・ワイズナー，ピアーズ・ブレイキー，テリー・キャノン，イアン・デイビス
　著，岡田憲夫監訳『防災学原論』築地書館，2010年（＝ Wisner,B., Blaikie,P.,
　Cannon,T., Davis,I., *At risk: natural hazards, people's vulnerability and disasters. Second
　edition, Routledge.*, 2004.）

〔付記〕
　本稿は JSPS 科研費19K14224の助成による研究成果の一部である。

Significance and Issues of Curriculum Reform Aimed at "Passing down disaster experience" - The Formulation Process of "Furusato Souzou Gaku"

Naofumi YOSHIDA

(National Institute for School Teachers and Staff Development)

This study aimed to clarify the significance and challenges of the reformed curriculum aimed at "passing down disaster experience," through an analysis of the formulation process of "Furusato Souzou Gaku." "Furusato Souzou Gaku" is an educational practice based on the theme of social reconstruction, which is facilitated in eight municipalities of the Futaba district, Fukushima Prefecture, by elementary and junior high schools, under a common set of standards. These municipalities were forced to evacuate all of their towns and villages, due to the Great East Japan earthquake and the nuclear accident. This study analyzed the process of formulating these standards, based on the data collected from interviews with the superintendents of education in Futaba district and the MEXT officials.

The superintendents of education tried to support the elementary and junior high schools that had improper conditions in developing new curricula related to disaster experiences; this endeavor was accomplished through the formulation of the "Furusato Souzou Gaku," which is a set of standards for educational goals, content, and methods. During this formulation process, the superintendents of education received requests from the local community and subsequently, recognized the need to incorporate "passing down disaster experience" as an issue for school education. They integrated the learning experiences from their past failures into the "Furusato Souzou Gaku."

The first major highlight of this reformed curriculum was the formation of a collaborative union of local governments with common disaster experience to discuss the new curriculum. The second highlight was the formulation of the standards, which spanned beyond the transmission of disaster-related facts and life-saving lessons, and instead reexamined the nature of society and human beings. "Passing down disaster experience" spanned beyond the transmission of disaster-related facts and life-saving lessons, and needs to be understood as education instead reexamined the nature of society and human beings.

教育経営の実践事例

小学校における教職員の自律性と協働性を高める組
　織改善
　―対話によるコミュニケーション改善に着目した
校内研修開発―　　　　　　　　　　　　市村　淳子

小学校における教職員の自律性と
協働性を高める組織改善
―対話によるコミュニケーション改善に
着目した校内研修開発―

京都市立葵小学校 市 村 淳 子

1 目的と課題

　今日の教育改革は，複雑かつ多様な教育課題に対応すべく，自主的・自律的な学校経営の実現が求められている。学校が自律性を発揮するためには，全ての教職員が，持てる力を最大限に発揮できる組織づくりが必要である。本実践では，個と集団相互の関係の中で成果が生み出されるシステムであるP・センゲ（2011）の言う「学習する組織」を目指した。小田（2017）は，「学習する組織」を「目的に向けて効果的に行動するために，集団としての意識と能力を継続的に高め，伸ばし続ける組織」と定義している。そこで，気づきを共有し，個人の成長を組織の成長につなげる機会として有効な場である校内研修に着目し，学校の組織改善を行った。吉村ら（2014：64頁）は，「同僚ＳＣ（ソーシャル・キャピタル）」「ミドルＳＣ」が自律的学校改善コミュニティ形成に寄与していることを示している。それに依拠すると，自律性・協働性を高める組織改善の主要因は，教職員の関係性の質にあると考えられる。そこで，本稿は，組織構成員間の相互作用におけるコミュニケーションの質の向上により，教職員の自律性と協働性を高めた組織改善の在り方について提言することを目的とする。

　そのため，筆者が校長としてＡ小学校において対話によるコミュニケーション改善をめざして取り組んだ校内研修について論じる。

　表1は，実践開始時の2017年度のＡ校の概要である。Ａ校における主な課題はリスク・マネジメントである。児童間トラブルの対応に追われることもあり，保護者の不信感から学級運営が難しくなるケースも少なくなかった。そのため，

2017年度に校長に着任した筆者は，対話により学校に安全・安心の場を醸成することを組織改善の中核に据えることとした。対話を取り入れるに当たり最初に行ったことは，「対

表1　A校の概要（2017年度）

規　　模	開校1930年の公立小学校。児童数450名，学級数18学級（内，特別支援学級 2），教職員数30名。
児　　童	学力が高い。集団の中で力を発揮することが課題。
保護者	医師や国家資格を有する専門職が多い。教育熱心。学校に対する期待大。
地　　域	学校に協力的，2008年 3 月学校運営協議会設置。
学　校課　題	児童間トラブルの対応。保護者の不信感による学級運営の困難さ。

話の時間」というＡ校独自のカリキュラム作成であった。「対話の時間」は「自己探究型対話」「共創造型対話」「哲学型対話」のスキルを獲得し，自律的・協働的な学びの場の構築を目的としている。

　筆者は，2017年度に「対話の時間」により，児童の関係の質を高めることを目的とした研修を企画した。さらに，この研修を通して教職員の関係の質を高め，安全・安心な教職員組織を構築することを意図していた。児童の関係の質を高めるには，教職員の児童に対する関わり方を変えることが必要だと感じたからである。しかし，教職員の関係の質の改善を目的とした校内研修を企画しても，感情面での反発からその効果は薄いと考えた。そこで，「対話の時間」という新たなカリキュラム作成を目標とした校内研修を企画して，学校経営戦略に位置づけ，対話的な学校の組織風土を構築することに取り組んだ。

　本研修の開発に当たり，筆者は，日常に起こる対立を対話によって相互理解へ導くプロセスに着目した。そこで，外部から学校組織変革に経験の深いファシリテーターを招聘し，外部講師と共にそのプロセスを教職員が実体験できる研修を組み立てることとした。そのために，まずは，職員室内で起こっている筆者自身が感じる違和感と困りを外部講師と共有し，研修のゴールを設定した。

表2　A校の対話を核とした校内研修の主な内容

2017年度　〈目指すゴール〉「対話の授業のカリキュラム作成」
7 月　第 1 回：職員室内で起きているリアルなテーマによる対話（ 3 時間）
10月　第 2 回：ファシリテーションスキルに特化した研修（ 3 時間）
11月　第 3 回：講師による対話の授業参観・事後研究会（ 3 時間）
2018年度　〈目指すゴール〉「業務効率と教育の質の両立」
5 月　第 1 回：職員室内で起きているリアルなテーマによる対話（ 3 時間）
7 月　第 2 回：自分の判断軸を立てる（ 3 時間）
8 月　第 3 回：組織の判断軸を立てる（ 3 時間）
9 月　第 4 回：働き方を見直す（ 3 時間）

その上で，教職員の自律性・協働性を高めるプログラムの作成を行った（**表2**）。

　本稿では，対話的な学校の組織風土の構築を基盤としつつ，業務効率と教育の質の両立を視点に組織改善に取り組むA校の校内研修事例を示し，自律性と協働性を高める組織改善の方策について分析考察する。その際，5名の教員へのインタビュー調査を行い，「対話の研修の中で，印象に残っている研修」「その中で経験したこと」「『業務効率を高め，教育の質を上げ隊（たい）！』の活動について」「本校の学校改善の現状」の4項目について尋ね，校内研修事例の内実を描写する。インタビュー対象者の属性等については**表3**に示す通りである。なお，近隣の教職大学院との連携で研究者による効果検証を行っており，その成果が保田他（2020）の論文として公表されている。

表3　2019年10月～12月に実施したインタビュー対象者の属性

（年代・役職・教職経験年数・A校勤務年数・選定理由の順に表記）
D教諭（60代・教務主任・38年目・5年目・校務分掌の中心的役割を担う教員）
E教諭（30代・研究主任・18年目・6年目・校内研究の牽引役）
F教諭（30代・4年学年主任・15年目・3年目・「対話の時間」のコアメンバー）
G教諭（20代・3年担任・8年目・5年目・若手研究会のリーダー）
H教諭（20代・1年担任・3年目・3年目・A校で時間外勤務が一番多い教員）

2　対話を核とした校内研修

⑴　2017年度「対話の授業のカリキュラム作成」への取り組み

　対話のカリキュラム化に当たっては，教職員自らが真の対話を経験する必要があった。2017年度の校内研究は，学校教育目標の変更に伴い，省察的問いによる対話型授業に転換することを目的に，三つのユニット（「適切な課題設定」「協働的集団づくり」「多様な情報処理様式の活用」）からなる研究体制へ刷新した。しかし，この研究体制について，研究の概要は理解できるものの具体がみえず，何から始めてよいのかわからないことに戸惑いを感じる教職員がおり，校内研究の推進に課題を感じていた。そこで，第1回の研修では，校内研究の課題をテーマに，対立から対話により共創造するプロセスを実体験した。この研修は，各研修の実施後に記入しているリフレクションカードによると，教職員の中で一番印象に残る研修であった。そこで，第1回の研修内容を**表4**に示す。

表4　2017年度第1回の研修内容

1．講師による講義 ・議論（ディスカッション）と対話（ダイアログ）の違い ・なぜ，対話（ダイアログ）が重要視されるのか ・4つの話し合いのフィールド（儀礼的な会話，討論，共感・内省的な対話，共創造・生成的な対話）
2．全体ワークのテーマ設定 ・研修会の冒頭に講師が「今の率直な気持ちを表してください。」と投げかけた際に，「参加したくない。今すぐ帰りたい。」と発言していたB教諭の「校内研究が分からない」という声を拾い上げた。
3．議論（ディスカッション） ・講師から「校内研究について，肯定的な人と否定的な人に分かれてください。」という指示があり，若手教員のほとんどは否定側に回った。 ・否定側代表がB教諭，肯定側代表が当時の研究主任C教諭。両者がディベートを行った。
4．対話（ダイアログ） ・講師から「どちらが正しいかの勝ち負けを決めようとすると，どこまでいっても決まりません。そうではなく，ここからは共感から相互理解へと向かいます。」と声掛けがあった。 ・C教諭がB教諭に，ニーズカードと呼ばれるカードの中から，相手の感情の奥にある願いをエンパシーしながら，複数のカードを選んで渡した。 ・B教諭は，渡されたカードの中から自分の願いに合うカードを数枚選んだ。 ・今度は，B教諭がC教諭の本当に欲しかった願いをカードの中から選んで渡す，先ほどと同様のワークを行った。 ・最後は参加者全員で，共に大切にしたい願いをニーズカードから選び終了した。その時，全員で選んだニーズは，「分かち合う」「明確さ」「挑戦」「楽しみ」の4つであった。中でも「挑戦」のニーズは，校内研究に一番否定的であったB教諭が選んだものであった。

この経験を教務主任D教諭は次のように語っている。

> 人がいれば意見の対立がある。しかし，自分の思いを表現できるということが，研修の中でやれることが新しい発見であった。それと，安心感。皆が何を考えているのか不安な部分があったが，信頼関係が築けた。それによって，この文脈ならわかってもらえるだろうという感覚が持てて，仕事がやり易くなった。

　計3回の対話をベースとした校内研修により，コミュニケーションの基盤となる，教職員が何を考え，どう行動したいと願っているかというコンテクストが共有され，安心感につながったとD教諭は認識している。さらに，F教諭は，教職員間に安心感が生まれ，児童に対する指導によい影響が及んでいると認識

している。30代Ｆ教諭の，対話に取り組んだ研修成果の語りを次に示す。

> 子どもに対して，指導ではなく対話で向き合おうという教職員風土ができている。今までの学校だと，学年を超えて行う生徒指導の場面では，相手教員の出方を探りながら指導するケースが多かったが，本校では，対話的に指導するスタンスができ上がっているので対応にブレがない。安心感がある。

⑵　2018年度「業務効率と教育の質の両立」への取り組み

　校長としては，対話に取り組みはじめ１年が経過するころには，対話が日常の生活に自然に表れる学校の組織風土が構築されてきたと捉えた。しかし，2018年度の大幅な人事異動により，教職員の関係性の質に変化がみられた。教員の個性を尊重したい新着任のベテラン教員と，学年として足並みをそろえたい若手教員の間に対立関係が生じ，学年運営が立ち行かない状況が起こった。そこで，2018年度に教育委員会の新学習指導要領の実施に向けた実践研究指定である「業務効率と教育の質の両立」の取り組みを始める前に，急遽，第１回目の校内研修を実施し，教職員間の考えの違いについて対話を行った。
その上で，第２回の研修で，ありたい自分の姿を明確にするための研修を取り入れた。内容は以下の通りである。
　①現在の状況（心身の健全さ・生きがい・信頼し合える繋がり）の自己評価
　②外側の反応（起こった出来事に対する感情）から自分の内側を内省
　③メンタルモデル（意識・無意識の前提）の自覚
　④自己探求（自分を満たすニーズと仕事を通して満たしたいニーズを探る）
　ここではワークシートを活用し，「事実として起きたこと」⇒「自分にとって起きていること」⇒「どんな感情があったか」⇒「本当はどうあるべきだったのか」⇒「本当は何が欲しかったのか」の順に内省を深めるワークを行った。次に，講師から「自分が，子どもたちに『これだけは伝え遺したい』ことは何か？」の問いが発せられ，ありたい自分の姿に向けて自己探求を行った。
　第３回の研修では，目指す教職員像・子ども像の言語化に取り組んだ。
　20代Ｇ教諭は，研修を通して経験したことを次のように語っている。

> 　自分は，「自分の中にある感情を大事にしたいんだ。」ということに初め
> て気づいた。すると，学級の子どもや家族との関係がプラスの方に働くよ
> うになった。自分の気持ちや願いを大事にすることで，仕事に対しても大
> 事にしたいポイントがはっきり判断できるようになり，仕事がしやすくな
> った。

　ありたい自分の姿と学校の姿，この二つが明確になることで，教職員として
のビジョンとミッションが明確になり，志が立つ。そうすると，自ずと生き方
が変わり，それに伴って働き方が変わる。つまり，ライフとワークのバランス
が整うのである。

　次に，業務効率と教育の質の両立に向け，以下に示す第4回の研修を行った。

①今の組織の姿と今年度に自分と組織が目指す姿の確認

②目指す姿に対する課題とアイデアごとのプロジェクト化

③立ち上がったプロジェクトのスケジュール化

　研修の冒頭に筆者は，「何をやってもいい。教職員から出てきた意見はすべ
て尊重する。」という前提条件を示した。それを受けて教職員から，当たり前
を見直し，学校教育目標具現化のためにやるべきこと・やめるべきことを決め
る様々な意見が出された。そして，本研修の中で5つのプロジェクト（「評価
改善チーム」「いきいき家庭学習チーム」「やすらぎＵＰチーム」「クラブ活動
チーム」「カレッジチーム」）が立ち上がり，「業務効率を高め，教育の質を上
げ隊（たい）！」が発足した。30代F教諭は，プロジェクトの立ち上げについ
て，次のように語っている。

> 　日常，何かを決める時に思いが出てこないが，今回のプロジェクト立ち
> 上げに至る話し合いの中で，教職員が目指したいことが伝わってきた。実
> 際のプロジェクト立ち上げまでを研修の中で行えたことは，自分たちの思
> いを形にすることが許される魅力にあふれていた。

　教務主任D教諭は，次のように語っている。

> 　校長から制限なしに「自分として何を大切にしたいかを考えよう。」と
> 言われたことは経験上なかったので自己規制をかけてしまうところはあっ
> た。しかし，プロジェクトが立ち上がった時に，自分事としてすり合わせ
> ながら，失敗もあり実験的でもあり，学校を自分たちで創ろう，創れるん
> だという希望が持てた。

働き方改革は，数値削減だけを追い求めるのではなく，教職員の思いを聴くことによって，意欲と当事者意識，つまり，自律性が醸成されると認識できる。

3　研修を通じてもたらされた改善

A校の校内研修の効果をまとめると**図1**のようになる。

(1)　「対話の時間」のカリキュラム化を通じた児童の変化

2017年度に大まかな枠組みを作成し，2018年度は対話経験年数の枠組みによるカリキュラムを作成した。「対話の時間」を通じた学びについて児童は，「意見が対立することについて，前向きに捉えられるようになった。」「授業中の話し合いの中で，相手が本当に伝えたいことが何なのかを聴こうと

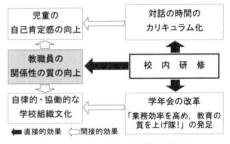

図1　A校の校内研修の効果

するようになった。」「教室の中で否定されることがなくなったので，自分はこれでいいんだと思えるようになってきた。」と振り返っている。

また，全国学力・学習状況調査の児童質問紙「自分にはよいところがあると思いますか」の質問項目において，「自分によいところがある」と答えている児童は，2017年度が38％，また，過去5年間でも全国平均並みの数値であった。しかし，2018年度は74％と全国平均を約32ポイント上回る結果となった。全校児童の傾向を知るため，学校評価に同様の項目を新たに設定した。その結果，約70％の児童が肯定的な回答をしていた。

「対話の時間」のカリキュラムを通じて，児童の関係の質の高まりが安全・安心な学習環境を醸成し，結果，児童の自己肯定感が高まったと考えられる。

(2)　教職員の関係性の質の変化

2018年5月に「職員室内で起きているリアルなテーマ」による対話の研修を行っている。この研修は，当初予定になかった研修であり，校長としては実施すべきかどうか，ギリギリまで思案していた。しかし，一部の教職員から，「今，職員室で起きていることをみんなで対話したい。」との声があがり，急遽，研

修を追加することになった。この研修についてF教諭は次のように語っている。

> 2018年5月の研修は，当事者として葛藤した。職員全員の場でさらけ出すこととなったが，そうでなければ，一人で動いて一人でもやもやしていた。
> うまく行っていないことを出せただけで，自分が苦しんでいることをわかってもらえた安心感があった。昨年の対話の経験があるので，出してもいけるという信頼と関係性があったから出せたと思う。

また，教務主任D教諭はこの研修のことを次のように振り返っている。

> 一番心に残った研修である。あの研修で，みんなの場で自然に言えた先生は幸せだと思った。前向きに学校運営に取り組めるきっかけとなったと思う。

F教諭の語りから，これまでは，うまくいかないことがあっても，自分の困りや苦しみを周りの教職員には出せずにいた。しかし，対話の研修を経験することで教職員間に信頼関係が生まれ，マイナスの部分を全員の場で出しても受け止めてもらえると思える関係性に変化した。そして，D教諭の語りから，自分の思いを自然に言える教職員の関係性が構築されたと理解できる。

⑶　学校組織文化の変化

2018年度は，働き方改革とカリキュラム・マネジメントを連動させた「業務効率を高め，教育の質を上げ隊（たい）！」が発足するとともに，一堂に会する会議や研修を削減した。その一方で，形骸化していた学年会を，子どもたちの課題を解決するチームにするために，**図2**の対話型マネジメント

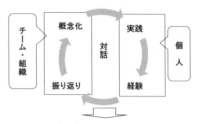

新たな未来の実現【どんな学校を作り出したいのか】

図2　対話型マネジメントサイクル

サイクルによる学年会改革を図った。この学年会改革について研究主任E教諭は次のように語っている。

やはり学年会が鍵になる。学年会で日々の授業，子どものことについて話をするという経験が大切。日々の授業で「対話の時間」の体験のよさがどうつながっていくか。学年会を，教師が変わる場にすることが大切。

しかし，課題もみられる。採用2年目のH教諭は次のように語っている。

　対話とセットが大事。新たなことを始めると，できないこと，うまく行かないことが当然出てくる。うまく行ってない部分を出す。負担やどうしようという話が出てきたら，アイデアが出し合える。「助けて」が言えることがベース。

また，研究主任E教諭は，プロジェクト推進について次のように語っている。

　難しい。今は毎日の授業のことで手一杯。しっかりやれていないあせりから，全部に手を出してしまう。でも，学年会がある分，見通せるので仕事はやりやすい。準備がしっかりできる時は授業がうまく行くし，気持ちも楽。

そこで，うまくいっていないプロジェクトの改善に向け，ここでも学年会を活用し，実践や経験を複数人で振り返り，アイデアを出し合うこととした。この学年会について，20代G教諭は，次のように語っている。

　研究もわからないし，何がわからないかもわからないけど，とにかくやってみる。相談したり，わからないことをしゃべったり，という環境がいい。

また，30代F教諭は次のように語っている。

　やりたいことがやれる幸せがある。また，余計な会議に時間を忙殺されることがない。行事を一本化し，やることが減った。カリキュラム・マネジメントとしての働き方改革である。

　E教諭やH教諭の語りから，学年会が子どものことについて話をする場や見通しを持つ場に改革されている。このことから，実践を振り返り，次の実践につなげる省察的な学校組織文化に変化していることがわかる。さらに，G教諭やF教諭の語りから，学年会の中でわからないことをしゃべったり，アイデアを出し合ったりする経験が，挑戦的な学校組織文化を醸成していることがわかる。

4　考察と課題

A校では，対話によりコミュニケーションを改善する校内研修を開発し，自律性と協働性を高める組織改善に取り組んできた。それが，上述の教職員の関係性の変化や学校組織文化の変化をもたらしたと考える。

まず，自律性の面から考察する。Ｆ教諭は，「業務効率を高め，教育の質を上げ隊（たい）！」の活動について，「自分たちの思いを形にすることが許される魅力にあふれていた。」と語っている。この活動を通した，ありたい姿への貢献という大きな充足体験が教職員の自律性を高めたと考えられる。そして，保田他（2020）が，「研修は，教員自身に安心や前向きさ，自己肯定感を与え」と述べるように，「自分は自分でいいんだ」とする安心感も醸成されたと言える。しかし，焦りからいろいろなことに手を出してしまい，余裕のない若年教員もいる。保田他（2020）は，「職員室の雰囲気を『あたたかい』と述べる教員がいる一方で，職員室の雰囲気を『あまり落ち着かない場所』と述べる教員もいた。」と指摘している。焦りを抱えている若年教員にとっては，職員室という空間が，「自分は自分でいいんだ」とする，安心できる場ではないのかもしれない。ゆえに，学年会が深い省察と思いや考えを共有する場になり得ていないのではないだろうか。Ｇ教諭は，「ミドルには気づく力（しんどくないか，困っていないか）や見極める力が必要である。」と述べている。誰しも，若手時代は自分の思いが出せずに悶々とすることがある。その思いを察して言語化・行動化に導くことも，研修で獲得した安心や前向きさ，自己肯定感を継続させる手段であろう。

次に，協働性の面から考察する。Ｄ教諭が「失敗もあり実験的でもあり，学校を自分たちで創ろう，創れるんだという希望がもてた。」と語っているように，今回のプロジェクトを推進する上では，多くの困難に直面した。その度に，研修で培った対話力を基盤に，方法の効率化や，より児童に合った教育課程へ改善を積み重ねた。さらに，自分たちはどうしたいのかを考え，知恵を出し合いながらプロジェクトを実際に推進していくことができた。保田他（2020）が，研修は「教員間の他者理解を促進し，受容的な人間関係を形成することに寄与した。」と述べているように，一人の教員の力量に左右されることなく，互いに補完し合いながらプロジェクトを推進した経験が，教職員の協働性の高まりに大きく寄与したといえる。もっとも，保田他（2020）が，「自己肯定感の高

まりから個業の容認に流れてしまう場合があると考えられる。」と指摘しているように，協働性を高めるには，実践を自己完結するのではなく，複数人で省察する機会を意図的に仕掛けなければならないと考えている。

　以上で指摘した課題を解決するためには，学年会の機能化による組織改善が重要である。とりわけ，学年会運営の中心を成すミドルの役割を見直す必要がある。橋渡し役としてつなぐ働きや，小さなことでも実践し振り返る機会をミドルが支援することで，若年教員が思いや考えを共有しやすい雰囲気を醸成できる。このような学年会に改革するためには，ファシリテーションスキルが求められる。2018年度に学年運営が立ち行かなくなった状況も見られたように，人事異動による影響で研修が行き届かないミドルについても研修を行き届かせる必要がある。今後は，対話を促進させるためのファシリテーションスキルの向上に特化した研修を企画することが課題であると考えている。

［引用文献］
・小田理一郎『「学習する組織」入門』英治出版，2017年。
・ピーター・M・センゲ，枝廣淳子他訳『学習する組織』英治出版，2011年。
・保田直美他「外部講師によるファシリテーション研修が教員に及ぼす効果の分析：A小学校との共同研究を通して」『京都教育大学大学院連合教職実践研究科年報』第9号，2020年，13-28頁。
・吉村春美・木村充・中原淳「校長のリーダーシップが自律的学校経営に与える影響過程—ソーシャル・キャピタルの媒介効果に着目して—」『日本教育経営学会紀要』第56号，2014年，52-67頁。

Organizational Reform for Improving the Autonomy and Collaboration of Teachers and Staff in Primary Schools: Development of In-School Training Focusing on Improvement of Communication through Dialogue

Junko ICHIMURA (Aoi Primary School in Kyoto City)

Independent and autonomous school management is the need of the hour in educational reform in order to solve complex and diverse educational issues. This paper proposes ways to transform the organization by enhancing the quality of communication, thereby increasing the autonomy and collaboration of both teachers and staff. In order to achieve this, the author discusses the in-school training that he undertook as the principal of Primary School A.

The author embarked upon the organizational reform of Primary School A by developing an in-school training program aimed at improving communication through dialogue. The first step to imbibing dialogue was the creation of our own module called "Dialogue Time." He realized that to develop this module, it was necessary for the teachers and staff to experience real dialogue themselves. Therefore, he developed an in-school training program to enhance autonomy and collaboration, focusing on the process of mutually resolving everyday conflicts through dialogue.

This program helped the teachers and staff to share their thoughts and ideas, strengthening mutual communication and leading to a sense of security. It also helped build better relationships between the teachers and staff, as they were able to express their thoughts freely. This led to changes in the relationship between the teachers and staff as well as the organizational culture of the school and helped increase autonomy and collaboration.

In order to continue this progress going forward, it is important to reform the organization by making the annual meetings more functional. To achieve this, training courses dedicated to developing dialogue facilitation skills are supposedly necessary.

シンポジウム

ウイズコロナ，ポストコロナの教育経営

ウイズコロナ，ポストコロナの教育経営
課題設定の理由

ウイズコロナ，ポストコロナの時代に向けて教育経営に関わる「知」の在り方が問われている。パンデミックに「知」をもってどのように立ち向かうか。

2020年，新型コロナウイルス感染症の拡大にともない，これまでとは異なる環境のもとで未知の体験を迫られることになった。その過程で認識を迫られることになった一つに，このたびのコロナウイルスが人々の生命に危機をもたらすのみならず，システムやマネジメントの劣化や機能不全を引き起こし，社会の分断や崩壊をもたらしかねない“毒性”を有していることであった。

一体，新型コロナウイルスの感染が拡大するなかで学校及び教育をめぐるシステムに何があったのか。また，これから何が起ころうとしているのか。ほぼ一年が経過するこの時点で，これまでの経過をとらえ，事のあり様を突き詰めつつ，いかに次に向き合っていくかが求められている。

千葉県の場合，事の始まりは次の通りである。2020（令和2）年2月21日(金)千葉市内の中学校教員の感染が判明。同夜，当該校の生徒などに向けて外出の自粛，土曜及び連休の3日間をはさむ25日(火)・26日(水)の休校が伝えられた。千葉県の教育関係者にとってコロナ感染が身近に迫ってきたことを実感させる一幕であった。

続いて，東京都に隣接する市川市において，2月25日(火)，県内で感染者のうち3人が市内スポーツジムの利用者であったことが，さらに，同施設を市内学校の教職員4名が利用していたことが明らかとなり，市内の小中学校などすべてを2月28日から3月12日まで臨時休業とするとして，27日(木)午前，村越祐民市長より公表された。

これは，同日夕刻，安倍首相（当時）による，「全国一律」の小・中・高等学校及び特別支援学校などの一斉休校の要請に先立つ動きであった。

その後，国の動きは，7都道府県への緊急事態宣言の発令（4月7日），さらに，対象地域を全国に拡大（4月16日）することになり，これにともない学校も休校の延長を余儀なくされた。その後，全面解除（5月27日）に至るもの

の，地域によっては学校再開が６月下旬にまでずれ込むところもあり，子ども達も長期にわたって自粛生活を求められることになった。

この間，「学びの保障」及び感染症拡大の防止の観点から，文部科学省からも様々な通知や事務連絡などが発出されている。たとえば，５月15日，「新型コロナウイルス感染症の影響を踏まえた学校教育活動等の実施における『学びの保障』の方向性等について（通知）」，６月５日，「新型コロナウイルス感染症に対応した持続的な学校運営のためのガイドライン及び新型コロナウイルス感染症対策に伴う児童生徒の『学びの保障』総合対策パッケージについて（通知）」などをはじめ，「学校における新型コロナウイルス感染症に関する衛生管理マニュアル〜『学校の新しい生活様式』〜」は改訂をたびたび重ねている。

様々な事柄が錯綜する混乱した状況において，全体像がみえないなかで，それぞれの部署や組織が動き出す。そんな状況ではなかったか。情報が十分に整理されないまま対処を余儀なくされた学校現場も厳しい状況に置かれた。

国からの情報を重点化した教育委員会がある一方，そのまま学校に伝えるなど，それぞれ地域なりのやり方で危機に対応しており，学校の足並みを揃えるにあたって校長会が大きな役割を果たしたところもあった。

このような状況のもとに，学校は，休校の長期化にともない学習保障をめぐって試行錯誤を繰り広げることになった。千葉大学教育学部附属小学校もその一つであり，同校はＩＣＴの利用に活路を求めてオンラインによる授業と学習を成り立たせる取り組みを進めた。それは，オンラインと対面のハイブリッドによる「令和時代のスタンダード」の授業を拓く動きとしてとらえられる。

いずれにしても，コロナ感染症によって，不確実のなかでの意思決定を組織に，そして，リーダーをはじめとする人々に迫ることになった。これら動きについて，教育経営を研究する立場から，また，実践する立場から，何が読み取れ，何が言えるのか。さらに，感染拡大防止と諸々の社会的活動の両立が問われるなかにあって，これからの教育に関わるシステムやマネジメントはどうあるのか。ウイズコロナ，ポストコロナの時代における教育経営をめぐり，その在り方を探りビジョンを描くことが本シンポジウムのねらいである。

なお，本シンポジウムはオンラインによるものであり，本学会にとって初めての試みである。何がどこまででき，課題として何が残るのか。そもそも討論は成り立つか。問題意識の共有や理解が進むか。そんな場と空間を創り出すことをめざしてなされる試行錯誤も本シンポジウムをめぐる課題である。

ウイズ・ポストコロナ時代の
新たな学校づくり

市川市教育委員会教育長　田　中　庸　惠

1　市川市教委（学校）の危機管理対応について

⑴　3月から5月末までの臨時休業期間は，文科省からの各種通知を踏まえ，学校と児童生徒，家庭をいかに繋ぐかということを考えた。そのツールの一つとして，学校からの動画配信の提案・支援を行い，併せて，「日課表」や教科書に準拠した「学びのシート」を作成し，各学校に配信した。これからの学びの質を上げるには，ＩＣＴ活用は避けられない。また，コロナ禍において自学力の育成がいかに大切であるかを痛感した。

⑵　6月から9月末までは，市・ガイドラインを示し，感染拡大がないと判断できた段階で，学校再開という方針の下，学校教育活動を進めた。コロナ感染拡大について，正しく恐れ，画一的な臨時休業措置は極力避けた。

⑶　10月から年度末までは，取組における学校格差や保護者から不安感が生じないように，管理職，教職員との共通理解，保護者への丁寧な説明等に努め，周知徹底を図った。また，ストレスからくる児童生徒の諸問題への対応については学校体制の強化を促すとともに，学校運営協議会を活用した地域との危機意識の高揚と共有を継続的に行った。今後はコロナの第4波などを想定し，また，働き方改革の視点も踏まえ，学校教育におけるデジタル化の推進，行事の精選，人的支援（予算）等を通して，児童生徒への効果的な学習提供や教職員の時短を図っての業務改善を目指したい。

2　学びの継続について（市教委として）

⑴　学びの保障の考え方は，授業時数の確保に留まらず，日課表や年間指導計画の工夫，自学力の育成，休校により学習の遅れが見られる児童生徒への対応など，様々な方法により継続的な学びを保障することである。

⑵　年間指導計画について，内容の精選を図り，10時間扱いの単元を8時間で行えるように焦点化し，教科書の内容に軽重をつけ，授業を進め，児童生徒

自らが学びを計画し，実践できる「自ら学ぶ力」の育成に努めた。

3　教育委員会と学校・家庭を繋ぐものとして

⑴　校長会の存在が大きかった。常に，連携・協力・情報共有を図った。

⑵　学びの保障については，様々な方策を組み合わせて総合的に学力を育成するという方針を「学びの保障総合プラン（カリキュラム・マネジメント）」として学校現場や家庭に示した。

4　新学習指導要領の実現に向けて

⑴　教科書の中身はデジタルコンテンツが教えることになる。教師の役割は，子供の学びの道筋を見出したり，意欲を伸ばしたりすることにより，子供の学びをコーディネートすることである。

⑵　新学習指導要領においては，子供たちが「何ができるようになるか」（育成を目指す資質・能力）を十分に意識した上で，「何を学ぶか」（指導すべき内容）を明確化し，様々な状況を勘案し「どのように学ぶか」（指導方法）を検討して，学習内容の重点化を図っていくことが大切になる。

　また，学校運営協議会との連携・協働を図ることも大事である。

5　コロナ禍における成果と課題について

⑴　成　果

　①　オンライン学習が通常の学習に取って代わることはできないが，コロナ禍でのオンライン授業の経験を活かし，併せて，自宅で学習できるシステムは，不登校や病気療養の子供たちの教育の可能性を広げた。

　②　課題と表裏一体の関係になるが，これまで培ってきたＩＣＴ機器の活用や授業研究などが教育環境の構築に少なからず役立った。

　③　濃厚接触者となった教員が自宅から授業を配信した。

⑵　課　題

　①　家庭のＩＣＴ環境は十分とは言えず，情報連携が難しかった。

　②　教育委員会や学校など，それぞれの立場で，どのように情報の重点化が図られていたのかを検証していくことが不十分であった。

　③　アナログをどう捉え，デジタルとどう融合させるか。

　④　コロナの影響により希薄になった人間関係の再構築が求められる。

「オンライン学習」に取り組んで見えた 新しい学習様式への可能性

千葉大学教育学部附属小学校　大　木　　圭

1　「全国一斉休校要請」にオンライン学習で即応 することができた理由

⑴　経営資源の充実を図ってきた4年間

① 寄附金控除制度の導入―カネ

国立大学は独法化して以降，運営費交付金が年1％ずつ減額されていること に伴い，本校への校費も年々削減されている。それに加え，児童数の減少も重 なり，寄附金も目減りしている現状があった。そのため，大学にかけ合い，寄 附金控除の制度を導入して，一定の財源を確保できるようになった。

② 全教室にプロジェクター等の設置―モノ

学校におけるＩＣＴ環境整備の水準が国で定められていたが，数台のプロジ ェクターを奪い合うように共用しているような有様であった。そのため，ほと んどの保護者が出席したＰＴＡ総会において，学習指導要領の改訂について説 明し，各教室にプロジェクターを常設することができた。

③ ＩＣＴ教育の準専科教員の配置―ヒト

本校は，理科・音楽・図工・家庭科をはじめとして専科教員を6名配置して おり，当該教科については専科教員が授業を行っている。ＩＣＴ教育について は，教科等横断的なカリキュラムを実現させるため，弾力的なチームティーチ ングが行えるように準専科教員として1名のＩＣＴ担当教員を配置した。

⑵　「いじめ認知システム」の確立など生徒指導体制の充実

① 本校の「いじめ認知システム」による報告・連絡・相談がしやすい環境

本校では，3年前から，いじめ防止対策推進法のいじめの定義に基づき，毎 日，担任等が当該学年の集約担当の教員（低・中・高学年）に報告し，対応に ついて仮判断することになっている。若手教員の多い本校にとっては，保護者 への対応も含めて，報告だけでなく相談の場にもなっている。

②　別室登校をしていた児童が Teams の利用で授業に参加するという経験

　令和元年度は，教室に入ることが難しく，別室登校を余儀なくされる児童が3名いた。この児童の学習を保障する方策の一つとして，後に本校のオンライン学習の柱となる Teams を活用して授業への参加または参観をさせたところ，実際に教室に入るよりも心理的負担を軽減することができた。

⑶　ＰＴＡ活動のＩＣＴ化の推進

　ＰＴＡ役員の任期は一年間であり，引き継がれた仕事をこなすだけで精一杯という状況であったが，あまりにも旧態依然の方法が実情に合わないため，役員を中心にＰＴＡ活動をＩＣＴ化すべく準備を進めてきていた。

2　ポストコロナ時代の学校像―「オンライン通学」

　まだコロナの収束の兆しも見えない中ではあるが，このような状況だからこそ，ポストコロナ時代の新しい学校像を想定した試みを行っていく必要がある。

　本校では休校期間中にオンライン学習に取り組んだ経験を踏まえ，夏休み期間中に「オンライン通学」という新たな通学方法を試行した。これにより，従来の夏休み期間のうち2週間，児童は，熱中症のリスクを避け家庭に居ながらにして学習を進めることができた。この「オンライン通学」という通学方法は，単に児童の学習を保障したというだけでなく，ビフォーコロナ期からのいくつかの日本の教育課題を克服する方法としても意味があると考えている。

　特筆すべき利点は，教員の働き方改革に資する試みであるという点である。約40日間の夏休みのうち，6日間をオンライン通学期間とするだけで，毎日6時間授業としていた時間割を少なくとも週3日間は5時間授業に削減することができる。これにより，児童の下校時刻が早まり，教員の会議や授業準備等の時間が，勤務時間内で日常的に確保されるようになる。

　ＧＩＧＡスクール構想の実現に向けてタブレット端末が児童一人一人に行き渡る令和3年度からの教育計画については，「オンライン通学」を組み込んだ形で検討している。各教科の年間指導計画においては，「オンラインでも可能な内容」と「対面指導でなければならない内容」とを峻別し，いつコロナ等により休校措置が取られても対応できるように準備を進めている。こうした取組についての詳細は，『オンライン学習でできること，できないこと～新しい学習様式への挑戦』（明治図書，2020年）に詳しい。ご高覧頂ければ幸甚である。

ポスト／ウイズコロナの教育経営は どうなっていくのか ―公立学校の事例研究から考える―

筑波大学 佐 藤 博 志

1 報告の目的と方法

　コロナ禍という大きな文脈の変化を前に，教育経営学，学校経営学の立場からどのような研究の視点が考えられるだろうか。本報告の目的は，コロナ禍という危機の文脈において，学校の課題解決過程の観点から，校長がどのように組織運営を行い，どのようなリーダーシップを発揮しているのかを明らかにすることである。報告者が調査のために訪問した学校は6校である。6校で校長への聞き取り調査を行った。そのうちの1校には継続して訪問した。この報告では，この1校を含む，2校の学校経営に関して主に扱う。

　本報告の特徴は，コロナ禍の影響だけに焦点を当てたわけではなく，コロナ禍の前（プレコロナ），コロナ禍（ウイズコロナ），コロナ禍の後（ポストコロナ）を視野に入れている点にある。コロナ禍の有無や程度にかかわらず，学校の組織運営は持続する必要がある。その理由は，児童生徒の発達が連続的な営みであることに他ならない。もちろん時期を区分して見えてくることもある。だが，同時に，いわゆるSDGsを参考にしつつ，持続可能な学校経営，教育経営のプロセス（葛藤や課題解決のプロセス）を考察することが報告者の関心である。このような枠組みによって，コロナ禍を大きな文脈の一つとして捉え，GIGAスクール構想も大きな政策的文脈の一つと捉えて分析を進めることができる。以下の事例研究については校長への聞き取りの結果に基づいて記述した。

2 事例研究①―A小学校

　A小学校は，児童数約500名である。授業研究が熱心に行われている。児童生徒への意識調査では学校への評価は高く，地域住民は協力的である。校長は初任で2019年度に着任した。校長は，リーダーとして，共に協力すること，いろいろな意見を聞くこと，教職員を育てることを心がけている。コロナ禍以前から，児童が課題を持って解決できるような授業を推進していた。一方で，働

126　　　　　　　　　　　　　　　　　　　　　　日本教育経営学会紀要第63号・2021年

き方改革も進めている。保護者との関係づくりにも取り組んでいる。

　２月27日の首相の一斉休校の要請を受けて，臨時で学年主任を集めて対応を協議した。校長は，各クラスで児童にしっかりメッセージを伝えてほしいと言った。「これで終わりではない。再会がある」と。３から５月は紙媒体の課題を出した。保護者が提出と受け取りに学校に来るかたちにした。４月中旬から分散勤務になり，３日に１回の勤務ローテーションとなった。５月は教育委員会のオンライン授業が行われた。そのコンテンツづくりのため，４月は教員が熱心に取り組んだ。

　６月に２週間，午前組，午後組（それぞれ３コマ）に各学級をグルーピングして，分散登校を行った。午後組の児童は午前中に昼過ぎの登校を待たなければならないため，きつかった。クラスの半分の子どもにしか会えない。教員は二度同じ授業をするため大変であった。分散登校以降，通常の授業でやっと落ち着いてくる。ただし，運動会は，保護者の参観を遠慮してもらうことになった。また，密になる競技は種目から外した。しかし，今でも，保護者に運動会を見てもらえていたらと思っている。

　今後は，GIGA スクール構想があるため，ＩＣＴの活用を進めなければならない。紙の良さもあるため，うまく両方適切に使いこなしていく。これからベストミックスをつくっていく決意である。コロナ禍において，校長の自律性が問われる。行事等をめぐって苦しい思いもしたが，決断したらぶれたくないと考えている。

　これからの学校像について，学校はこれからデジタル化や社会変化の中で変わる部分があるだろう。でも，同時に，人と人が集まって，学べることや体験できることがある。けんかや悩みから学び，成長することもある。それがゼロになったら，問題があると思うと考えている。

3　事例研究②―Ｃ中学校

　Ｃ中学校は生徒数約400名である。授業研究が盛んである。地域住民は協力的であり，保護者は教育熱心である。校長は2019年度に着任した。校長としての経験は９年間であり，小学校長の経験もある。校長は，まず教員には「子どもは親の宝」であることを理解してほしいと考えている。直接生徒に接しているのは教員であるため，教員の考えをとても大切にしている。教員に任せる一方で，自分が責任をとると明言しており，行動にも表している。教員を伸ばす

ことを心掛け，研修の機会を設定し，学校外から指導者を呼んでいる。コロナ禍以前には，もっと学力が伸びると考えつつ，生徒に考えさせる授業を推進した。働き方改革も進めていた。

　3月，4月は紙媒体の宿題を出した。生徒には担任が電話をした。教員は4月から分散勤務があった。4月はオンライン学習のコンテンツをつくった。オンライン学習は5月に行ったが，保護者が大変だったと推測する。学校だよりや集会で，生徒には「後悔しないように」というメッセージを伝えた。休校中に教員が廊下の壁をきれいにするために，ペンキ塗りを始めた。最初は1人だったが，どんどん協力する教員が増えてきれいになった。休校明けに生徒はおどろいていた。

　分散登校以降，通常の授業になっても，教育課程の実施を重視した。朝読書も中止した。安全面の配慮から運動会は中止した。行事をそのまま残しても，時間に追われて，教員も生徒も成果が上がらないのではないかと考えた。8月中旬の夏休み明けの2学期の最初の4日間は4時間授業に工夫した。これは，生徒がステップを踏んで，2学期をスタートできるようにしたためである。修学旅行は3月に時期を変更した。ただし，今は，3密を回避する必要があるため，アクティブラーニングが難しい。そこに懸念がある。

　これからの学校像について，もし，また休校措置があったら，オンラインで教育しないといけない。その覚悟はできたので，備えが必要である。時間割の在り方や一斉授業など，学校の基本的な仕組みを再検討する必要もある。一方で，ＩＣＴですべてを行うことは望ましくなく，人と人との実際（対面）での関り合いが教育においては大事であると考えている。

4　まとめ

　コロナ禍においては，校長の自律的判断が求められた。葛藤を持ちながらも，学校経営の責任者として，校長は判断を行い，リーダーシップを発揮している。ウィズコロナの時代の教育委員会と学校の経験をどのようにふまえて，ポストコロナの学校教育を切り拓いていくか。持続可能性，イノベーション，公正がキーワードになるだろう。

［謝辞］
　本報告は，国立大学法人筑波大学「新型コロナウイルス緊急対策のための大学『知』活用プログラム」の助成を受けたものである。

教育経営の実践と研究は
何を問われているのか

同志社女子大学　水　本　徳　明

1　「新型コロナウイルス感染症」という事態の性質

　今回の事態は確率論的な予測のできないナイト的不確実性から，データの蓄積・分析が進行してリスクの確率的予測が徐々に形成されるプロセスであったが，その見通しは未確立であり，人々の肌感覚と乖離しているので不安が増大し，政策は場当たり的になった（西田 2020，一般財団法人アジア・パシフィック・イニシアティブ 2020）。日本の感染症対策では罰則をもって外出や営業を強制的に制限する制度になっていない（休業補償を政府に強制する仕組みもない）。その背景には私権制限に対する国民の警戒感があり，今回も各方面からそれが表明された。国や都道府県は緊急事態宣言のない状態で法的根拠の曖昧な要請を繰り返した。新型インフルエンザ等対策特別措置法は，「国民が要請や指示に応じない事態は基本的に想定していない」（一般財団法人アジア・パシフィック・イニシアティブ 2020：430頁）。そのため，政府は国民に対する要請やお願いという教育的対策をとることになった。国民は概ねそれに応じる行動をとり，「自粛警察」と呼ばれるような強い同調圧力が示される場面も生じた。社会全体があたかも学校であるかのような様相を呈した。

　この感染症は身体面でのリスクだけでなく，経済や教育，福祉など多面的なリスクをもたらし，しかもその配分が年齢的，身体的，地理的，社会階層的に不均等である。社会システムの作動停止によって，人々は生活世界と向き合うこととなった。そこで，生活世界がやせ細り，それを支えるケアのシステムが脆弱であることに気づくこととなった。

2　何が問われているのか

　第一に学校の機能が問われた。まず，学校教育の成果，とりわけ情報リテラシーと科学的リテラシーが問われた。臨時休校，特別定額給付金，マスクの配布，9月入学制などのように，ナイト的な不確実性下では意思決定がアイディ

アに依存する度合いが高くなるが（Blyth 2002：32頁），総合的な観点からその合理性を判断する政策的リテラシーが問われる。行動変容については，合理的な行動変容と過度の同調圧力の双方について，学校教育の関わりが問われる。次に，生活世界の貧困は家庭や地域が子どものケアの場として十分機能しない（子どもの居場所がない）ことを意味する。生活世界を豊かにすることよりも，価値を生み出す機能システムの高度化に邁進してきたつけである。その結果，学校へのケアの期待（依存）の高さが浮き彫りになった。生活世界の貧困の裏面は，学校化である。「自分の居場所わからない……私は本当に大学生？」（東洋経済 online，2020/12/9）という大学生には同情するが，問われなければならないのは，子どもや若者が生徒や学生以外のアイデンティティと学校以外の居場所や人間関係を持てないようにした学校化の現実である。また，学習保障として追求されたのは授業時数の確保や学習指導要領内容の履修であった。そこには二つの問題がある。形式的な学習保障によってリスクの不均等な配分を背景とする不公正が見えなくなったことと，教科書的な学習保障に専念することによって現在進行しているこの事態についての，またはこの事態を通しての学習が疎かになったことである。学力不安は，教育が人生の初期に集中しており，そこでの失敗の取り返しが難しいことの裏返しである。

　第二に，ナイト的不確実性に直面したときのアイディア形成と具体的なリスクの実態を背景とする意思決定に関する，自治体や学校，教職の自律性が問われた。政府の対策会議などにおいて研究の自律性も問われた。

　第三に，自治体，学校，教職それぞれにおける意思決定の共同性，具体的には教育委員会議，学校運営協議会・職員会議・児童会・生徒会，専門職団体（校長会など）などの実質的な意思形成・決定過程の質が問われた。

　第四に，システムの組織力を高めることが必要になったが，行政の縦割り性や学校の個業性がシステムの組織力の向上を阻害した。教育委員会の各部署から学校にもたらされる指示や情報の不整合がある場合には，管理職は教職員に，教職員は児童生徒や保護者に，そのつじつまを合わせる苦労を強いられることとなった。インフォーマルな活動に依拠して維持してきた協働性は限界を露呈した。他方，新たな課題に直面してアイディアを出し合ったり，学年単位で工夫をしたり，様々な相談をしたりする機会が増え，協働性が高まった学校や，会議での発言が建設的になり教職員の協働意識が高まった学校もある。

　第五に，公教育費の水準の低さとそれを背景とする教職員の不足やＩＣＴ環

境の整備不足は，休校期間中の学習保障や再開後の感染予防に支障を来し，教職員の多忙をもたらした。資源の質としては，自律的な意思決定を可能にする教育委員会や学校，専門職団体のアイディア形成能力と研究能力が問われた。

　第六に，以上の過程で，各主体の位置が問われた。社会過程からの子どもの疎外が露わになり，子どもの教育の権利主体としての保護者の位置（民法第820条）と学校の自律的意思決定を支える教職の専門職性が問われてもいる。

3　これからの教育経営の実践と研究

　学校をケアのシステムとして再構築し，量的，質的にそれに見合った資源を投入することが課題になる（学級編制基準引き下げによる定数改善は得策ではない）。学校教育を「社会的共通資本」（宇沢 1994）とし，単に学習者としてではなく社会の構成員として子どもを位置づけることが求められる。自治体や学校の研究能力と科学的リテラシー，自律的共同的なアイディア形成と意思決定能力の向上，そしてそれを支援する研究が一層求められる。

　これを機に学校化という問題に実践的，研究的に改めて向き合うことが必要である。社会的・空間的に子どもを解放することと，リカレント教育を充実させて必要な時に必要なことを学べるように，教育を生涯にわたって拡散させることが重要である。子どもたちに任せると予想以上の能力と意欲を発揮する経験もある。それは，子どもカテゴリを更新する契機になるだろう。

　また，進行している事態についての情報を集め，記録し，そこから学ぶことが必要である。今後に備えるためだけでなく，この経験をした世代を単に学校での学習に困難を来した世代としてではなく，この経験をしたからこそ成長できた世代として育てるためでもある。さらに，行政の法律主義という大前提を再構築すべきである。日本学術会議の会員任命をめぐる問題も同根である。

［文献］

- Blyth, M. 2002 *Great Transformations: Economic Ideas and Institutional Change in the Twentieth Century,* Cambridge University Press
- 一般財団法人アジア・パシフィック・イニシアティブ『新型コロナ対応民間臨時調査会　調査・検証報告書』ディスカバー・トゥエンティワン，2020年。
- 西田亮介『コロナ危機の社会学』朝日新聞出版，2020年。
- 宇沢弘文『社会的共通資本と社会的費用（著作集 1）』岩波書店，1994年。

新型コロナウイルス感染症の
教育経営研究・実践への示唆

鳴門教育大学　佐　古　秀　一

1　学校の教育機能への問い直し

　2020年1月に発生した新型コロナウイルスは，瞬く間に全世界に拡大し，わが国の学校教育にも大きな影響を及ぼした。

　感染拡大への対応（コロナを止める）と学校における機能の維持（学びを止めない）という両立困難な要請の中で，各教育委員会・学校はそれぞれの地域の状況や学校の個別事情をふまえながら厳しい対応を迫られた。一つの方向性が，いわゆるSociety5.0を先取りした形での教育のICT活用（遠隔授業等）であった。

　子どもが学校に集って共に学ぶという学校の当たり前が消失したことにより，学校がそれまで担っていた教育機能の主要な側面が顕在化したといえる。一つは，教科等の学習が担っていた狭義の教育機能，二つには子どもの居場所を確保するという福祉的機能，第三には，子どものつながり（社会的関係）を創出し維持する社会的機能，である。学校という場における教育の遂行が困難となることで，学校が担っていた福祉的機能や社会的機能の非代替性が浮かび上がった。また社会がそれらに大きく依存している姿が改めて浮かび上がった。今回の新型コロナウイルス感染症は，水本会員が言及したように，Society5.0時代において学校が担うべき機能を再度検討し，学校の概念をどう構築すべきかを捉え直す契機であると位置づけることができる。

2　教育経営の実態と要因の解明

　学校の当たり前が通用しなくなった状況で，各教育委員会や学校は，おそらく二つの指向性の中で意思決定を迫られたと考えられる。一つは個々の状況に応じて事態を判断し，なすべきことを決めるという主体的な判断の必要性であり，もう一つは経験のない事態の下であるが故に強まったと考えられる画一性や同調性への指向である。画一性や同調性への指向は，単に感染防止策の徹底

という側面だけでなく，コロナ下においてどのような教育活動を展開するかという教育面での意思決定にも作用していたと考えられる。つまりこれは外的な指示や要請への依存としてだけでなく，教育組織として求められる主体的・個別的な意思決定に関わる領域においても高まっていたと考えられる。同調性や画一性への指向が高まる中で，教育委員会や学校がそれぞれの環境や状況に即して主体的な判断をなし得るとすれば，それを可能にした条件や要因は何であったのか？ 今回の新型コロナウイルスに対する教育組織の対応や意思決定は，依存性の高まりの中で主体性を担保しうる要因や条件は何かを探る契機ととらえることができるのではないだろうか。

3　フェーズフリーの観点からの教育経営の探求

今回のシンポジウムでは，田中先生，大木先生から教育委員会ならびに学校の対応として示唆的な事例が報告された。それらの対応で注目されるのは，新型コロナウイルス感染症の影響に対する対応を改めて構築するという側面だけでなく，それ以前の，すなわち教育委員会や学校の日常的な組織体制や活動が，新型コロナウイルス感染症に対する学校の対応に大きく影響を及ぼしているという点である。例えば大木先生の報告の中には，学校が先行的に整備したＩＣＴ環境やその使用実績が遠隔授業や保護者への連絡に大きく寄与したことが報告されているし，生徒指導のために整備していた（情報）集約担当教員が，教職員の情報共有や意思決定に大きく貢献したことが報告されている。田中先生の報告の中には，地区の校長会が情報共有において効果的に機能したことが述べられている。

今回の新型コロナウイルスに限らず，非日常的場面を日常的場面から一旦区分して，それにどう対応すべきかについて検討されることが多いと思われるが，非日常的場面（今回の場合新型コロナウイルス感染症）への教育組織（学校，教育委員会）の対応は，実はそれ以前にそれらの組織が保持している体制やリソースによって大きく規定されていることが示唆されるのである。非日常的場面において組織が何をなし得るかは，それ以前の局面（つまり日常場面）ですでに蓄積されている体制やリソースによって潜在的に制約されていると見ることができる。とりわけ今回の報告においては，教育組織における情報共有の体制や関係者間のネットワークなどは，日常，非日常を問わず，教育組織の機能を左右する要因であることが示唆される。

すでに防災教育の領域では，フェーズフリー防災教育というコンセプトが出現しているが，教育組織のマネジメントの在り方においてもフェーズフリーという観点から検討することができるのではないだろうか。

総括コメント

九州大学　元　兼　正　浩

　報告者の先生方どうもありがとうございました。少し振り返らせていただきます。まず田中教育長のご報告では，教育委員会の役割として「繋ぐ」というキーワードにもとづき，〈学校再開〉に向けた考え方や課題の整理，条件整備，情報発信と受信，また，「学びの保障総合プラン」の実践等をご提示いただきました。サポート・ストラクチャとしての教育委員会による学校や家庭への後方支援のありようをお示しいただくとともに，単なる学習指導要領で授業時数をこなすといった「教え」を止めないような教育現場が多い中にあって，「学びを止めない」の本来的意味についてご提示くださったものと受け止めました。
　次に大木副校長先生のご報告では，経営資源の充実を図ってきたこの4年間の「平時」におけるリスクマネジメントの重要性，とりわけリスク予測によって，首相の一斉休校要請よりも早く大学にアカウント申請を行い，Teams の活用で3月早々から危機対応ができたことは大変興味深い取り組みでした。文書と公開討論によるコミュニケーションのありようは学校経営における大切なものを実感できるとともに，当たり前が反転する状況の下でピンチをチャンスに変えるようなクライシス対応，アンダーコロナ禍における新たな学びの保障の実践についてもご報告いただきました。オンライン通学という攻めたご提案は「登校」の意味を問い直すものとして強く共感いたしました。
　佐藤会員からは，筑波大学の研究助成によって早くから着手されている調査研究の中間報告を行っていただきました。特にこの間の分散登校や学校再開後の学校経営の状況について校長のリーダーシップスタイルとともにご報告いただきました。もちろん現在進行形で，ビフォー・アフターのアフターがどうな

るかまだわかりませんが，ポストコロナの学校像はSociety5.0や「令和の日本型学校」でよいのかについては今後の特別委員会の方で一緒に議論できればとおもいます。もう一つのキーワードとして出していただいたEquityをどう実現するかについても国際的な状況を視野に検討していけたらと思います。

　水本会員のご報告では，測定不可能な不確実性としてのコロナウイルスを前にして「感染の不安」と「不安の感染」がSNS等を通じて派生的に席巻する中で，結局，根拠の乏しい政治的判断で貧困なアイディア決定がなされ，そこに専門知の活用がどれほど行われているのか，共同性の組織として描かれている教育委員会や学校運営協議会が実際に開催され，どのような情報によって意思形成できているのか，そうした意思決定過程について調査研究をしていく必要も感じました。そもそも教育や福祉，家族や経済といった自立した各機能システムが自らのコードに帰責させてリスクを解消できない状況の中で，エデュケア＝教育福祉や，「学校化」という課題について向き合ってみたいと思います。

　最後に本学会に9月に発足いたしましたCOVID-19特別委員会について状況報告を少々させていただきます。本特別委員会では学校論の再考・学校経営のあり方を中核にポストコロナ時代を模索していきたいと考えております。

　全世界の学校現場を襲ったパンデミックですが，各国の態様の違いは，日本の学校現場の課題を顕在化させています。①教育委員会，学校の自律性の脆弱さ，②学習指導要領による教育課程の拘束性，③学級空間・教育活動の閉鎖性・密室性，④規律・訓練型の身体管理，⑤権利主体たる子どもの意見表明機会の欠落，⑥家庭との役割分担の不明瞭性，⑦非正規雇用の拡大に伴う危機対応力の低下，⑧「登校」の自明視，⑨学校文化・慣習に対する経路依存的愛着，⑩教育現場のデジタル化の遅れ―など枚挙に暇がありません。ただ，現状を見るかぎり，ポストコロナ時代に向け，こうした課題を「いかに変えるか」として学校役割を再考する方向に進まず，「いかに元に戻すか」にドライブがかかっているように見受けられます。これまでも災害の後には単純に元の状態に戻す「復旧」という視点ではなく，「復興」のあり方が議論されてまいりましたが，とりわけ感染症というリスクは人類の歴史を考えても完全に「解決」できるものではなく，これからも繰り返し形を変えて向き合うことを前提とする必要があります。その意味で，一斉休業や〈学校再開〉での経験を特殊な非常事態の出来事と捉えず，学校本来の役割を見直す「棚卸し」の機会として，自明

視を再考する必要があるのではないかと考えております。

　そこでぜひ全国にいらっしゃる会員の皆様のお力を借りながら，今回，私たちが直面した体験を経験知として昇華できるよう記憶を記録化したり，定期的に研究会を開催したりするなど，本日のシンポジウムをキックオフとして，年明けから「顔の見える」委員会運営を開催していきたいと考えております。

　最後になりましたが，本日はご報告いただいた4名の先生方，そして指定討論者としてご登壇いただいた佐古会長，質問やご意見を投げかけて盛り上げてくださった会員の方々，ご参加くださった会員の皆様，そして何よりもシンポジウムの運営に裏方として献身的にご準備くださった大会実行委員会の皆さまに感謝の意を表したいと思います。ありがとうございました。

Study and practice of educational administration and management in the Post-With COVID-19

Shigeru AMAGASA (Chiba University)

The purpose of this symposium is to investigate the perspective and issues on study and practice of educational administration and management in the Post-With COVID-19.

Through these propositions and arguments, we acquired some noteworthy words for instance, "new schools", "online learning", "sustainability", "phase-free approach", etc.

There are four symposiasts. They are Yokei TANAKA (super-intendent of the Board of Education in Ichikawa City), Kiyoshi OOKI (Vace principal Elementary School Attached to Faculty of Education Chiba University), Hiroshi SATO (University of Tsukuba), and Noriaki MIZUMOTO (Doshisha Women's College of Liberal Arts). And, the specified debater is Hidekazu SAKO (Naruto University of Education). They expressed opinions in accordance with a theme of symposium as per the following outlines.

TANAKA, decided to close all schools in the city before the Prime Minister Abe's request all over Japan,reported and suggested five points as follows. a) About crisis management correspondence of Ichikawa Board of Education

(School) b) About continuation of learning (as a city board of education) c) As a link between the board of education and schools/homes. d) Toward the realization of the new course of study. e) Achievements and challenges in this corona pandemic (Outcome and Task).

OOKI tried a new way of attending school called "Online School Attendance" by utilizing the experience of online learning. Moreover, he said that this "Online School Attendance" will not only guarantee the children's learning, but also overcome various problems in Japanese education, such as the problem of teacher's work-life balance. In other words, by having the children leave school early every day, the teachers will have more time to prepare for their classes.

SATO argued as follows. In the pandemic, all principals were required to make autonomous decisions. Despite the conflicts, the principals, as the leaders in charge of school management, made decisions and demonstrated leadership. How can we take into account the experiences of boards of education and schools in the pandemic era to pioneer post-Corona schooling? The key words for this will be sustainability, innovation, and equity.

MIZUMOTO summarized the nature of the situation brought about by COVID-19 infection and discussed the issues for educational management practice and research.

SAKO considered three points of view: a) Important functions of school education were revealed, b) Under COVID-19, schools have been faced two different orientations toward pressure to conform and autonomous management, c) Studies from "phase-free" approach to school management should be considered.

Finally, Masahiro MOTOKANE (Kyushu University), the chairman of the COVID-19 Special Committee, Summing up the discussion commented and thanked each presentation and presented the future activity policy.

若手研究者のための研究フォーラム

若手研究者が考える教育経営学への期待と問い
―教育経営学の知的蓄積をどう継承し，
いかに刷新していくか―

　若手研究者のための研究フォーラム（前身「若手研究者のためのラウンドテーブル」）は，これまで，近年の本学会や他学会の動向を視野に入れつつ，若手研究者を取り巻く研究環境に関する検討や，若手から見た教育経営学における新たな研究課題および方法の探索などを重ねてきた。今期は，こうした蓄積を踏まえ，また，その発展を期して，若手研究者が教育経営学の知的蓄積をどう継承し，いかに刷新していくかをテーマに探究を進めている。その際，次の2点を軸に議論することとした。

　第一に，従来の知的蓄積といかに対話・格闘する／してきたかを題材に，教育経営学の課題と展望について検討することである。若手研究者のなかで教育経営学を語るための「共通言語」が乏しくなりつつあること等の課題を念頭に，知的蓄積との接続・刷新に向けた論点や課題の抽出・共有を目指したい。

　第二に，若手研究者のなかの〈教育経営学〉像，すなわち自身の関わり方をも含めた教育経営学への意識の持ち方について意見交換することである。学会において若手研究者が集うことの意味・意義を踏まえ，教育経営学の課題や魅力について再発見する場としていきたい。

　以上を通じて，若手研究者から教育経営学への期待と問いを発信し，学会の未来を見据えながら，先行世代との対話につなげていくことを目指す。今年度は，山本遼会員（大分大学），田中真秀会員（大阪教育大学）の2名に話題提供をお願いした。

教育経営学における認識論に関する議論の展開と今後の方向性

大分大学　山　本　　遼

　本報告の目的は，認識論に関する議論に着目して，学校の主体性論を考察することであった。

　これまで日本教育経営学会では，「教育（学校）経営」という概念に，学校の自律性だけでなく，主体性の確立という期待をかけてきた（曽余田 2008）。曽余田（2008）によると，自律性とは，国や行政から相対的に独立して活動や事業を自らの判断で行う権限が学校に付与されている状態である。一方，主体性とは，自分の意志・判断によって，責任を持って行動する態度を有する状態である。学校の自律性論（学校の自律性を期待する論）は学校の置かれた条件や状況を問題とするのに対して，学校の主体性論（学校の主体性を期待する論）は主体の在り方や態度を問題とする。問題設定や解決の方向性が異なる。

　報告者は，学校の主体性論を継承・発展させたいと考える。なぜならば，学校はどのような条件や状況でも，主体性の確立が求められるためである。また，学校が裁量や権限を発揮して教育活動を行うには，その前提として，主体性の確立が必要と考えられるためである。今日の学校は，様々な政策や改革への対応に追われ，主体性の確立がこれまで以上に困難になっていると感じる。

　学校の主体性論の継承・発展を考える上で押さえておきたいのが，組織が現実や環境をどのように認識するのかという認識論に関する議論である。どのような認識論に基づくかによって，学校と現実や環境との関係の捉え方は変わり（曽余田 1997），それに伴い学校の主体性の在り方も変わる。

　アメリカ教育経営学における認識論に関する議論の展開を見ると，1970年代以前まで支配的であったのは，現実は認識者から独立して存在すると仮定し，認識者は現実の客観的・普遍的な認識が可能であると考える実証主義（客観主義）である。この認識論は，我が国も含めて，現在でも影響力を持っている。しかし1970年代以降，実証主義（客観主義）への批判とそれを乗り越えようとする議論がなされている（河野 1988）。

　組織の主体性論である組織開発論や経営戦略論に目を向けると，実証主義

（客観主義）に替わる新たな認識論に基づく考え方が提唱されている。組織開発論において提唱されているのは，現実は社会的に構成されると考える社会構成主義に基づくアプリシエイティブ・インクワイアリー（Appreciative Inquiry：以下ＡＩ）である（クーパーライダー＆ウィットニー 2006）。ＡＩは，組織の足りないところを修復しようと考える従来の問題解決アプローチに対して，組織に内在する潜在力（ポジティブ・コア）を対話によって引き出し，それをもとにして組織のより良い未来を構成し，実現しようとする考え方である。経営戦略論において提唱されているのは，組織は環境を客観的に分析して戦略を形成すると考える戦略プランニングに対して，不確実な環境では，組織は自ら環境を創造しながら戦略を形成すると考える戦略クラフティングである（ミンツバーグ 1991：37-64頁，ミンツバーグ他 2013）。実証主義（客観主義）に基づく考え方は，組織を現実や環境に対応する主体と捉えるのに対して，二つの考え方は，組織を現実や環境を創造する主体と捉える。

　今後の方向性は，組織が環境を創造すると考える認識論に基づき学校の主体性を捉えることの意義や，そうした認識論に基づく学校の主体性の在り方や確立の仕方（例えば，戦略形成の考え方）について，検討を進めることである。また，そのことと関連して，若手研究者は，学校の主体性を捉え，その確立を支援するために，学校を見る力を高めていくことが重要と考える。

［参考文献］
・クーパーライダー，D．L＆ウィットニー，D・本間正人監訳『ＡＩ　最高の瞬間を引き出す組織開発』ＰＨＰ研究所，2006年。
・河野和清「アメリカ教育経営学における現象学的アプローチ」『日本教育経営学会紀要』第30号，1988年，91-106頁。
・曽余田浩史「円環的思考：教育経営研究の新たな枠組みの可能性」『日本教育経営学会紀要』第39号，1997年，40-51頁。
・曽余田浩史「わが国における教育経営概念の成立と展開」『日本教育経営学会紀要』第50号，2008年，2-13頁。
・ミンツバーグ，H・北野利信訳『人間感覚のマネジメント―行き過ぎた合理主義への抗議―』ダイヤモンド社，1991年。
・ミンツバーグ，H他・齋藤嘉則監訳『戦略サファリ（第2版）』東洋経済新報社，2013年。

教育経営学の「知の蓄積」と「知の継承」への一検討

大阪教育大学　田 中 真 秀

1　はじめに

　本報告は「若手研究者」が考える教育経営学への期待と問いについて，教育経営学の「知」の分類と研究者として何ができるのかの話題提供を行った。

　はじめに，これまでの研究者が「教育経営」学と「学校経営」学をどのように捉えていたのかを整理した。「教育経営」学と「学校経営」学については，人によって同義で捉えたり，包括概念で捉えたりと状況により行われたと整理した。「学校管理」から始まり→学校管理・学校経営として扱われ→教育経営・学校経営として取り上げられ→教育経営（学校経営・地域教育経営・教育課程経営・生涯教育経営）に包括されていったと捉えるのが主流である。

2　教育経営学の「知的」蓄積は継承されているのか―流行があるのか―

　次に，教育経営学には流行があったのかについて検討した。現在，教育経営学の主流テーマとしては，リーダーシップ論，学校組織論，管理職養成が挙げられる。また，地域教育経営として研究がなされてきた視点がコミュニティ・スクール研究や地域協働学校研究として行われている。研究手法は，理論研究も行われている一方で，各学校の事例やアンケート等を行う実証研究が増加している。このことは，昨今の研究は，教育経営学の「知的蓄積」を行うよりも，「現状分析」に主眼が置かれていると捉えた。つまり，一時期は「教育経営」研究を発展させる理論構築に主眼が置かれていたが，現在は構築された「理論」に基づく実践や，実践を「理論」で検討を行うといった研究に焦点が当たってきたのではないかと捉えた。そこで，教育経営学の研究の主たるトレンドが，実際にどのように移り変わっているのかを日本教育経営学会の特集テーマや研究論文に着目し，変遷を大枠で捉えることで明らかにした。

3　若手研究者として（今後の）教育経営学に何ができる／できないのか

　これからの「教育経営学」は、「知」の変換、つまり、実践現場と研究的「知」のすり合わせが必要となる。若手研究者には、教育経営学や学校経営学としてこれまで積み重ねてきた「知」の蓄積を実践に落とし込む作業（授業や研修を通して実践家に伝達する）と同時に、現場での実践をこれまでの「知」の蓄積に積み重ねて、「知」の修正を行っていくことが求められる。しかし、実際には、若手研究者にとっては、現場の感覚を研究的「知」に落とし込むことが難しく、これまでの研究「知」の上での整理を行っている現状である。また、「知」を構築するのではなく、「変換」（翻訳）すること、また実証を通して、より「効果的な」状況は何かの事例を検証する「知の修正」を行うことが使命となっている。これまでは「自律的学校経営」を「勝ち取る」発信を研究者が担ってきたが、現在は権限が移譲される学校下において「何ができるのか」「どのような取組がいかに効果的か（子どもにとって有用か）」ということを整理することが研究者に求められていると言えるのではないか。

　また、研究をするにあたっては、「社会」への還元や社会的意義が求められてきた。第二次世界大戦後すぐの学校教育では、学校教育制度の確立について言及することが、またこれまでは「自律的な学校経営」が可能な制度や仕組みの構築の必要性とその意義について議論されてきた。しかし、現在は、過去と比較するとある程度「自律的な学校経営」が可能な状態にあり「勝ち取る」研究から、「現状を改善する」研究に変化している点がある。

　さいごに、研究者における「共通言語」について述べた。若手研究者の多くは狭い範囲での研究を行っており、これまでの研究者が行ってきた「総合的」な研究を行うことが少ない。焦点化された研究には、より詳細な分析が可能といったメリットもあるが、一方で研究者間の「共通言語」を見失いつつあることを懸念している。一事象を取り上げる研究は、それらの研究を統合したとしても、「教育経営」学の「知」の転換に結びつかないのではないか。

　今後の方向性としては、過去から伝えられてきた「知」をいかに現状に合わせながら、実践家に「翻訳（知の翻訳・伝達）」を行い、また実践現場で得た新たな「視点」を取り入れながら「知」を再構築していくといったことになる。

議論のまとめ

長崎大学 榎　景子
東京学芸大学 末松裕基

　報告を受けて，主に次の3点について参加者と議論が交わされた。

　第一に，「教育経営学」の概念規定についてである。参加者からは，「教育行政学との違いは対象ではなく方法だと考えられる。さらに，教育経営学の継承・発展においては，一般経営学との違いがどう議論されてきたかも踏まえる必要がある」との意見がだされた。これに関して別の参加者からは，「教育なるものの総体的な特徴に基づいた経営のあり方が存在し，これは一般経営学に解消されるものではないし，解消されてはならない」との考えが示された。

　第二に，従来の教育経営学の主要論点への解釈や価値判断が問われた。ひとつは，学校の自律性論と主体性論の捉え方についてである。参加者からは，本学会設立当時，不当な支配に対して学校が自律的に対抗する意味で「自律性」が重視されていたことを踏まえ，一方を重視する／しないではなく「自律性のなかでの主体性が大事である」との指摘があった。もうひとつは，「臨床的アプローチをどう評価するか」についてである。この問いに対して，山本会員からは「従来の研究と実践の関係の在り方を再構築した価値あるもの」，田中会員からは「パラダイム転換」と，ともに肯定的な捉え方が示された。

　第三に，「教育経営学の根本的な問いは何か。それ自体が変わらなければならないと思うか」と投げかけられた。山本会員からは「臨床的アプローチでだされた『組織としての学校をどうより良くしていけるか』が問い。それ自体は変わらないものの，学校の置かれた環境は変わってきたのでは」との応答があった。これに対し，研究上の問いというより「自身が教育経営学をしなければならない切実な問いが必要」との意見がだされた。関連して佐古会長から「仮にこの学会がなくて誰が困るのか」という別の切実な問いかけもあった。

　その他，先行世代からは「上の世代の考え方にとらわれず，主体的な問題意識を発展させてほしい」との叱咤激励もあった。議論を通じて，研究手法や個別論点に関する交流とともに，若手研究者の中の〈教育経営学〉像や，学的使命への向き合い方を含めた学問論を交流させていく必要性が浮かび上がった。

課 題 研 究 報 告

実践の学としての教育経営学研究の固有性を問う⑵
―教育経営学研究の科学としての質を高めるとはどういうことか―

教育経営学における
価値不可分性の視点から

長崎大学　畑 中 大 路

1　本稿の目的

　昨年度の課題研究報告では,「教育経営実践に迫る上で, 研究者は『子どもにとっての望ましさとは何か』という問いから逃れられない」,「学校と研究者の関係は, 一種の緊張関係＝『闘い』が伴う」等について議論された。上記に共通するのは, 研究者が抱く「価値」の存在である。本稿ではこの研究者が抱く「価値」を手掛かりに,「実践の学」としての教育経営学について考察する。

2　教育経営研究者として追い求める研究上の「価値」

　近年,「実践の学」としての教育経営学への期待が高まっているが, そもそも,「実践の学」をどう捉えるべきなのか。この解釈は様々に可能であろうが, 筆者は「学」へのこだわりをもつことが必要であると考える。ここでは敢えて,「学」を「理論化」と置き換えたい。

　私たちの研究活動は「文章を書く」行為を伴うが,「文書を書く」ことを生業とするのは, 例えば他に新聞記者や小説家・作家など, 研究者だけに限らない。では, 彼 / 彼女らと私たちの違いは何かといえば, その一つには, 理論化への絶えざる挑戦があると考える。人の営みを対象とする社会科学において, 当該事象の理論化を果たすことは困難を極めるが, その困難を引き受けたうえで, 事例報告でもエッセイでもなく, 何かしらの理論産出へ向け思考を巡らせることは研究者の使命である。この理論産出の試みは, 教育経営に関わる私たちが追い求める研究上の「価値」の一つであるといえよう。

　では, 教育経営学における理論とはいかなるものか。この点について朴 (1986) は,「『～すべきである』という形態の規範論でもなく,『～すればよい』という形態の処方箋でもなく,『～の条件下では～となる』という条件的判断形式の言明であることで, 理論的整合性, 一般性と実践適用性を兼ね備え

る『中範囲の理論』となりうる」と，マートンを引きながら述べている（朴 1986：240-241頁）。

　筆者も同様の認識のもと，教職員によってなされる学校経営上の様々な動きに着目し，その動きがもたらす「変化のプロセス」の理論化に取り組んできた。学校で行われる教育活動は時々刻々と変化し続けており，その一つ一つは，数値や美辞麗句で単純に置き換えることのできない，複雑でドロドロとした現実・葛藤を伴う。また，その「現実」を織りなす一人ひとりには何らかの「合理性」（岸 2016）がある。そうした「現実」に迫るためには，学校経営に埋め込まれた複雑な文脈を理解する必要があり，それゆえ筆者は学校や地域へ足繁く通い，教師や子ども，地域住民らとともに時間を過ごし，彼/彼女たちの話に耳を傾けるという質的なアプローチを取り続けてきた。しかし，例え質的なアプローチで「現実」に迫れたとして，その「現実」を理論化することは可能なのか，可能であるとすればいかなる方法を取りうるのかという壁に直面する。筆者がその打開策として見いだしたのが M-GTA（Modified Grounded Theory Approach）であった。

　M-GTA は，特定の領域における人間行動に着目し，質的手法によって入手したデータと対話しながら当該人間行動を説明し，かつ予測を可能とする領域密着型の理論産出を目指す。その点で M-GTA によって産出される理論は「中範囲の理論」に通ずるともいえるが，加えて，M-GTA によって産出された理論は実践的活用を明確に意図されたものであり，実践での（実践者・援助者による）応用を通じて検証・修正され，精緻化・最適化されていくという特徴をもつ（木下 2020）。筆者はこの M-GTA を拠り所とし，学校組織におけるミドルリーダーが，周囲の教職員等を巻き込み，新たなアイデアを創出・実現するプロセスの理論化を試みた。当該理論は教員らに活用されるとともに，筆者自身も当該理論をコミュニケーションツールとして活用しながら教員らと対話し，その作業を通じて理論の応用・修正を続けている（畑中 2018a）。

3　教育経営研究者として追い求める実践上の「価値」

　ここまで，教育経営研究者として追い求める研究上の「価値」について言及してきたが，私たちが追い求めているのは研究上の「価値」だけであろうか。筆者はそうは思わない。私たちの多くは学生を対象とした講義や教職員への研

修等において，自身が目指す「在りたい教育」へ向けことばを発しており，意図的/無意図的に教育経営へ影響を及ぼし続けている。その意味で，私たちは教育経営研究者として，実践上の「価値」をも追及していると言えるのではないか。例えば筆者の場合，フィールド地域の現状に問題意識を抱き，一人の教育経営研究者として，以下のような「価値」を追究し，「実践」している。

　筆者がフィールドワークを続ける地方都市Ｚ県において，ある年の２月上旬，商業施設から高校３年生が転落し亡くなった。非公式の情報ではあるが（しかしおそらく事実であろうが），受験に悩んだ末の自殺であったという。同様のことは（報道されはしないものの）Ｚ県内では少なからず起こっており，その原因として「難関大学（主に国公立大学）への合格者数を競い合うＺ県高校教育の実情」があると認識している教師も少なくない。その結果，『『点数で進学先を購入する』というような交換原理に傷ついている子ども」（西 2019：45頁）が確かに存在するのである。筆者もＺ県高校教員・生徒と接するたびに，その「現実」の一端を垣間見てきた。そうした経緯により，筆者はＺ県高校教育の実態を変えたいという「価値」を抱くようになった。

　Ｚ県立Ｇ高校校長Ｘ氏（当時）もまた，上記のようなＺ県の教育に違和感を覚えていた。そこで校長として着任したＧ高校において，Ｚ県の教育界に風穴を開けるべく取り組んだのが，佐藤学氏が提唱する，すべての子どもの「学び」を保障することを理念として据えた「学びの共同体」の導入と，それを中核とした「学校改革」であった（畑中 2018b）。偶然の出会いによって関わりをもったＸ氏と筆者は，立場・年齢を超え語り合い，Ｇ高校の「学校改革」をともに創り上げていった。当時，筆者がＸ氏に対して行った「インタビュー調査」としてＩＣレコーダーを回した時間は数百時間に及んだ。そのほとんどは研究論文として使用されることはなかったが，当該調査がＸ氏や筆者自身の省察を促し，その省察がＧ高校における実践や「学校改革」につながっていった。

　Ｇ高校はいわゆる「周辺校」であり，Ｇ高校に通う多くの生徒，そこで働く多くの教員は「学び」に向かう意欲が欠如しており，また，同校は地域住民からの信頼も薄く，同校生徒及び教員の多くは同校に在籍する自身に誇りを持てずにいた。そのような中，Ｘ氏が掲げた「自校を愛する生徒の育成」というビジョン，手段として導入された「学びの共同体」を通じ，全員とは言えずとも，一部の生徒や教師の認識は着実に変わり始めた。2016年度にＸ氏は退職し，2019年度には「学びの共同体」開始後３代目となる校長が着任している。この

間，紆余曲折を経ながらも，Ｘ氏の理念に共感したＧ高校教師の行動に支えられ，地域への発信と地域住民・保護者の巻き込みを含む「学校改革」は今なお進行している。筆者も講義や研修等において，Ｇ高校の「学校改革」から学んだ教育経営上の「価値」（≒理論）を受講者等へ伝えるとともに，Ｘ氏を通じて出会った教師たちと授業研究会を立ち上げ，Ｚ県内教員・教育行政職員・学生・保護者らとともに，筆者自身が抱く実践上の「価値」を実現するべく，草の根的な「実践」を続けている。

4　二つの「価値」の狭間で

　上述した研究上の「価値」と実践上の「価値」を追究しながら，筆者は現在も研究・実践にあたっている。しかし，その両立は容易ではない。

　Ｘ氏や筆者はＺ県における教育の実態を疑問視しているが，その疑問視する実態（＝難関大学合格へ向けた進路指導を至上とする実態）に「生徒の自己実現」という視点から意義を見いだし，日々の実践に邁進するＺ県教員も存在する（むしろそのような教員の方が多数である）。そして，そうした「現実」を織りなす人々の間にも何らかの「合理性」が存在し，この複雑な合理性を踏まえることなく安易な理論化を図ることは難しく，また，Ｘ氏や筆者の「価値」を主張するためには，他者の「合理性」を「非合理化」する理論や実践が必要となる。ただし，上述したような理論を産出するうえでは，「中範囲の理論」や「領域密着理論」の生成を目指さなければ，その理論は全ての事象に当てはまるような理論，あるいは，当該事象にしか当てはまらない事例報告にもなりかねない。

　他方，理論化したとたん，複雑であったはずの「現実」が陳腐化してしまう感覚も覚える。例えば，Ｇ高校に「学びの共同体」が定着する過程には，（研究倫理上においても）文章化できない複雑な「現実」があった。その「現実」を知れば知るほど，安易な理論化は困難になる。また，そうした「現実」を描き理論化を図る取り組みに筆者も着手してはいるものの，既存の研究論文や学会活動の枠組みの中で複雑な「現実」を描き出すことは，質的にも量的にも容易でない。2019年度課題研究報告の終盤で，「教育経営のサイクルから，子どもの『学び』や『育ち』といった力学やダイナミズムが零れ落ちてしまっているのではないか」と問題が提起され，議論がなされた。しかし，一人ひとりの子どもにはそれぞれの背景があり，その背景を踏まえなければ「力学やダイナ

ミズム」を理論化することはできないのではないか。私たち教育経営研究者は，そうした力学やダイナミズムを理論化することが可能なのか。可能だとして，そこで語られる「子ども」とは一体だれなのか。「現実」を捨象した“のっぺらぼう”のような「子ども」を描いているだけではないか。もちろんそれは「子ども」に限らず，「教師」を描く際においても同様である。

5　教育経営学が「実践の学」たりうるために

　以上，筆者の実践や思考を記述してきたが，以下では，これまでの教育経営学会の流れ，特に研究方法論に位置づけ再考したい。

　2で述べた「教育経営研究者として追い求める研究上の『価値』」は，学会紀要論文が代表するように，学会員の全員が追い求めるものであろう。また，かつての研究推進委員会が取り組んだ「研究手法の開発」（藤原・露口・武井 2010）は教育経営事象の理論化を目指したものであり，当該「価値」に該当すると考えられる。個別具体の状況を超え教育経営事象の理論化がなされれば，「現実」に向き合い研究に取り組む教育経営研究者や，「現実」に向き合い続ける実践者による参照が可能になるだろう。だが一方で，教育経営学会ではこれまでも様々な研究論文が量産されてきたが，それら教育経営学の知見が研究者や実践者の新たな省察を生み出し，実践者に活用され，あるいは研究者・実践者間の対話の材料となり，「教育経営実践の改善に直接寄与」（朴 1986：229頁）するような現実を生んできたのかには疑問が残る。もちろん，研究成果のすべてがすぐに実践（改善）に役立つものばかりである必要はないと筆者は考えるが，しかし果たして，実践に寄与しない・参照されない理論化を繰り返すだけで，教育経営学を「実践の学」ということができるのであろうか。もしくは，それは「実践の学」としての教育経営学が生み出す理論といえるのであろうか。

　そうした反省を踏まえなされたのが「臨床的アプローチ」の取り組みであろう。当該アプローチは「研究と実践との関係において，継続性，相互交流性，および価値志向性を作り出す」（浜田 2004：8頁）という問題意識のもと，それまでの「基礎（理論）→応用→実践」図式から脱却し，学校現場からの知の創造を目指したものであった（曽余田 2018）。この後，「臨床的アプローチ」ということばを使用する・しないは別としても，研究と実践との間の「継続性」と「相互交流性」を意識した研究が増加したのは確かである。しかし，そうした一連の先行研究において生み出された研究成果に再現可能性があるかと

いうと疑問が残る。当時の課題研究でも議論されていた「信頼性」と「妥当性」の問題である（藤原・小野 2003：206頁）。もちろん，文脈依存性が強い教育経営を研究対象とした際，そこで生み出された何らかの知を別の場で「そっくりそのまま」再現することは不可能であろう。しかし，だからといって，教育経営を対象とした研究を続ける私たち研究者が再現可能性，すなわち理論化という「価値」を放棄することは許されないのではないだろうか。その「価値」を放棄したとき，それはただの「実践（記録）」となり，やはり教育経営学を「実践の学」と呼ぶことはできない。

　ではどうすればいいか。困難を承知のうえで，「教育経営研究者として追い求める研究上の『価値』」と「教育経営研究者として追い求める実践上の『価値』」を両立させる，すなわち，狭義の意味での研究方法論（≒研究手法）にとどまらない，しかし，その研究手法も含む研究方法論を確立するしかないのではないだろうか。その時には同時に，「実践の学」としての教育経営学が産出する「理論」とは何かについての再考，そして，産出された「理論」が実践者に開かれる可能性やその場を保障する議論も求められ，そこに「実践の学」としての教育経営学における「科学」の問い直し，「実践の学」としての教育経営学の「科学としての質」を高める可能性が存在するように思う。

［参考文献］

・藤原文雄・小野由美子「総括」『日本教育経営学会紀要』第45号，2003年，205-209頁。
・藤原文雄・露口健司・武井敦史編著『学校組織調査法 デザイン・方法・技法』学事出版，2010年。
・浜田博文「問題の所在」小野由美子・浜田博文・曽余田浩史・淵上克義編著『学校経営研究における臨床的アプローチの構築 研究―実践の新たな関係性を求めて』北大路書房，2004年，1-10頁。
・畑中大路『学校組織におけるミドル・アップダウン・マネジメント アイデアはいかにして生み出されるか』ハーベスト社，2018年a。
・畑中大路「ミドル・アップダウン・マネジメントにおける教頭の位置―高等学校における3年間の実践を分析事例として―」『日本教育経営学会紀要』第60号，2018年b，128-142頁。
・木下康仁『定本 M-GTA 実践の理論化をめざす質的研究方法論』医学書院，2020年。
・岸政彦「質的調査とは何か」岸政彦・石岡丈昇・丸山里美著『質的社会調査の方法 他者の合理性の理解社会学』有斐閣ストゥディア，2016年，1-36頁

・西経一『君へ，そして君のお母さんへ 教育と家庭の絆』サンパウロ，2019年。
・朴聖雨「教育経営研究の科学化」日本教育経営学会編『講座 日本の教育経営9 教育経営研究の軌跡と展望』ぎょうせい，1986年，229-243頁。
・曽余田浩史「臨床的アプローチから見た教育経営学の現状と課題」『日本教育経営学会紀要』第60号，2018年，42-56頁。

教育経営学研究によって産出された研究知の参照可能性

広島大学 米 沢 　 崇

1 本稿の目的

本稿では，教師教育，とりわけ教員養成に焦点化して，研究者でもあり，実践者でもある教師教育者の視点から，教育経営学研究によって産出された研究知の参照可能性について考察する。

2 我が国における教員養成改革の動向

まず，2000年代を中心に教員養成改革の動向について整理する。

2001年の「国立の教員養成系大学・学部の在り方に関する懇談会」による「今後の国立の教員養成系大学学部の在り方について（報告）」では，国立の教員養成系大学・学部における教員養成の在り方や，今後の教員養成系大学・学部の組織体制の在り方，附属学校の在り方などが提言された。その後，2006年の中央教育審議会「今後の教員養成・免許制度の在り方について（答申）」において，「最小限必要な資質能力」の形成に資する教職課程の質的水準の向上（教員養成スタンダードの策定や教職実践演習（仮称）の新設・必修化など），教職大学院制度の創設，教員免許更新制などが具体的に示され，その後，制度化された。この間，2005年度から抑制5分野（医師，歯科医師，獣医師，教員，船舶職員）のうち教員分野の抑制策が撤廃され，小学校教員養成に新規参入する大学が増加するとともに，2007年の教育職員免許法改正を経て，教職課程の質保証という観点から課程認定審査が強化・厳格化されてきた（岩田ほか2019）。

この他に，2012年の中央教育審議会「教職生活の全体を通じた教員の資質能力の総合的な向上方策について（答申）」において，新たな教員免許制度の創設，教職大学院の拡充といった教員養成の修士レベル化の推進，教員免許更新制度の見直しなど，「学び続ける教員像」の確立や「実践的な指導力」の向上を目指した教職生活全体を通じた一体的な改革の方向性が示された。また，

2015年の中央教育審議会「これからの学校教育を担う教員の資質能力について〜学び合い，高め合う教員育成コミュニティの構築に向けて〜（答申）」では，「学び続ける教員」を支えるキャリアシステムの構築に向けて，教育委員会と大学等との連携・協働による教員育成協議会の創設，教員育成指標や研修計画の全国的な整備などが示され，後に制度化が図られた。直近では，2017年には，文部科学省「教職課程コアカリキュラムの在り方に関する検討会」により，教育職員免許法施行規則の各科目に全体目標，一般目標，到達目標を設定した「教職課程コアカリキュラム」が策定され，再課程認定にも導入された。

　以上のことを踏まえると，改革の方向性が教員養成における教職志望学生の教員としての「最小限必要な資質能力」の向上と，そのための教員養成プログラムの教育水準の質的向上を意図していることがわかる。

3　本学会及び関連学会等の教員養成に関する学術的研究と実践的研究の動向

　このような改革動向に対する本学会及び関連学会等の教員養成に関する研究の動向を整理する。

　本学会では，日本教育経営学会紀要第56号の特集「教育改革と教職員の資質向上」において，安藤（2014）が大学における教員養成プログラムの在り方を取り上げて，大学教育におけるアカデミズム教養論に依って立つ開放主義理論と教育現場指向の教員養成論との考え方を対比させ，社会学的アンビバランスの概念を用いて，教員養成改革をめぐる大学組織における「組織学習」の課題について述べている。さらに，創立60周年を記念して発行された『講座　現代の教育経営』（学文社 2018）では，教員養成・採用・研修制度をめぐる改革動向とその課題について検討している（榊原 2018；髙谷 2018）。例えば，髙谷（2018）は，近年の教師教育改革の特徴として，「実践的指導力」を強調する教員の資質能力の向上と，スタンダード化（「指標化」）に基づいた教職課程コアカリキュラムの策定・導入による教職課程全体の質保証を挙げるとともに，それに伴う教員養成における大学の独立性の後退や大学の専門知の価値の相対的劣位への移行など，教職の「専門職性」が切り崩されていることを指摘している。

　また，本学会と近接領域である日本教師教育学会では，各答申で提言された改革動向に対応した特集を組み，そのなかで教員養成カリキュラム改革や，教

員養成の自律性，教員養成の「基準化」，教員養成の「開放制」をめぐる課題についてクリティカルに分析・考察している。例えば，岩田ほか（2019）は，教員養成分野における抑制策撤廃は，2005年度以降の小学校教員養成プロバイダの多様化を生起し，「開放制」原則の実質化を進める契機となった一方で，その多様化が教員養成の質保証につながらず，深刻な低下を招いている可能性を指摘している。

その一方で，国立の教員養成系大学・学部で構成される日本教育大学協会では，学校現場での実践的な体験の場と大学での研究的な省察の場を往還させる「教員養成コア科目群」を中核とする教員養成のモデル・コア・カリキュラムが提案されてきた（日本教育大学協会「モデル・コア・カリキュラム」研究プロジェクト，2004）。また，日本教育大学協会研究年報では，先述した改革動向に即応する形で，教員養成スタンダードの策定に関する研究（別惣ほか2007）や教職ポートフォリオを含む教職実践演習のカリキュラム開発に関する研究（中井ほか2012）など，教職課程の質的水準の向上に向けた実践的研究が行われている。

以上の研究動向をまとめると，本学会や教師教育学会では教員養成に関する学術性の高い学術的研究による研究知が産出され，日本教育大学協会では一定の学問的な基盤をもった実践的研究による研究知が産出されている。

4　産出された研究知の参照可能性

産出された研究知の参照可能性の検討に関わって，本学会では2000年度から2002年度にかけて行われた課題研究「学校経営研究における臨床的アプローチ」において教育経営学研究の有用性に関連する取り組みがなされた。さらに，日本教育経営学会紀要第60号の特集「教育経営研究の課題と展望」において，湯藤（2018）は学校と地域との連携というテーマに焦点を当てて，教育経営学研究（学校経営研究）の有用性について検討を行い，課題研究「学校経営研究における臨床的アプローチ」の影響もあり，実践に有用な知見を提供する研究が蓄積されつつあることはたしかとしながらも，教育経営学研究（学校経営研究）のどこが役立つのかという批判に反論できる研究の蓄積は必ずしも十分ではないと述べている。

では，学術的研究や実践的研究によって産出された研究知の参照可能性とは何であろうか。参照可能性を問うていく上で，柴田（2004，2007）による参照

可能性の捉え方が一つの視点になる。柴田（2004）は，授業分析という文脈の中で，理論と実践の問題解決について「教育実践現場の問題解決には，大学などで研究されている教育，学習，発達，授業等に関する諸理論が直接的に処方箋を提供できるような構造にはない。問題解決の糸口は，授業の外側にある諸理論の中にあるのではない。解決の糸口となる『可能性の芽』は，すでにその実態の中に内包されているのである。（中略）授業の内側に潜んでいる可能性の芽を探し出し，そこに授業をとりまく様々なリソースをうまく結びつけていくことによって，解決が図られていく」（123頁）ものであり，さらに柴田（2007）は，そのリソースの一つである理論の参照可能性を，実践に耐えうるか，実践を切り開くかどうかは，専門家たる教師によって参照に足りうるものかどうか，という意味で捉えるべきであると述べている。

　これらを参考にすると，学術的研究あるいは実践的研究によって産出される研究知（理論）には，研究者であり，実践者でもある教師教育者が教員養成の現実（「ある姿」）から理想とする「あるべき姿」へ到達するために一歩一歩接近していく短期的な「ありうる姿」を確実に達成していくという営みの過程で，彼らの参照に足りうる価値を有することが求められる。

5　教師教育者の抱えるアンビバランス（葛藤）と研究知の参照可能性

　近年の教員養成改革のなかで，大学の自主性・自律性の揺らぎ，実践的指導力を強調した教員養成プログラムの開発という社会的要請，教員採用試験の合格率や教員就職率のプレッシャーの強まりによって，教師教育者は様々な葛藤を抱えている。安藤（2014）は，マートンのアンビバランスの概念を援用して，大学，教師教育者が抱える葛藤を大学における教員養成のアンビバランスとして，①養成原理をめぐるアンビバランス（「小学校の教員であっても狭くて深い学力が必要である。しかし，学問だけあれば教師が務まるわけではない。」など），②養成すべき教師像をめぐるアンビバランス（「省察力として，可視化された資質力量の到達目標を主体的に獲得，習得するような反省的学習の力が大事である。しかし，教師にとっては，実践の遂行を通して自己自身の複合性を高めていくという意味での自己／環境の相互参照も大事な省察力である。」など），③大学の役割をめぐるアンビバランス（「学生の質的変容に応じた支援的な教育が期待されている。しかし，思考の自由，議論の場としての大学でな

くなってしまったときに，大学に残る物は何か，考えるべきである。」など）の三つに整理している。これらのアンビバランスには「大学における学問の自由や自律的・主体的人間形成を基盤とする価値」（開放主義理論）と「教育現場でのアカウンタビリティに端を発する教員の質保証のための実践的指導力形成を目指す価値」（教員養成論）が存在し，大学組織にとって二項対立ではなく両立しなければならない規範的価値となっている。

　本稿で捉えているのは，教師教育者個人の抱えるアンビバランスではあるが，この困難が研究知の参照可能性に影響すると考えられる。例えば，教師教育者が「大学における学問の自由や自律的・主体的人間形成を基盤とする価値」を希求すれば，学術的研究によって産出された研究知の参照可能性が高くなり，「教育現場でのアカウンタビリティに端を発する教員の質保証のための実践的指導力形成を目指す価値」を求めれば，実践的研究によって産出された研究知の参照可能性が高まることが予想される。これらのことから，教育経営学研究によって産出された研究知には，両規範的価値の実現を目指す際に揺れ動く教師教育者の葛藤や困難に寄り添い，応え，参照に足りうる価値を提供することが期待される。

6　まとめ

　ここまで，教員養成に焦点化して教師教育者の視点から，研究によって産出された研究知の参照可能性について考察してきた。最後に，教育経営学研究の強みを生かした研究知の産出への期待を述べたい。先述した安藤（2014）はセンゲの組織学習論を手がかりとして，大学における教員養成をめぐるアンビバランスを大学組織の問題として捉え，共に実現を目指すべき価値規範として両立するために組織行動をマネジメントするという観点から大学を構成する組織成員の協働（個人の学習とチームの学習の活性化）の具体化を論じている。これは，榎（2020）が指摘するように，教師教育学会等の隣接学会が教員養成における大学教員の協働組織の下での自律性の在り方を検討する必要性を示す（松木・隼瀬 2013）にとどまっているのに対して，組織学習論から展望を与えることができるのは教育経営学研究の強みであり，今後，本学会として教育経営学研究の「強み」を再考する必要があるだろう。

[引用・参考文献]

・安藤知子「教員養成・研修プログラムの改革をめぐる大学における『組織学習』の課題」『日本教育経営学会紀要』第56号，2014年，13-23頁。

・別惣淳二・千駄忠至・長澤憲保・加藤久恵・渡邊隆信・上西一郎「卒業時に求められる教師の実践的資質能力の明確化―小学校教員養成スタンダーズの開発―」『日本教育大学協会研究年報』第25集，2007年，109-128頁。

・榎景子「教育改革動向と教育経営学研究に関する研究動向レビュー」『日本教育経営学会紀要』第62号，2020年，176-185頁。

・岩田康之・米沢崇・大和真希子・早坂めぐみ・山口晶子「規制緩和と『開放制』の構造変容―小学校教員養成を軸に―」『日本教師教育学会年報』第28号，2019年，30-40頁。

・松木健一・隼瀬悠里「教員養成政策の高度化と教師教育の自律性」『日本教師教育学会年報』第22号，2013年，24-31頁。

・水本徳明「教育経営学研究の組織と経営」日本教育経営学会編『講座現代の教育経営3　教育経営学の研究動向』学文社，2018年，167-178頁。

・中井隆・米沢崇「職能成長養成モデルに基づく教員養成カリキュラム改革の取り組み―専門職基準に基づく自己診断による自己学習システムの開発―」『日本教育大学協会研究年報』第30集，2012年，121-132頁。

・日本教育大学協会「モデル・コア・カリキュラム」研究プロジェクト『教員養成のモデル・コア・カリキュラムの検討―教員養成コア科目群を基軸にしたカリキュラムづくりの提案―』，2004年。

・榊原禎宏「教員養成・採用・研修制度と教育経営研究」日本教育経営学会編『講座現代の教育経営4　教育経営における研究と実践』学文社，2018年，167-178頁。

・柴田好章「問題解決指向の協同的教育実践研究のあり方」的場正美・柴田好章・山川法子・安達仁美「教育実践問題の協同的研究体制の構築―名古屋大学と東海市教育委員会の連携―」『名古屋大学大学院教育発達科学研究科紀要（教育科学）』第50巻2号，2004年，109-128頁。

・柴田好章「教育学研究における知的生産としての授業分析の可能性―重松鷹泰・日比裕の授業分析の方法を手がかりに―」『教育学研究』第74巻2号，2007年，189-202頁。

・髙谷哲也「教育の免許・養成・研修制度改革の進展」日本教育経営学会編集『講座現代の教育経営1　現代教育改革と教育経営』学文社，2018年，121-133頁。

・湯藤定宗「教育経営研究の有用性と教育経営研究者の役割―学校と地域との連携に焦点を当てて―」『日本教育経営学会紀要』第60号，2018年，71-83頁。

教育経営学における再現可能性の問題

熊本学園大学　波多江俊介

1　なぜ再現可能性に着目するのか

　本稿では，再現可能性（あるいは再現性）について扱っていくが，教育経営研究においてこの議論がどのような位置にあたるかを示しておきたい。曽余田（2018）は，教育経営研究のモデルを「『学校経営の現代化』論」，「技術的合理性」，「政策論的アプローチ」，「臨床的アプローチ」の四つに類型化している。再現可能性の話は，「『学校経営の現代化』論」含みの「技術的合理性」に最も近いと筆者は受け止めている。曽余田（2018）の説明において「技術的合理性」とは，「基礎（理論）→応用→実践」の図式を前提とし，既に規定された目的をどのように達成すればよいかを考え，形式知（処方箋化された知識）を創造し，それを学校現場の教育経営実践へ"適用"することを追求する。"批判的精神"や"省察力"は弱く，現状維持的であり，経営実践の不確実性や創発性は考慮に入れないか，あるいは逆機能的なものとみなすと評されている。そのうえで，臨床的アプローチから見えてくる課題として，学校の内在的生成的な視点をないがしろにする勢いで外在的な技術的合理性の視点が強まっている点と，それぞれの研究がモノローグ的になっている点の二つを指摘している。

　上記の二つの課題に関し，後者の研究がモノローグ的になっていることについては，議論の"プラットホーム"がないという問題を指摘できる。生成される諸研究に文脈こそあれど，教育経営"学"における研究の積み重なりや，刷新されていくような手ごたえをいまひとつ感じずにいる。ゆえに，対話が不在というより，何を対話するのかが不明であるという印象を抱いている。また，前者の技術的合理性の視点が強まっているという警鐘について，その"圧（外部からの要請）"のようなものは感じるものの，抱く危機感は異なる。技術的合理性が「基礎（理論）→応用→実践」であるとき，「実践や応用まで至れる基礎（理論）が，果たして教育経営研究にそれほど存在するのか」，「早晩，その理論は枯渇するのではあるまいか」という危機感の方を筆者は抱く。それゆ

え，議論のプラットホームを作ることに寄与するような基礎（理論）の部分が強固である必要があると考える。学校組織の内発的な改善力に期待する臨床的アプローチに不確実性や創発性が伴うとしても，それで基礎となる理論の部分の弱さをエクスキューズするモノと捉えてはならない。基礎（理論）となる部分を強固にするべく本稿で取り上げるのは，再現可能性である。勿論，再現可能性だけを考慮すれば十分であるとは思わないが，考慮が必要な事柄である。

2　再現可能性との向き合い方

　再現可能性については，「何を再現したいのか」という問いがまず生じることとなる。本稿で「再現可能性」の問題を扱ううえで参考になるのが心理学における議論である。

(1)　心理学で噴出した問題と心理学界での対応

　2015年，Science 誌（Open Science Collaboration 2015）に，過去の心理学の研究論文について追試を行ったところ結果が統計的に再現されたものは追試実験全体のうちの40％に満たないという報告が掲載され，心理学者らに衝撃を与えた。科学は再現（reproducibility）の可能な問題がその対象となっており，もう一度繰り返してやってみることができる，そういった問題についてのみ科学は成り立つとされてきた（中谷 1958）。しかし，新しくユニークな発見を目指そうとする研究の強い推進力と比べると，学問領域としての地盤を固めるうえでの知見の再現性検証の試みは軽視されがちであり，心理学における再現可能性の問題は長らく放置されてきた（三浦 2015）。上記の報告を契機として，心理学は学問としての信頼を取り戻すべく，再現可能性の検証に注力していくこととなった。

(2)　再現可能性に固執することへの批判

　上述の一方で，再現（可能）性の議論が心理学の中でも実験系の研究テーマに偏っていて，あらゆる分野・テーマでの研究の価値を追試可能性や再現可能性で保証していこうという流れには無理があるという批判が存在する。それゆえ，自らの分野における科学性をどう保障するかを，それぞれの学問分野や学問領域で考える必要がある（小島 2016：113頁）。例えば定性的研究における観察という手法は，試行錯誤を繰り返しながら仮説を生成しようとする研究と

の相性がよく，それと関連して，追試を行うことが不可能であるケースが少なくない（小島 2016：112頁）。具体的な研究では，幼稚園での子ども同士のトラブルに関する研究（倉持 1992）において，観察事象（トラブル）のきっかけになる要因等は無数にあるもので，それら全てを統制することは極めて困難であり，無理に追試を行うということはトラブルの再現を企図するため，倫理的な問題も生じる。心理学の中でも，実践への寄与を志向する教育経営学と親和性が高いのは，臨床心理学であるが，その臨床心理学においてさえも，関心が個別の問題解決にあるため，再現可能性や普遍性を重視する実験法の枠組が臨床心理学にはなじまないとの見解も示されている（岡本・梅垣・加藤・黒川・山根・伊藤 2016：55頁）。

⑶　定量的・定性的手法における再現可能性の問題への向き合い方

　ある研究の中で実験や調査によって示された事実や知見が追試によって再現されれば，それに基づく研究の外側に一般化でき，普遍的な知識である可能性が高まる（渡邊 2019：174頁）。これは外的妥当性が高い状態であるといえる。高度な手法を用いたからといって外的妥当性が高まるとは限らず，「実施された教育政策の単独の効果を測定するという点には長けているが，研究デザインの性質上，なぜ，実施された教育政策がそのような効果をもたらしたのかについてのメカニズムを明らかにすることができていない」（山下 2018）。そのため，量的研究でも，外的妥当性よりも，まずは内的妥当性[1]の検討が優先される傾向にある（伊藤 2017：248頁）。再現可能性を志向するのは，定性的研究よりも，定量的研究に多いという印象はあるが，定量的手法を用いることが外的妥当性を高めることに直結するとは限らないのである。

　他方の定性的研究において，直接的に再現性を志向していなくとも，研究知見の内的妥当性や外的妥当性を高めるための工夫は模索されてきた。直接追試とは別に，先行研究と完全に同一の方法ではない新たな方法を用いて先行研究の主張する理論や概念枠組みを維持して追試的に検証する，「概念的追試」という考え方がある（山田 2016：23頁）。その一つが，シングルケースデザインである。以下，石井（2015）の見解をまとめる。

　シングルケースデザインは，同じ個体でデータの測定を反復することにあり，実験的手法と捉えられている。この手法では，実験として条件を組織的に操作することによって，独立変数の効果を明確にしようとするものである。教育経

営学においてもシングルケースデザインによる研究知見の妥当性チェックは可能であろうか。トライ・アンド・エラーを繰り返しながら介入による個々人の変化を追跡的に検証していくシングルケースデザインと異なり，学校の組織活動となると，統制すべき要因が格段に増えるため，単純な援用は困難であろう。そこで，産出された研究知を実践に移す中で，実践の過程そのものを以って知見の妥当性を検証していこうとする試みがなされている（例えば，佐古他2003）。これらの研究により，実施手順も同時に整備されていくこととなるが，理論が減価償却的に捉えられるに伴い飽きられていくためなのか，現在は下火となっている。

3 教育経営学における再現可能性と固有性

　上記の心理学における再現可能性問題に関するレビューから，定量的手法であれ，定性的手法であれ，外的妥当性を如何に高めるかが共通の課題であることが分かった。

　教育経営学は，経営学や心理学の知見を応用してきたが，心理学側から見れば先行研究の主張する理論や概念枠組みを維持して追試的に検証する「概念的追試」であり，外的妥当性の検証とも捉えることができる。ただしそれは，「あらかじめ構成ずみの理論によって教育現実が分析され，分解され，理論的枠組みにしたがって再構成され，体系的に説明される。それゆえ，方法的な緻密さを誇ることはできても，対象の世界に含まれている意味を十分に含ませることは困難（市川1966）」であるともされる。

　このように捉えた場合，教育経営学に突きつけられる課題が三点ある。一点目は，今期の研究推進委員会が掲げる「固有性」について，教育経営学における「固有性」とは何かという問題である。それが理論の固有性であるのか，単なる学問分野としての固有性であるのか，統一的な見解を報告者は知らない。例えばリーダーシップ研究において，諸理論を他分野から援用し教育経営的な事象（校長のリーダーシップ）に当てはめ，フォロワーである教員らにポジティブな効果が確認された場合，それを以て教育経営学における「固有性」であるとは到底いえない。二点目は，一点目とも関連するが，例えば定量的手法によって独立変数と従属変数間に関連性が確認された部分にのみ注目が集まりがちになるという問題である。関連性が確認されなかった点にこそ，むしろ固有性を考えるヒントが残されているとも考えられ，これまでにその可能性を捨象

してきてしまったことが危惧される。三点目は，従属変数的検討から独立変数的用い方への拙速なスライドである。理論や概念，事象といったものの内的妥当性が確認・検証されないままに，独立変数的な用いられ方がなされている点を危惧する。本稿の序盤で，議論のプラットホームを作ることに寄与するような基礎（理論）の部分が強固である必要があるという考えを提示したが，内的妥当性を高める作業が必要になると考える。

4　まとめ

　再現可能性の問題は特に心理学で問われるようになり，知見の内的妥当性が改めて問い直され始め，外的妥当性を高めるための道筋が展開されてきていることを示した。翻って，教育経営学を再現可能性の視点から見ると，経営学や心理学といった他分野・他領域の知見を援用することが通常であり，それは他分野・他領域で産出された知見の外的妥当性の検討（教育経営学への当てはまりのよさの確認）と捉えることができる。他方で，教育経営学の外的妥当性を示すことは難しいといえる。そうであるならば，内的妥当性の方から高めていく必要があると考える。以上が，再現可能性を通してみる，教育経営学の課題である。

［注記］
　(1)　同じ集団に対して動揺の介入を行った場合に，同様の結果が再現されることを以って，確からしいと判断できる程度のこと。

［参考文献］
　・石井拓「シングルケースデザインの概要」『行動分析学研究』第29号，2015年，188-199頁。
　・市川昭午『学校管理運営の組織論―現代教育の組織論的研究』明治図書，1966年。
　・伊藤公一朗『データ分析の力―因果関係に迫る思考法』光文社，2017年。
　・岡本英生・梅垣佑介・加藤奈奈子・黒川嘉子・山根隆宏・伊藤美奈子「臨床心理学における実験法の意義と課題」『奈良女子大学心理臨床研究』第3号第1部，2016年，55-63頁。
　・倉持清美「幼稚園の中のものをめぐる子ども同士のいざこざ―いざこざで使用される方略と子ども同士の関係」『発達心理学研究』第3巻，1992年，1-8頁。
　・小島康生「人間の観察研究における再現可能性の問題」『心理学評論』Vol.59，2016

年，108-113頁。
· 佐古秀一・久我直人・大河内裕幸・山口哲司・花田成文・荒川洋一・田中道介・渡
瀬和明「省察と協働を支援する学校改善プログラムの開発的研究（2）—プログラム
の構成と実施手順」『鳴門教育大学研究紀要』第18号，2003年，31-39頁。
· 曽余田浩史「臨床的アプローチから見た教育経営学の現状と課題」『日本教育経営学
会紀要』第60号，2018年，42-56頁。
· 中谷宇吉郎『科学の方法』岩波書店，1958年。
· 三浦麻子「心理学研究の『常識』が変わる？—心理学界における再現可能性問題へ
の取り組み」『心理学ワールド』第68号，2015年，9-12頁。
· 山下絢「教育政策評価における経済学のアプローチ—米国のチャータースクールの
インパクト評価を事例として」『日本教育政策学会年報』第25号，2018年，45-59頁。
· 渡邊芳之「和文学会誌は再現性問題にどのように立ち向かうか」『基礎心理学研究』
Vol.37，2019年，174-179頁。
· Open Science Collaboration. *Estimating the reproducibility of psychological science.* Science, 349, aac4716, 2015.

164　　　　　　　　　　　　　　　　日本教育経営学会紀要第63号・2021年

討論のまとめ

東京学芸大学　末松裕基

　3名の報告を受けて，主に次の点についてフロアとの議論が行われた。

　まず，畑中会員の報告について，研究者が実践に関与する／しないという点が研究のあり方を左右する境目となるのではないかとの問いかけがなされた。これに対して，畑中会員からは，「価値不可分性」を論じるには，自らの研究経験を赤裸々に語るしかなく，もちろん実践に関与しない研究があってもよいが，実践の学を標榜するのであれば，関与せざるを得ない領域もあるのではないか，共に研究をつくる社会構成主義的な研究がさらに認められる必要があるのではないかとの応答があった。

　次に，米沢会員の報告に対して，大学内外における政治的な影響との関わりをどのように捉えているかについての確認がなされた。これに対して，教師教育，教員養成に関わるなかで政治性を体感しており，それは否定できないが，議論を焦点化するために今回は「研究知を参照する人は誰か」という対象の問題を意識するに留めたとの説明がなされた。

　また，波多江会員の報告に対して，心理学と教育経営学の性格の違いをどのように整理しているかが確認され，その際，心理学が方法の学問であるのに対して，教育経営学は対象の学問であることから，教育経営学の方法は多様となり「再現可能性」という心理学の視点で教育経営学をどこまで語ることができるかとの問いが示された。これに対して，心理学と教育経営学の違いということ以上に，再現性の問題に取り組むかどうかという問題であり，心理学においても再現性に着手し始めたのはごく最近のことである。その理由は，結果を確認できたものしか公表できないというバイアスがあるためであり，モデルのようなものが示された場合，後に続く者の研究のインセンティブは生じにくく，自らの理論を確かめるというよりは，再現することそのものの価値が陳腐化してしまうという課題が生じる恐れがあるとの認識が示された。

　続いて，フロアからは，教育経営をめぐる状況が大きく変わるなかにあって，教育経営学において構築されてきた臨床的アプローチ，なかでもその際の実践

事例の記述や分析方法をどのように受け止めているかについて質問がなされた。これに対して、畑中会員からは、同アプローチが客観主義や実証主義を乗り越えようとしてきた点を意義として認めつつ、それが解釈主義への混同を生じさせてきたことから、社会構成主義の視点の精緻化、あるいは新たな「主義」を見出す重要性が指摘された。米沢会員からは、同アプローチは有用性の議論に重きを置いていた一方で、改めて、参照可能性の視点を加味することの意義が説明され、また、今回の各報告の出発点や契機が同アプローチにあることについても確認された。波多江会員からは、実践のプロセスや継続性に焦点が当たるようになったという点で、同アプローチから引き継がれている点があるが、そのアプローチによる個々の研究の何を引きとればよいか、という現実的な問題があるとの指摘がなされた。また、元兼研究推進委員長からは、この30年ほどにおける環境において、学校現場との距離感など、研究者のポジショナリティが大きく変化したことから、臨床的アプローチとは少し角度の違う形で、教育経営学固有の学術的な基盤を今期の研究推進委員会では確認しようとしているとの説明がなされた。

　以上のほかには、研究者が学校に入っていけるような環境が整ってきたなかで、科学そのものにはなれないが、科学的であろうとしていくという意味で仮説を立て、その仮説の連続を通じて理論を形成し、さらにそれをフィールドに入りながら他の学校に翻訳する、ということが教育経営学では重要ではないかとの問いかけがフロアからなされた。そういう意味では、再現可能性というより翻訳可能性が重要であり、研究は状況適応的にならざるを得ず、これは学校の特性からくるものであるとの指摘がなされた。あわせて、研究の価値は、自己規定するものではなく、後世によってたまたま評価される側面があることから、そういう意味において、若手研究者を中心に「教育経営学に付いていってよいか、信じてよいか」というアイデンティティ・クライシスが起きているのではないかとの問いかけがなされ、「信じるしかない」との発言があった。

　以上を受けて、教育経営学においては、研究対象をどう見るかだけでなく、研究主体に着目し、どのような選択をどういう条件下で行っているかについても検討していく必要があり、そのように問うていくことが学問の存在意義を考えることになるのではないかとの確認がなされた。これらの点に加えて、学問の固有の対象と研究方法論も含めて、今後も教育経営学をさらに検討し議論していくことが課題となる。

Questioning the Inherent Characteristics of the Study of Educational Administration as the Science of Practice (2): What Does It Mean to Improve the Quality of Educational Administration Research as Science?

Hiroki SUEMATSU (Tokyo Gakugei University)

In this report, we discussed what it meant to improve the quality of educational administration research as science from the perspectives of "value indivisible-ness", "referenceability", and "reproducibility".

The following points were mainly discussed. The first was the impact on research on whether or not researchers were involved in practice, and in particular, the significance of social constructionist research was emphasised. Next is the relationship with political influence inside and outside the university. Then, the difference in character between psychology and educational administration was confirmed.

It was also confirmed how to perceive the clinical approach in educational administration research, and it was referred that the positionality of researchers, such as the sense of distance from the school site, has changed significantly.

The significance of confirming the following points was also pointed out. With the environment in place that makes it easier for researchers to get involved in schools, it is necessary to make a hypothesis that it will be scientific, and then translate it into other schools. In that sense, translatability is more important than reproducibility.

At the same time, the value of research is not self-defined, but it happens to be evaluated by posterity. It seems that an identity crisis is occurring among young researchers while asking "Is it okay to follow or believe in educational administration research?".

Based on the above, it is necessary to consider not only how to grasp the research objects, but also what kind of choices are made under some conditions, focusing on the research subjects. Asking such questions will show us the direction of existence value of the educational administration research.

海外の教育経営事情

　今期国際交流委員会では，アメリカ，イギリス，オーストラリア，ニュージーランドを中心に「新時代における学校管理職と教育経営改革の国際比較研究」をテーマに研究を進める。学校経営，教育政策，教育改革をめぐる様々な潮流と最新の展開を視野に入れた上で，校長の専門性と育成システム，学校改善と校長の役割，学校管理職スタンダードの特質について論究する。

　紀要第63号では，各国の学校管理職スタンダードに関する比較分析を行い，日本の課題を考察する。そして，今後の研究課題と学会への提言を示す。

アメリカ, イギリス, オーストラリア, ニュージーランドの学校管理職スタンダード
—各国の特徴と日本の課題—

筑波大学 　佐　藤　博　志

国立教育政策研究所 　植　田　み　ど　り

千葉大学 　貞　広　斎　子

日本大学 　末　冨　　　芳

群馬大学 　高　橋　　　望

沖縄国際大学 　照　屋　翔　大

大阪産業大学 　西　野　倫　世

1　はじめに

　今日の社会は複雑で流動的かつ諸問題が高度化している。これに伴い, 学校教育の課題は山積している。OECD (2018) は個人や社会のウエルビーイングを実現するために, 学習者のエイジェンシーを提起した。そして, エイジェンシーの基盤となるコンピテンシーとして,「新たな価値を創造する力, 対立やジレンマを克服する力, 責任ある行動をとる力」(OECD 2018：5) をあげている。この指摘をふまえて, 日本の教育課題を考えると, 既存の教育方法とICT 活用のベストミックスや, 構築主義的な学びの実現が求められる。

　このような課題に対応するためには, 学校における組織的な取り組みが不可欠であり, 学校管理職の専門性が問われる。では, 国際的には, 学校管理職の専門性はどのように概念化されているのだろうか。今日, エビデンスインフォームドという鍵概念が教育改革で使われるようになっている。一方で, 日本でもよく指摘される学校管理職のヒューマニティ (人間性) は海外でどのように位置づけられているのか。

　以上の問題意識から, 本論は, アメリカ, イギリス, オーストラリア, ニュージーランドの学校管理職スタンダードの動向と特徴を解明することを目的とする。特に, エビデンス, ヒューマニティの観点から, 各国の状況を分析する。

これら4か国は，学校管理職スタンダードの策定，校長のリーダーシップ発揮，時代の変化や地域・子どものニーズに応じた学校改善に熱心に取り組んでいるため，研究対象として意義がある。各国のスタンダードの論述につづいて，日本の課題を考察する。最後に今後の研究課題等について述べる。

2-1　アメリカ

(1) アメリカにおける学校管理職の概念と政策動向

　アメリカにおいては，学校管理職を表す用語として，school administrator が用いられてきた。これは，教育長・指導主事といった学区（district）レベルのリーダーと校長・副校長・教頭といった学校（building）レベルのリーダーを包含する概念である。校長を教育行政（administration）の一端と位置づける同国の学区と学校をめぐる伝統的な認識が表れている。しかし，1980年代校の学校裁量権限（人事，予算，カリキュラム）を拡大させる政策動向（SBM，チャータースクール等の展開）の中で，校長職をめぐり「教育長の代理執行官という役割から，個別学校の経営責任者という役割への変容」（浜田 2017：140）がみられ，「それに伴い，『スクールリーダー（school leader)』という用語が頻繁に使われるようになった」（同上）。例えば，同国における学校管理職スタンダードとしてよく知られている ISLLC も Standards for School Leaders であるし，連邦教育法（ESSA法）においても，school leader という用語が用いられている。

　ESSA法の内容を鑑みるに，同国において school leader に対する政策的期待はますます高まっているといえよう。同法は，学校改善及び効果的な教授における校長の重要性を認めており，例えばタイトルⅡ（質の高い教員と校長の養成・研修・採用）では，校長の免許資格（伝統的・オルタナティブ），評価，支援のシステムの改善，スクールリーダーの採用と継続雇用（retaining）及び研修，キャリアの浅い校長を対象にした入門研修（induction）やメンタリングといった取り組みについて重点的な予算配分が実施されている（ただし，州や学区には同法が定めるエビデンスを示すことが使用要件として課される）。

　なお，ESSA法において校長のリーダーシップに期待するところは大きく，特に，効果的な教授学習に対する校長のリーダーシップ（校内において学びをリードする役割，教員や児童生徒をサポートする役割）への期待が高いという点にその特徴を見出すことができる。

⑵　専門職スタンダードをめぐる新たな動向：ISLLC から PSEL へ

　こうした政策動向の中 ISLLC が改訂され，2015年に「教育リーダーのための専門職スタンダード」（Professional Standards for Educational Leader：PSEL）が策定された。改訂の背景として，校長の果たすべき役割において，第一にカリキュラム，授業，学習評価に教員と一緒に関わる機会が増えた点，第二に教員たちに公正かつ公平（equity and equitable）な貢献を可能にする環境の創造が重視された点をあげることができる（Clifford and Collins 2018：4）。

　PSEL は「児童生徒の学習」を中心に10項目（４領域）から成り，リーダーシップの全体像を**図1**のように構想している。さらに，各領域は相互に連動するよう企図されており，専門職スタンダードの中核として項目④・⑤，それを支えるものが項目⑥〜⑨，こうした職務全般の駆動因として項目①〜③及び「そもそも学校改善ができると信じること」（項目⑩）と位置づけられている。

　本稿が着眼するエビデンスインフォームド及びヒューマニティの観点について，紙幅の都合上，概要のみ述べれば，前者は項目①・④・⑨・⑩，後者は項目②・③・⑤・⑧において関連した記述がみられる。また，項目⑥・⑦では双方の観点を含む記述を確認できる。ISLLC 作成代表を務めた Joseph Murphy らによると，PSEL で強調された点は「学業面への高い期待と児童生徒へのケア・支援の厳格さのバランス」であり，「公正と倫理」や「奉仕とその道徳的土台」等が重視されているという（Smylie and Murphy 2018：25）。以上から PSEL について総括すれば，学業面とケアを両輪とし，エビデンスに基づきながらリーダーシップの全体像強化を目指すものと把握できる。ここに，公正とエビデンスに基づく支援を強調する，上述の ESSA 法が有する特徴との重なりを見出せる。

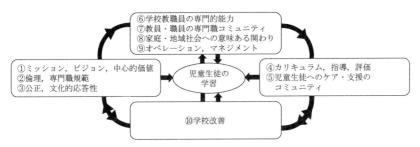

（出典：National Policy Board for Educational Administration 2015：5 を基に筆者作成）

図1　PSEL におけるリーダーシップの全体像

2-2　イギリス

イギリス（イングランド）は，1988年教育改革法（Education Reform Act 1988）に規定された自律的学校経営（Local Management of Schools：LMS）等により，学校の自律性に基づく学校改革に積極的に取り組んできたが，その中で学校間の過度な競争的関係による学校間格差の問題が生じていた。その問題を是正するために，1997年の労働党政権発足以降，学校間の協働的関係に基づく学校改革が積極的に行われてきた（Hopkins：2009）。

2010年以降もこの方向性は，マルチアカデミートラスト（Multi Academy Trust）やティーチングスクール連合（Teaching Schools Alliance）等として推進されている。この方向性の基盤には，David Hargreaves らにより理論づけられた「自己改善型学校システム（Self–Improving School System：SISS）」がある。自己改善型学校システムとは，単体の学校を経営体と捉えるのではなく，複数の学校で構成される学校群を1つのシステムとして捉え，優れた学校及びスクールリーダーがその学校群全体の学校改善を先導し，責任を担う構造を構築し，各学校及び学校群の学校改善に取り組むとともに，学校間の相互支援機能（school–to–school support）により学校の自己改善能力を高め，各学校が自己改善型の学校となることを目指す仕組みである（Hargreaves：2010）。

このような学校間の協働的関係に基づく学校改革及び自己改善型学校システムに基づいた学校改革を推進するために，イギリスでは優秀な学校管理職（School Leader）の育成及び資質能力の質的保障の仕組みも整備してきた。その中核的役割を担う機関として，全国スクールリーダーカレッジ（National College for School Leadership：NCSL）が2000年に設置された。

また資質能力の質的保障の仕組みとして，校長の資質能力に関する全国的な基準を制定し，それに基づく育成及び研修システムを整備した。1997年に教員研修機構（Teacher Training Agency：TTA）により初めての校長長職の専門職スタンダード（National Standards for Headteachers)」が策定され，全国校長資格付与プログラム（National Professional Qualification for Headship: NPQH）が導入された。専門職スタンダードは，2000年，2004年と改訂された後，2015年に大幅に改訂され，「卓越した校長の専門職スタンダード（National standards of excellence for headteachers)」として発表され，現在に至っている。

2004年専門職スタンダードでは教授学習を主導できるリーダーとその専門職

性に焦点が当てられていたが，2015年のものは自己改善型学校システムを主導できるリーダー像への転換が図られている（DfE：2015a）。2015年専門職スタンダードでは，校長の役割を，教職の専門性を形作る重要な職であると位置づけた上で，地域社会に貢献する専門家としてのロールモデルとしている。そして，校長の価値と志は学校の成果向上であるとして，教育及び子どもたちの将来に責任をもち，かつ教員の専門職性の向上にも責任をもつこととしている。

このような校長に求められる資質能力の領域として，①質と能力，②児童生徒と教職員，③システムとプロセス，④自己改善学校システムが規定されている。そして四つの領域ごとに，卓越した校長の特徴が6項目ずつ規定されている。本稿の検討枠組みであるエビデンスインフォームド及びヒューマニティの観点から整理すると次のような特徴がある。ヒューマニティについては，①質と能力において，「児童生徒にワールドクラスな教育を提供することに焦点を当てた明確な価値と道徳的目的をもち，明示すること」，「楽天的な個人的行動，児童生徒，教職員，保護者，理事，地域住民への肯定的な関係性と態度を示すこと」，「誠実さ，創造力，弾力性，明晰さなどの自己の資質，専門的知識，スキルによって導くこと」として示されている。一方エビデンスインフォームドについては，②児童生徒と教職員において，「児童生徒の学習及び優れた学級内での活動と教育課程編成と児童生徒の幸福と優れた教育活動をどうするかについて，分析的な理解に基づいて卓越した教授活動を保障すること」，「適切な研究と確固としたデータ分析に基づいた学校同士の優れた実践を共有して"開かれた学級"という教育的文化を創造すること」，あるいは④自己改善型学校システムにおいて，「卓越性を達成し，自己調整と自己改善を形作る優れた根拠に基づいた研究から発見したものに基づく最高の関心により優れた教育的な伝統に挑戦すること」として示されている。

資質能力の育成のために活用するとともに，学校理事会等が校長を評価する際や採用する際の基準として活用すること，校長の後継者としてのミドルリーダーの育成する際に活用することとされている。

2－3　オーストラリア

オーストラリアでは，「ゴンスキ2.0」（Gonski 2.0）という総理大臣と連邦政府教育大臣に対する2018年4月の答申が出された。同答申では，児童生徒の学習成果の向上の観点から，校長のリーダーシップが重要であることが指摘され

ている（Gonski 2018：13）。オーストラリアでは，日本よりも，学校の裁量は人事と予算編成に関して拡大されている。校長制度は州により異なっている。例えば，ビクトリア州では民間校長制度はない。ビクトリア州の場合，校長人事は公募制で行われ，5年任期制である。

オーストラリア・ティーチング・スクールリーダーシップ機構（Australian Institute for Teaching and School Leadership）が2011年に「オーストラリア校長専門職スタンダード（Australian Professional Standard for Principals）」を策定した。これが2015年に，「オーストラリア校長専門職スタンダードとリーダーシップ・プロファイル（Australian Professional Standard for Principals and the Leadership Profiles）」に改訂された。リーダーシップ・プロファイルが付け加えられた理由は，具体的なリーダーシップについて明示し，校長と校長候補者の職能成長の指針とするためである。2019年にも部分改訂されている。以下の記述は引用個所も含めて，このスタンダードに基づいている。

校長専門職スタンダードは，「リーダーシップの要件」と「専門的実践」が設定されている。「リーダーシップの要件」は，「①ビジョンと価値：学校のビジョンの開発をリードし，価値（道徳，倫理，民主的価値）を涵養する。②知識と理解：現代リーダーシップの実践と理論に関する知識をもち，その知識を学校改善に応用する。③人格と社会・人間関係の技能：知性，共感，回復，幸福と健康，省察，建設的な思考，コミュニケーション，文脈の配慮等，人格と人間関係に関する能力をもつ」である。

「専門的実践」は，「①教えと学びのリード：チャレンジと支援を促す積極的文化の形成を通して，児童生徒に対する効果的な指導を導く。②自己と他者の成長：振り返りや専門的学びを通して，自己と同僚等の成長を促す。③改善，革新，変化のリード：同僚等と共に，ビジョンと計画を実施し，学校の改善，革新，変化をリードする。④学校マネジメントのリード：効果，安全，効率，アカウンタビリティ，成功，協働の観点から，学校のマネジメントをリードする。⑤コミュニティにコミットし共に働く：高い期待をもつ文化の形成，包摂，連携，児童生徒の尊重，生涯学習，多文化認識，先住民の文化の理解と和解，児童生徒・家庭・保護者のニーズの観点から，学校の幅広いコミュニティにコミットし，共に働く」である。

これらのスタンダードに加えて，「リーダーシップの力点を通したリーダーシップ・プロファイル（Leadership Profiles through the Leadership Emphasis lens）」が設定されている。これは，運営（Operational），人間関係（Relational），戦略（Strategic），体系性（Systemic）から構成される。学校経営の実施局面において，経営の領域を意識させるようになっている。

　ここから，エビデンスインフォームドとヒューマニティの観点から分析する。

　第一に，エビデンスインフォームドは，「専門的実践」の「③改善，革新，変化のリード」において明確に記述がみられる。すなわち，「校長は，人々と共に働き，学校とその施設を改善する観点から，明確でエビデンスベースドの改善計画と方針を策定，実施する。」「校長は，児童生徒の学習成果にポジティブな影響を与えるようなエビデンスベースドの改善，変化，革新に教職員がコミットするように促す。」と述べられている。この個所以外にも，「専門的実践」の「①教えと学びのリード」，「要件」の「②知識と理解」などにエビデンスに関する記述がみられる。

　第二に，ヒューマニティに関して，校長専門職スタンダードの「要件」の「③人格と社会・人間関係の技能」において，より組織運営に焦点化して書かれている。「校長は学校コミュニティと信頼関係を築き，コミュニティの中の児童生徒と教職員のために，ポジティブな学習の雰囲気をつくることができる。」と述べている。そして，校長には，ポジティブさ，協働，コミュニケーションなどの技能が必要であると述べている。この個所以外にも，「専門的実践」の「⑤コミュニティにコミットし共に働く」，「要件」の「①ビジョンと価値」などにヒューマニティに関する記述がみられる。例えば「①ビジョンと価値」では，「校長は道徳的目的に基づいて高潔に行動する。」との記載がある。

　このようにエビデンスやヒューマニティという観点が校長専門職スタンダードから看取できる。学校のビジョンの具現化や改善の戦略的実施をめぐって，エビデンスとヒューマニティの位置関係が今後問われるだろう。

2-4　ニュージーランド

　学校管理職スタンダードとして，本稿では，「ニュージーランドの校長のリーダーシップ（Kiwi Leadership for Principals：KLP）」と，労働協約において示される「校長の専門職スタンダード（Professional Standards for Principals：PS）」の二つを取り上げる。

　1980年代後半以降，各学校に学校理事会が設置され，学校分権化が進められた。学校の自律性が高いため，必然的に学校管理職の力量や専門性等が重視さ

れるようになり，研修システムも整備され，その充実が図られるようになった。

　2008年に発表された KLP は，未来の学校を導くために必要な知識や技術を反映した教育リーダーシップを明示すること，リーダーである校長に期待される力量や専門性等を明示し校長の職能成長を支援すること，が目的とされる（Ministry of Education 2008：6 - 7）。特徴的であることは，教育省が展開する BES（Iterative Best Evidence Synthesis）プログラムの研究成果が反映されている点である。BES プログラムは，実践者と研究者の共同研究により，学校実態から導かれるエビデンスに根ざした政策策定を指向する。スクールリーダーシップに焦点をあてた BES では，どのようなリーダーシップや働きが学校改善や児童生徒の学習到達度の向上に寄与しているのかが分析され，その成果が KLP として結実している（Robinson：2008）。

　KLP では，教育リーダーシップを支える要素として，「各学校の状況（school context)」「主要リーダーシップ活動（key principal leadership activities)」「実践分野（areas of practice)」「リーダーシップの質（qualities)」があげられる（Ministry of Education 2008：12-23)。

　各学校の状況は，同国の学校の自律性の高さに基づく。校長には，学校実態を精緻に分析し，各学校の状況に適応したリーダーシップが要請される。

　主要なリーダーシップ活動は，「変化の導出（leading change)：変化を起こすプロセスを熟知し，ビジョンをもち，学校関係者と協働する。」「問題解決力（problem solving)：学校課題を認識し，分析し，解決する。問題解決のプロセスを管理する。」から構成される。

　実践分野は，「文化（culture：what we value around here)：児童生徒の学びの向上に資する学校文化構築のための専門的リーダーシップを提供する。」「教育学的視点（pedagogy：knowledge about teaching and learning)：全ての児童生徒が学びの成功体験を期待できるような学習環境を構築する。」「システム（systems：how things work around here)：児童生徒の学びの向上に資するマネジメントシステムを発展させ，実行する。」「パートナーシップとネットワーク（partnerships and networks：creating positive links to support learning）児童生徒の学びの向上に資するコミュニケーションと関係性を強める。」から構成される。校長は，児童生徒の学びのため，変化を導き，問題解決を図るべく，相互に関連し合う 4 つの分野に働きかける必要がある。

　リーダーシップの質は，「マアナキタンガ（manaakitanga, leading with moral

purpose）：道徳心，信頼感」「ポノ（pono, having self–belief）：強い信念，自己認識」「アコ（ako, being a learner）：協働性，学ぶ姿勢」「アウィナタンガ（awhinatanga, guiding and supporting）：他者への支援，助け合い」から構成される。校長のリーダーシップを支える核と位置づけられ，公用語であるマオリ語で示されている点に同国の特質を指摘することができる。

　他方，PS は，教育省，組合，校長会，全国学校理事会協会によって策定される。校長の雇用者である学校理事会は，毎年の校長評価が義務づけられており，その際に活用されるのが PS である。PS の要素は，「文化」「教育学的視点」「システム」「パートナーシップとネットワーク」があげられ，KLP との関連を確認できる。

　以上を整理すれば，校長に求められる力量や専門性等が KLP において示され，それが PS に反映されており，毎年の校長評価を通してそのパフォーマンスが確認されるという関係性を看取できる。

　エビデンスインフォームドという観点は，「教育学的視点」「システム」において確認できる。「児童生徒の学習到達度データを活用した評価プロセスの継続」「発展，計画，変革のためのエビデンスの活用」等の記述がみられる。各学校でデータを収集・分析・活用し，効果的かつ持続的なマネジメントサイクルを構築する必要性が指摘されている。ヒューマニティという観点は，「文化」「パートナーシップとネットワーク」において確認できる。「チームワーク文化の創造」「同僚や他校を結ぶ効果的な専門的学習集団の構築」等の記述がみられる。学校内部・外部のつながり，機会や資源を共有することの重要性が指摘されている。また，マオリ語で示される要素は，同国の校長に求められる根本的な姿勢や内面性を表現していると考えられる。

3　日本との対比と政策課題，及び研究課題
　　　―諸外国の動向をふまえて―

　本研究の課題は，質の高い，あるいは新しい教育を実現するために，国際的な状況に照らし合わせ，学校管理職スタンダードの動向と特徴を解明することを目的としていた。本研究で注目した 4 か国（アメリカ・イギリス・オーストラリア・ニュージーランド）は，学校管理職スタンダードの策定・校長のリーダーシップ発揮，時代の変化や地域・子どものニーズに応じた学校改善において，**表 1** のような特徴がある。

とくにそもそもエビデンスやデータ活用にもとづいて学校管理職スタンダードの制定すら進んでいない日本ではあるが，願わくば転換期を迎えてほしい日本との対比において優先的に注目すべきであるのは，公正という価値観の重視，データ活用とオンライン化，である。

公正（equity）については，日本の教育政策においては大学入試に関する一部提言を除いて位置づいてはいない。この前提として，本研究において比較対象とした4か国とは異なり，子どもの権利／尊厳が法制において十分な位置づけを与えられないため，子どもの一人ひとりの権利を保障するために，保護者の社会経済階層に起因する格差，とりわけ子どもの貧困対策，エスニックマイノリティやジェンダー等に起因するアチーブメント格差や進学機会格差に対する是正策が講じられていない。

またそうした公正に対する教育政策での取り組みや学校管理職スタンダードの基盤を形成するエビデンス政策においても日本は大きく後れをとっている。児童生徒単位ではなく，教員の質や学校マネジメントの質をアセスメントできる学校・学級単位でのデータベース構築と分析・検証，政策提言につなげるまでの政策 PDCA そのもののキャッチアップがまず課題である。

表1　学校管理職スタンダードにみる4か国の特徴とわが国の状況

イギリス・アメリカ・ニュージーランド・オーストラリア	日　本
分権化，自律性，事後の評価	都道府県・政令市・中核市教育委員会の権限の大きさ 首長との関係 評価システム自体の課題
公正の重視 背景にある多様化への対応，基本的人権の尊重	「公正」は日本の教育政策には位置づいていない 子どもの権利・尊厳の保護には大きな課題（子どもの権利は日本の教育基本法－学校教育法体系には位置づいていない）
学校改善フレームワーク（学校経営計画と学校評価）	部分的には設計運用されている ただし検証やエビデンスの確立は十分ではない？
データ活用とオンライン化	個人単位より学校・学級単位でのデータベース構築・分析・活用が課題
リーダーシップ，エビデンス活用 （経験だけでなく科学）	教職大学院の役割の検証 日本の理論・実証におけるリーダシップ論の蓄積の再評価と活用（科学！）

（筆者作成）

4　おわりに―今後の研究課題と学会への提言

　対象とした4か国では，学校管理職スタンダードにおいて，エビデンス，ヒューマニティに関する記述が共通してみられた。日本に焦点づけた課題等については前述の通りであるが，ここでは，国際比較研究の観点から今後の研究課題について述べる。

　第一に，各国の学校管理職スタンダードにおけるエビデンス，ヒューマニティの扱いの程度に関して数量的に比較することである。

　第二に，各国の学校管理職スタンダードの政策的背景を比較・考察する必要がある。例えば，エビデンスが重視されるようになった理由は何か。学力格差縮小の観点から効果的な教育方法と組織的戦略を開発することが求められており，その手段として学校管理職のエビデンス活用が推奨されるようになったのではないか。このような検討も今後の課題となる。

　第三に，各国の学校管理職のリーダーシップの実態を，スタンダードを参照しつつ，エビデンス，ヒューマニティの観点から分析することである。同時に，実態を分析する場合，校長の直観的判断（アート）という観点も重要である。「エビデンスの知見や他の研究結果を学校の特定の文脈に適したかたちで使うためには，リーダーシップにおけるアートがなお必要」（Drysdale and Gurr 2017：147）だからである。

　第四に，各国の学校管理職スタンダードで除外された要素の意味や位置づけを解明，考察することである。前述の直観的判断は，各国の学校管理職スタンダードでは明記されていない。これは，スタンダードとして言語化し難い要素が，校長の資質力量やリーダーシップに存在することを意味している。この点に，スタンダードと現場の間の相違が見出せる。これが国際的に共通した現象とすれば，「言語化可能な要素を記述したもの」という学校管理職スタンダードの本質を指摘できる。直観的判断以外にも，何らかの言語化し難い要素があるかもしれない。言語化し難い要素や現象に視野を広げることによって，学校管理職の実践，活動，顕在的・潜在的影響を多面的に捉えることもできる。スタンダードの意義を相対的に捉えることにもつながる。

　学会への提言は，このような課題をふまえつつ，学校管理職スタンダードの国際比較に日本も加えて研究することである。日本も比較の対象とすることによって，新たな知見が得られるだろう。

[付記]

　本稿の執筆分担は次の通りである。1，2‐3，4を佐藤，2‐1(1)を照屋，2‐1(2)を西野，2‐2を植田，2‐4を高橋，3を末冨が執筆した。さらに，貞広を加えた国際交流委員全員で全体的な内容を協議・検討し，完成原稿を作成した。

[参考文献]

- Australian Institute for Teaching and School Leadership (AITSL), *Australian Professional Standard for Principals and the Leadership Profiles*, 2019.
- Clifford, M. and Collins K., Feedback and the Role of Principal Supervisor, AIR, 2018.
- Hopkins, D., *The Emergence of System Leadership*, NCSL, 2009.
- Hargreaves, D., *Creating a self–improving school system*, September 2010.
- DfE, *Report of the review of national standards of excellence for headteachers*, 2015a.
- DfE, National standards of excellence for headteachers, 2015b.
- Drysdale, L. and Gurr, D., Leadership in Uncertain Times, *International Studies in Educational Administration*, Volume 45, No. 2, 2017.
- Gonski, D., *Report of the Review to Achieve Educational Excellence in Australian Schools*, Commonwealth of Australia, 2018.
- Ministry of Education, *Kiwi Leadership for Principals: Principals as Educational Leaders*, 2008.
- National Policy Board for Educational Administration, *Professional Standards for Educational Leaders*, Reston, VA: Author, 2015.
- OECD, *Education 2030: The Future of Education and Skills*, 2018.
- Robinson, V., *Educational Leadership Best Evidence Synthesis Iteration*, Wellington, Ministry of Education (forthcoming), 2008.
- Smylie, M. and Murphy, J., School Leader Standards From ISLLC To PSEL, *UCEA Review*, 2018, pp.24-28.
- 浜田博文「アメリカにおけるスクールリーダーとその専門職団体について」『日本教育経営学会紀要』第59号，2017年，139-143頁。

実践研究フォーラム

教職大学院におけるスクールリーダー教育に関する構成原理の検討とプログラム開発(2)

　第5期実践推進委員会（以下「本委員会」）は，教職大学院がスクールリーダー（以下「ＳＬ」）教育の中心的役割を担うことが期待されている状況において，「教職大学院におけるＳＬ教育に関する構成原理の検討とプログラム開発」をミッションとして活動を始めた。まず，1年目のフォーラムでは，わが国の大学院，特に教職大学院におけるＳＬ教育の展開過程（研究と実践）のレビュー，全国教職大学院におけるＳＬ教育の提供実態，国内外のＳＬ教育の具体事例に基づき，本委員会が取り組むべき方向性とその内容等について協議した。

　その後，本委員会では議論を重ね，「ワンベストシステムではなく，今後，新たに教職大学院を立ち上げる，あるいは現在のプログラムをリニューアルする際の『拠り所・参照』となり得るもの」を提案するために，2年後のゴールを「各教職大学院のＳＬプログラム改定にあたっての『ＳＬスタンダード』の開発」と設定した。そして，2年目の具体的な活動として，3チームを編成し，各教職大学院のＳＬプログラムのデザイン・原理の実態（報告1），教職大学院と教育委員会のＳＬ教育の実態（報告2），他専門職大学院，特にMBAのリーダー教育の実態（報告3）に関する調査活動を進めてきた。

　そこで，2年目のフォーラムでは，三つの調査結果の報告に基づき，前記した「ＳＬスタンダード」のイメージや内容等について，参加者と幅広くディスカッションし，3年目（最終年）の主活動である「ＳＬスタンダード」の開発に資する示唆を得ることを目指した。なおこの時，「本学会として，教育経営学の研究成果を踏まえたＳＬ教育プログラムの構成原理とその内容は何か？」という軸足に基づくことを意識した。

　本委員会主催の第2回実践研究フォーラムとして，浅野良一委員（兵庫教育大学）と安藤知子委員（上越教育大学）との司会のもと，前記調査活動の報告1：高谷哲也委員・山本遼委員，報告2：大林正史委員，報告3：田中真秀委員の話題提供に基づき，参加者の方々とのディスカッションを行った。

── 実践研究フォーラム ──

教職大学院におけるスクールリーダー教育の意義と課題

鹿児島大学　**髙 谷 哲 也**
大分大学　**山 本 　 遼**

1　報告の目的

　本報告では，教職大学院におけるスクールリーダー教育において重視されている教育の特徴から，高等教育機関である教職大学院だからこそ追究することのできるスクールリーダー教育の意義や独自性，課題について考察を行った。

　近年，教職大学院の量的拡大が進められ，また，教職大学院と教員研修との連携を強める動きが高まっている。そのような状況の中，教職大学院においてスクールリーダー教育を行うことの意義や独自性，その意義を果たす上で重要なことは何かを問うことが重要な課題となっている。教職大学院では，高度専門職業人としての高度な実践力の開発を目的とし，「理論と実践の往還」を中核とした教育が目指されている。報告者らは，高等教育機関である教職大学院がスクールリーダー教育を担う意義や独自性という点では，スクールリーダーとして「どうすればよいか」という職務に関する学修に加えて，職務の省察につながる「なぜ」「何のために」を追求する研究知や職務を支えるスクールリーダーとしてのモノの見方，思考の仕方の学修をいかに提供できるかが重要な研究課題となると考えた。そのような問題意識のもと，教職大学院におけるスクールリーダー教育にこだわりをもって携わっている教員を対象に実施したインタビュー調査を中心とした訪問調査の結果を報告し，意見交換を行った。

2　調査の概要

　本報告の訪問調査では，教育経営学を専門とする研究者であり，「教職大学院における」スクールリーダー教育のあり方について専門的な視点からこだわりや問題意識をもっていると思われる教員を選定し，協力を依頼した。なお，本調査では，調査に協力が得られた教員自身のこだわりや問題意識を詳細に把

握することを目的としたことから，当該教員が所属している教職大学院ならびにコースを代表する立場での協力ではなく，次に示す調査の視点について，当該教員自身の認識やこだわり，問題意識を率直に語ってもらうことを依頼した。そのため，協力の得られた教員の所属教職大学院名は仮名として報告した。

　報告者らは，三つの教職大学院を訪問し，6名の教員にインタビュー調査を実施した。インタビュー調査の視点は，**表1**の通りである。

表1　インタビュー調査の視点

①教職大学院の置かれている状況
・対象者（入学者の特徴）・教育委員会との関係 ・教育センターとの連携，関係など
②教職大学院のカリキュラム内におけるスクールリーダー教育の位置づけと目的
・スクールリーダー教育のデザインはどのような課題意識が前提になっているか ・スクールリーダー教育が教職大学院のカリキュラム全体の中にどのように位置づいているか ・スクールリーダー教育を通して育成を目指しているスクールリーダー像の具体的な内容について ・スクールリーダー教育を通して育成を目指している能力について
③スクールリーダー教育の目的と実現方法（提供している学習内容）の関係
・スクールリーダー教育の目的を，具体的にどのような方法（学習）によって実現することを目指しているか（カリキュラムの構造やカリキュラムの中核となる教育方法について） ・課題研究報告書の位置づけとそこで求める内容や水準について
④スクールリーダー教育の成果[1]
・教職大学院におけるスクールリーダー教育の成果をどのように捉えているか
⑤スクールリーダー教育に携わっている中で感じている事柄と直面している悩み
・教職大学院におけるスクールリーダー教育に携わっている中で感じている事柄や直面している悩み・課題について

3　教職大学院におけるスクールリーダー教育の独自性確立における論点

　調査の結果から，教職大学院におけるスクールリーダー教育の意義や独自性を見出し確立していく際に，何が論点となるかを論考した。

　第一に，調査協力を得た教員は，教職大学院におけるスクールリーダー教育の意義・独自性を，スクールリーダーとしての「ものの見方や考え方」「理論や哲学，世界観」を養う点に見出していた。そして，その内実は各教職大学院

が置かれている状況から求められるものとの関係や担当教員の専門性によって多様であることにこそ，その価値があるとの結論に至った。教職大学院におけるスクールリーダー教育を一様なスタンダードによって規定することが重要なのではなく，各教職大学院・担当教員が，置かれている状況や環境，入学者や担当教員の属性に応じて，そこでこそ育むことのできるスクールリーダーとしての「ものの見方や考え方」「理論や哲学，世界観」を，自律的に常に問い直しその育成方途を開発し続けているか否かが重要な論点となるとの結論に至った。

　第二に，調査を行った教職大学院が，どのようにカリキュラムを設計しており，教員がそこにどのような意図・目的をもって携わっているかについて整理した。各教職大学院においては，自分たちのスクールリーダー教育における理論と実践の往還をどのような論理と目的に基づきデザインすべきかについての議論が必要であり，実際に学生の中でそれがどのように往還しているかを把握する調査が蓄積される必要がある。なぜなら，提供する側がイメージしている往還が，実際にそのまま学生の中に起こることはあり得ず，常に学習者の中に現実に起こっていることから学び修正していく使命が教育者側には課せられているからである。いいかえれば，学生の中に実際に生起している理論と実践の往還の内実を調査する研究手法の開発が求められるともいえる。

　第三に，各教職大学院が目的としている学習の成果をどのような観点や指標をもって把握するかという問題が，目指している学習の成果を適切に把握できるか否かを左右するという点で重要な論点として見出された。なぜなら，スクールリーダー教育の成果がどのような評価によってなされるかによって，スクールリーダー教育の実践が規定されることになるからである。修了生の満足度調査や管理職任用数などを安易に成果把握の方法として採用することは，自分たちのこだわっているスクールリーダー教育の本質と異なる側面で価値づけを行ってしまうことになる可能性がある。その意味で，教職大学院におけるスクールリーダー教育の成果の本質を適切に把握する方法の開発とその事例蓄積が各教職大学院に求められるとともに，学会としても追究されるべき重要な問題であるとの提案を行った。

［注］
　⑴　成果の視点は，一人目のインタビュー調査の中で出てきた視点である。重要な視

点と考え，二人目以降のインタビュー調査から追加した。

───┼─── 実践研究フォーラム ───────

教職大学院と教育委員会の
スクールリーダー育成の特質

鳴門教育大学 大 林 正 史

1 本報告の目的と方法

本報告の目的は，教職大学院と教育委員会のスクールリーダー（以下「ＳＬ」）育成の共通点や相違点を分析することを通して，各教職大学院のＳＬ育成プログラム改訂にあたっての「拠り所」について考察することである。

2019年11月〜12月に教職大学院54校，47都道府県および20政令市の教育委員会と教育センターに対して「ＳＬの範囲」，「育成したいＳＬ像」，「ＳＬを育成するために特に力を入れている取り組み」，「ＳＬ育成の成果と課題」を尋ねる質問紙調査を実施した。結果，教職大学院から36通（66.7%），教育委員会から25通（37.3%），教育センターから48通（71.6%）の回答を得た。本報告では，教育センターからの回答を，教育委員会からの回答として解釈した。「育成したいＳＬ像」に関しては，「校長の専門職基準」（2009）で示された7つの基準の下位項目を参考に33の質問項目を設定し，4件法（1重視していない〜4重視している）で尋ねた。また，他の項目を主に自由記述で尋ねた。

2 結果と考察

上記の質問紙調査の結果，主に次の2点が明らかとなった。

第一に，教職大学院と教育センターは，共に，学校管理職の職務内容に関する既存の形式知（曽余田2004：257頁）にあたる力量の育成を重視する傾向がある。金川（2004：22頁）は，「コンピテンスとは，実践現場で成果に繋がるように職務を遂行できる力である。そして，コンピテンスアプローチとは，校

長に求められるコンピテンスを抽出してベンチマーク化し，それに合致する人材の採用・選抜をしたり，育成を行うものである」と述べている。よって教職大学院と教育センターは，共に意図してはいないかもしれないが，コンピテンスアプローチの枠組みを重視して，ＳＬの育成を行っていると考えられる。

　また，金川（2004：21頁）は，校長の養成について，「学校経営の実践は，価値観や目的が曖昧かつ多様であり，普遍的な正解や方程式など存在しない。ゆえに，アカデミックな知識や理論以上に，経験的に培った勘やコツ，ノウハウ（暗黙知）や自らの実践を省察する力を専門性の基礎に，個別具体的な状況と対話し，自らの実践の前提を吟味・修正しながら探究的な実践を行う力，つまり反省的実践家としての力に焦点を当てた養成・研修が適切かつ重要」であると指摘している。その上で，「コンピテンスアプローチは，その考え方，扱い方によっては，学校経営の不確実性や全体性，および校長の専門的力量が捉えきれず，反省的実践家としての校長の専門職的発達を促進することができないと思われる」と述べている（金川2004：22頁）。

　さらに，金川（2004）は，コンピテンスアプローチと，「反省的学習」を対比的に論じている。コンピテンスアプローチの想定する校長は，「『ʻどうやったらʼうまくいくのか』というテクニカルな問題に関心を置くシングルループ学習に終始する」（24頁）。それに対して，「反省的学習」の想定する校長は，「『自分はʻなぜʼそれを行っているのか』を常に問い，状況や他者との対話を通じて自らが付与した意味を絶えず吟味する。そして，新しいニーズに応じてサービスの性質や組織のあり方を変えていく」（同頁）。金川（2004：24頁）は，「反省的実践家として専門職的発達をしていくためには，このダブルループ学習を本質とする『反省的学習』を促進することが鍵となる」と指摘している。

　以上のことから，教職大学院と教育センターが共にコンピテンスアプローチの枠組を重視してＳＬ育成を行っていることは，学校管理職の専門職的発達を真に促すことになっているのかどうかを問い直す必要があると考える。

　第二に，教職大学院と教育センターは，共に，校長の専門職基準（2009）の７にあたる力量，とりわけ「国内外の教育思想・考え方について理解し，それらを自校の教育に活用」する力量の育成を，最も軽視する傾向がある。

　学校管理職とその候補者としてのＳＬは，学校経営において新しいコンセプトやアイデアを生み出す必要がある。それらを生み出すためには暗黙知を形式知に変換する力（概念化能力）が必要である（山本・曽余田2016：94頁）。暗

黙知を豊かにするためには，「教育や学校の理念や価値観等の見識，ものの見方や考え方，哲学，思想」を深める必要がある（曽余田2004：257頁）。現職教員は「多数の文献を購読し，プレゼンテーションとディスカッションによって知的刺激を与え合う機会」（曽余田2004：257頁）を得ることによって，こうした「ものの見方や考え方，哲学，思想」を深めることが可能である。

　「ものの見方や考え方，哲学，思想」をOJTや行政研修で身につけることは難しい。一方で，既存の形式知（専門的知識や手法）を行政研修で身につけることは可能である（曽余田2004：257頁）。

　これらのことから，各教職大学院のSL育成プログラム改定にあたっての「拠り所」を考察する際には，こうした「ものの見方や考え方，哲学，思想」に関する力量の育成を，より重視することが重要であるように思われる。

［引用文献］

・金川舞貴子「反省的実践家を志向した校長養成・研修プログラムに関する一考察―スコットランド校長職資格付与制度（SQH）プログラムに焦点をあてて―」中国四国教育学会『教育学研究ジャーナル』創刊号，2004年，21-30頁。
・曽余田浩史「学校管理職養成における大学院教育の役割」小島弘道編著『校長の資格・養成と大学院の役割』東信堂，2004年，247-258頁。
・山本遼・曽余田浩史「教職大学院に期待される力量形成」牛渡淳・元兼正浩編著『専門職としての校長の力量形成』花書院，2016年，87-102頁。

── 実践研究フォーラム ──

他専門職大学院（MBA）における
リーダー教育の実態

大阪教育大学　田 中 真 秀

1　報告の目的と方法

　本報告の目的は，教育系大学院の「スクールリーダー教育」の在り方を経営

系大学院との対比を前提に論じることである。2009年度に教職大学院が開設されて10年経過した現在，教育系分野の高度専門職化がどの程度有用性があったのか，現時点での成果や課題を見直す必要性があろう。そこで，他専門分野の大学院との比較を通じて，教職大学院の位置づけと課題を検証することを意図している。

　本報告の調査手法は，文献研究と経営系大学院に対するインタビュー調査からなる。インタビュー調査では，四つの経営系大学院に対して，①ＭＢＡのプログラム（全体像，内容構成等），②プログラムの再編方法（人材育成，外部評価）に焦点を当てて尋ねた。対象となる大学院の選定については，調査依頼を行い受領された大学院としている。

2　結果：教職大学院設置基準の特殊性と　　スクールリーダー教育

　調査結果から得た視点としては，教職大学院と経営系大学院どちらも「リーダー教育」を行っているという共通点はあるものの，以下の2点において大きな違いがあった。

　1点目は，経営系大学院の方が，想定する「リーダー」像が大学院によって多様であることである。教職大学院の場合は，管理職に限定した「スクールリーダー」を想定しているのか，ミドルリーダーまで含めた「リーダー」を想定しているのかといった違いはあるが，「学校」という共通の基盤を持った組織のリーダーを想定している点においては大学院による違いはあまりない。一方，経営系大学院の場合は，どのような「組織」のどのような「リーダー」なのかについても，多様な想定を行っている。

　2点目は，専門職大学院として，「共通科目があるのか否か」という点である。教職大学院の場合，いわゆる「共通5領域」が各教職大学院において共通のカリキュラムとして存在する。一方，経営系大学院の場合，修得すべき単位数も大学院によって異なり，共通するカリキュラムの枠組みが制度上存在しない（詳細は**表**参照）。現状の教職大学院は，教職大学院設置基準に見られる共通科目の存在によって，総単位数における「コース科目」の単位数が抑制される。つまり，今後の次世代リーダー・マネジメント人材に求められる新規課題に対応した新科目を設置しようとしても，選択科目としての位置づけにしかならない。一方，経営系大学院の場合，マネジメント系の基礎的な「ベーシック

表　教職大学院と経営系大学院の比較

	教職大学院	経営系大学院
資格	教職修士（専門職） 専修免許状	修士課程（修士） 専門職学位
標準修業年限	2年 （現職教員の短期履修コース 　長期在学コース）	2年（1年〜3年）
単位数	45単位以上	大学院によって単位数が異なる
共通の単位数	（共通5領域）　20単位程度 （現職教員向けには減少可能）	大学院を超えた共通のカリキュラムとなる単位数はない
実習	10単位以上は学校における実習 （一定の教職経験で10単位の範囲内で免除可能）	実習を課している場合とそうでない場合がある
教育課程・方法	共通するカリキュラムの枠組みが制度上明確化 共通的に開設すべき授業科目の5領域（全員必修） コース（分野）別選択科目 学校における実習	共通するカリキュラムの枠組みが制度上存在しない
教員組織	専任教員を一定程度 4割以上「実務家教員」	専任教員を一定程度
授業開講	夜間 平日昼間	土曜集中 夜間 平日昼間
評価機関	教員養成評価機構	共通の評価機関はなし 海外の評価機関を受ける等自由

科目」と各大学院において想定するリーダーに合わせた「特色科目」の設置が可能である。

　また，授業内容や方法の大きな違いとしては，ＭＢＡでは基本的に実習がないことである。教職大学院では学校実習が一つの特徴である。この点を踏まえると，各教職大学院の「売り」の一つとして，「実習が効果的である」ことになるのではないだろうか。同時に，多くの教職大学院では「課題演習」があり，その有無も含めて，教職大学院の特色が出せる部分が「実習」ではないか。

　ＭＢＡと教職大学院を比較して得られた知見から考えると，今後の学校教育における多様性の課題に対応する科目設定の可変性なしに，「スクールリーダー教育」の発展を描くことができるのであろうか。ＭＢＡでは，想定する課題に対応して柔軟な科目設定とその可変性がある。現状の教職大学院の「スクールリーダー教育」の置かれた状況は，各ＭＢＡの多様な教育と比して，どの教職大学院も特色を出しにくい「没個性化」といえるのかもしれない。この点に

ついては，「教職大学院の構成」の限界を指摘しているともいえよう。ＭＢＡ
との比較を通して，各教職大学院が固有の教育を展開できる方向性も設置に当
たっては検討できたかもしれないが，それを選択せず，一定の枠組みの中で特
色を出そうとしている。つまり，スタンダード型として固定化すること，基準
を作ることは，「画一的で発展しにくい」面がある。

　このように，ＭＢＡと比較して見えてきたこととして，「教職大学院として
より特色を出してもよい」のではないか議論することも必要である。

┌─ **実践研究フォーラム** ──────────────────┐

総　括

福岡教育大学 大 竹 晋 吾

└────────────────────────────────────┘

　教職大学院における「スクールリーダー教育の高度化」とは何を示すのか，
第５期の実践推進委員会（以下「本委員会」）の課題である。今回の実践研究
フォーラムは，①教職大学院カリキュラムの現状と課題（髙谷・山本），②行
政研修・教育センターの管理職研修（大林），③経営専門職の大学院養成（田
中）の分析結果を報告した。このような報告内容を設定した趣旨は，本委員会
として教職大学院の「スクールリーダー教育」開設10年を経た段階で，現状と
課題を集約したいという意図がある。カリキュラム，指導法，マネジメント系
実習，課題演習（研究）成果が，現状でどのような多様性，傾向性，先進性の
ある実践が形成されたのか，それらを議論したいとする意図があった。

　実践研究フォーラムの中では，このような活動について，質疑応答を通じて
多くのご意見を頂いた。まずはご参加いただき，ご意見を頂いた会員の方に感
謝申し上げたい。それらを整理することで，今後の委員会の課題を定めたい。

　質疑応答の中で，印象的な言葉として用いられていたのは職務遂行能力とし
ての「コンピテンシー」，大学院の指導法としての「反省的学習」「ダブル・ル
ープ学習」の用語である。大林会員の報告に対し，水本徳明会員，曽余田順子

会員からの指摘，「コンピテンシー」や「学習・指導法」の考え方をどのように捉えるのかという議論があった。概念，双方の関係性，具体的な学習場面においてそれらがどのように具体的に展開するのか。金川舞貴子会員の説明もあり，議論が進んだが，一つの回答を得たというわけではない。

次に議論になったのが，これらの指導法を「スクールリーダー教育」のカリキュラムの中で「意図的・計画的」にプログラムに導入することの是非，それに対する疑問である。佐古秀一会員は，上記の学習・指導法を提唱することが，スクールリーダー教育を「一つの方向性に向かわせている（危険性)」，安易に提示（学会として）することの「大学院知の形骸化」の指摘である。

もう一つ論点になったのは，教職大学院のスクールリーダー教育を担当する当事者としての在り方である。曽余田浩史会員からの指摘は「４つのモデル（高谷委員・山本委員の報告で曽余田会員の論文を取り上げた）を提案したのは自分が実践者（教職大学院で指導する立場）としてそれを作りたい」ため，「他の実践モデルでありたい」とするのとは異なるという主張である。水本会員（同上）は，現在のスクールリーダーが，「自分たちの学校を理解する」ことが十分ではなく，だから「スクールリーダーの純粋な研究能力を高めたい」と主張していた。「現在のスクールリーダー（主体）が学校現場をどのように捉えているのか，そこを議論すべきでは」という示唆をいただいた。本委員会はどのように委員会としての役割に応えるのか，より俯瞰的な分析もスクールリーダーのカリキュラム開発には重要ではないかという指摘にも聞こえた。

なぜこのような議論が展開したのかを整理したい。今回の実践研究フォーラムの主張は，現時点の教職大学院のスクールリーダー教育に対する総括・集約である。そこから指摘できる到達点と課題を，教職大学院担当者と共有したいという意図もある。しかし，報告内容がモデル校・実践に対する価値付け，提案として捉えられたのではないか。ただし，本委員会の役割としては，これは避けられない議論であるとも感じている。本委員会がスクールリーダー教育の発展，カリキュラム開発の動態や傾向を分析して報告することを役割と自負するならば，一定のカリキュラム・モデルの提案という方向性は成果報告として存在する。一定年数を経過する中で，求められる役割であると考えている。

ただ，参加者から求められていたのは，モデルや事例を報告することによる，特定のスクールリーダー教育への傾斜という課題，本委員会はどのように応えたいのかという「主体性」である。質疑応答の中で，司会を担った浅野良一・

安藤知子委員も，「実践推進委員会としてはワン・ベスト・モデルと提唱するものではない」という説明を何度かしていた。この点は報告の在り方を踏まえ反省したい。フォーラムが終了し，本委員会の任期も少ない。任期を全うし，最後のフォーラムが充実したものとなるために，できる限り尽力したい。

[付記]
　本報告は，文部科学省「2019年度 教員の養成・採用・研修の一体改革推進事業」（受託：福岡教育大学　統括：大竹晋吾）における研究調査に基づく。

書　評

■書評■

柏木智子著

『子どもの貧困と「ケアする学校」づくり
―カリキュラム・学習環境・地域との連携から考える―』

（明石書店　2020年）

大阪教育大学　臼 井 智 美

　本書は，「子どもの貧困に立ち向かう学校づくりに資する知見を提示する」（ⅰ頁）との言葉から始まる。本書を貫く立場は，「学校が積極的に貧困対策を講じるというのは，学校という施設の中で，教師以外の専門職や地域の人々が子どもの貧困問題に取り組むという意味ではない。教師自身が，子どもの貧困問題に取り組むことを意味する」（25頁）というものである。それゆえ，学校のカリキュラムと学習環境，とりわけ地域学習の実践に焦点を当て，「子どもの貧困に抗する学校の諸要件を解明すること」（46頁）を目的としている。

　本書が子どもの貧困の解決に向けて「学校」という場に焦点化する理由は，学校を真逆の2つの機能を有するものと捉えるからである。1つは，「社会的剥奪や排除を低減する重要な機関」（24頁）として，もう1つは，「同質性の前提にもとづく一斉体制・一斉主義」の「面の平等」観が学校文化となって，困難を抱える子どもを排除するもの（47頁）としてである。こうした学校の二側面に着目して，「排除を生み出す学校文化の変容」をいかにして成しうるかを，3つの学校の事例調査・分析をもとに明らかにしようと試みている。

　本書は，3部（全10章）で構成される。第Ⅰ部の理論編では，本書の目的（第2章）と，子どもの貧困（第1章）や「ケアする学校」（第3章）といった，本書の鍵概念の理論的検討を行っている。「子どもの貧困」については，貧困の相対的定義に社会的排除の視点を加味した上で，次のように定義している。「子どもが，その所属する社会で当然とみなされている活動をするための資源を欠き，モノや文化を剥奪され，それゆえに学校で繰り広げられるさまざまな活動への十全なる参加をなしえずに周縁化され，人間としての権利や尊厳およびウェルビーイングを奪われつつある状態」（24頁）。そして，貧困に抗する学

校のことを「ケアする学校」と称している。「貧困に抗する」とは「学校のもつ排除する仕組みを変えること」、「排除に抗する」とは「差異を目立たせずに『みんな同じく』処遇することを原則とする教育から，差異を前提に異なる処遇を重視する教育への転換」（60頁）を図ることだという。こうした人間としての尊厳やウェルビーイングの回復への寄与を検討する上で，「ケア」概念へ着目している。

　第Ⅱ部の事例編では，2つの小学校（第5〜7章）と1つの中学校（第8章）での参与観察によるフィールドワークの結果を詳述している。調査概要（第4章）の中で，著者は本書執筆にあたり，子どもの貧困に抗するための「教師の優れた教育活動を広める一助になれば」との願いを持っていたことから，質的研究という方法を採った理由を説明している。そして，研究のための著書や論文では捨象されがちな活動内容や方法なども，「子どもの貧困に抗する教育活動を実際に行う上で参考になるかもしれない」と考えて，あえて詳述したという。子どもの貧困の具体的な基準を「生活保護や就学援助を受けている場合」とし，事例は「子どもの貧困に立ち向かおうと，学校文化の変容に取り組み，差異を前提に異なる処遇を重視する教育に挑戦しつつある学校」の中でも，社会的排除を克服する概念として「参加」に着目し，「子どもの参加を重視する取り組みを実施している学校」を選択したとしている（79-80頁）。

　第Ⅲ部の結論編では，第Ⅱ部の事例分析に基づき，「ケアする学校」の要件（第9章）と「ケアする学校」の普及に向けての提案（第10章）を述べている。「ケアする学校」とは，「①物質的・文化的剥奪を防ぐ，あってはならない差異を埋めるための異なる処遇，②子どもの差異を尊重し，選択の自由を認める，あってもよい差異を認めるための異なる処遇，③異なる処遇とそれによる人権保障に取り組む地域をモデルに，子どもたちの批判的思考とケアする能力を育むカリキュラム」の3点を教職員で共有し，正統な仕組みを通じて実施する学校のことであるという。つまり，これら「3つの条件が揃うことで，学校は，子どもの排除を生み出す仕組みを排し，ケアの倫理を基盤に子どもを包摂する文化を創造することができるようになる」（229-230頁）と結論づけている。

　本書の意義は，「生徒指導や個別対応など，学習活動以外の部分で福祉専門職等と連携しながら対応」する部分ではなく，「学習という学校の中心的活動としての貧困対策も可能であること」（204頁）を，分厚いフィールドワークの記述により明らかにした点であろう。地域学習という学習活動を通じて，子ど

もが教師や地域の大人たちと信頼関係を築くことで「関係性の剥奪」から脱したり，学習用品や生活用品が揃わないという「モノの剥奪」や基本的なルールや生活習慣，学習習慣を身につける機会を得られないという「文化の剥奪」を防ぐ仕組みを校内に設けたりすることが，「あってはならない差異を埋めるための異なる処遇」の具体であることを示した点にその成果を見ることができる。まさに著者が意図した，「学校が」「教師が」できる貧困対策を描き出したという点で，今後の教育経営学研究領域において，学校の経営努力で可能なことを検討する上での基礎的な事例データを提供したといえる。著者も述べるように，困難な状態に置かれる子どもの事例を扱う研究において，「データの明確な表示と匿名化の必要性の両立は困難」（78頁）ゆえに，事例の生々しい情報を研究論文では扱いにくい。本書が，いわば研究の書と実践の書の間をねらうことによって，この難しさに挑もうとしたことが読み取れる。

　一方で，さらに追究が必要な課題も見られる。子どもの貧困対策を行う上での教師の担うべき職務の範囲と業務量については，著者も幾度となく言及するように重要な検討課題である。ゆえに，ここではその他の課題を2点挙げる。

　1点目は，本書の事例校は生活保護や就学援助の受給率が高く，学校の課題として子どもの貧困が可視化されている。ゆえに，子どもの貧困が可視化されていない学校や校区に顕在化した貧困地域を有さない学校への応用可能性という点で未検討の部分があることである。これらの学校では，「差異を埋める／認めるための異なる処遇」への教師の理解や合意形成の過程で，学校経営上の課題の頻発が予想される。事例校が加配により教員定数上の余裕があることや教員配置上で教育行政の意図的な人事があることを，経営資源の優位性の観点から検討し，そうした資源を欠く学校への示唆を導く必要がある。著者はそれを，教員定数の改善や教育行政による予算措置といった外部からの資源配分に期待するが，それと同時に，資源を生むための学校内部の経営過程を明らかにする必要がある。著者が「ケアする学校」の組織的要件に挙げる「教職員のケアリングコミュニティの形成」過程を明らかにすることがその一例である。

　2点目は，「あってはならない差異」を括る基準自体を検討の俎上に載せる必要があることである。「あってはならない」という価値判断がだれの基準に依拠しているのかを問うこと自体が，教師がその一端を担う学校文化の変容につながる可能性があるからである。そうした価値判断の基準の可視化が，貧困以外の差異への気づきの契機となろう。

■書評■

三浦智子著

『教育経営における責任・統制構造に関する研究』

（風間書房　2020年）

神戸大学　山　下　晃　一

　本書は，2015年に東京大学に提出された同名の博士学位請求論文に若干の修正を加えて刊行されたもので，序章と終章を含め9章から成る。以下，各章の内容を簡略に紹介しつつ，教育経営学における本書の学術的価値を中心として僭越ながら若干のコメントを試みる。

　序章では本書の目的等が述べられる。基礎的カテゴリーとして，教育経営概念を「公立学校経営及び教育委員会による学校管理・支援」，学校のアカウンタビリティ概念を「公教育に求められる目標や水準の下で，教員の専門的判断に基づき子ども・保護者等の多様な教育要求に応答すること」とそれぞれ規定する。その上で「教育行政にかかる研究」と「学校経営にかかる研究」の分断という理論的問題状況の把握を前提として，教育行政と学校経営で「誰が支配し，いかに実施するか」は解明されてきた一方，両者を貫いて「いかなる結果をもたらすか」の検証が不十分な点に，主たる学術的な課題を見出す。

　こうして本書は，学校組織内部においてのみならず，教育委員会からの影響も受けて教員の「専門性」が発揮され，結果として子ども・保護者等の多様な教育要求への適切な応答（本書ではこれが「民主性」とされる）が図られるための条件（同じくこれが「教育経営組織における責任体制や統制の構造」とされる）について検証を試みる。ただし多様な教育要求の具体的吟味や「応答」の種類・範囲に関する本書の認識はもっと知りたかった。また，民主性概念をこのように教育における多様な要求への応答という結果ベースで捉えることについて，民主（主義）概念自体や教育との関係の本質理解の観点，民主の語義に教員を含まないか（どう位置づくか）等の観点で違和感も残った。

　第1章「我が国の教育経営に対する民主的統制としての『学校参加』」では，

研究の導入として，臨時教育審議会に端を発する「開かれた学校」政策の変遷等を説明し，特に保護者・地域住民の学校参加に期待される役割が変化した経緯（意向反映から学校支援，学校の裁量拡大の保障の条件等）に焦点が当たる。そして研究上の課題として，学校裁量の乏しさによる外国研究の知見活用の難しさ，多様な教育要求の反映の難しさ，個々の教員による"閉じられた"「専門性」を開く視点の欠如等を指摘する。次章以降の分析を政策や理論の文脈に位置づけようとする丁寧な姿勢には好感が持てる。反面，個々の課題に関する研究蓄積を広く渉猟したか，深く理解したか等には疑問もある。例えば37頁注で示す具体的論拠について，あえて問題提起するなら，参加と主体形成の二律背反の克服に関する先行研究の見解や事例紹介を，現状追認の枠内でしか評していない。主体の発達・変化等の条件を，対システムでこれほど静態的・悲観的に捉えるのは教育経営学の特長や蓄積を活かしたものと言えるだろうか。

　第2章「教育経営における責任・統制構造」では，各校の「教員間の協働」を中心とした「内部アカウンタビリティ」がどういう条件で機能するか，いかなる教育上の質的変容（結果）をもたらすかを解明するという問題意識の下，教育経営組織内外の区分を前提とした統制（責任）のあり方を捉えるべく，日米の議論を参照しながら（直接には米国行政学者 Gilbert, C. E. に範を取り），〈外在的─内在的〉〈制度的─非制度的〉という二軸による象限導出に基づく分析枠組を設定する。その上で，a)外在的・非制度的統制として日常的・自主的な保護者等の参加，b)内在的・非制度的統制として教員間の協働等，c)内在的・制度的統制として教育委員会からの支援・管理を各々位置づけ，次章以降の実証対象とする。なお外在的・制度的統制としては，首長や議会による統制を挙げ，それらの影響は教育委員会制度の存在によって（少なくとも2014年までは）遮蔽されてきたと捉え，対象からは除外するという。

　上記枠組は，学校・教員への外的な責任追及から教職員集団の協働へ，等，一定の振れ幅を伴う著者の問題関心（しかも約12年の長期にわたる）に基づく次章以降の分析を包括しようとするものであるため，若干の無理が残る印象もあり，組織内外の区分設定や対象除外が妥当か，象限に対応する実証対象を絞りすぎていないか等，洗練に向けた課題も浮かぶ。とはいえ，統一的な理論枠組による教育経営事象の一貫した分析・検討を志すものであり，そのような学術性を志向する姿勢自体は評価に値するものと思われた。

　第3～7章では上記枠組に基づき，主に筆者の手がけたアンケート調査を素

材に定量データが分析される。調査時期は第3章が2004年，第5章が2010〜11年，第4・6・7章は同じ調査を用いており，2011年である。分析作業では上記枠組を総合的に扱うわけではなく，①上記a)の機能，②上記b)の機能とa)への影響，③上記c)がb)に及ぼす影響，と絞った形で進められる。

第3章は，①に対応して，a)学校評議員制度が校長の意思決定に与える影響を検証した結果，評議員の意向については，教員の専門性への影響が小さいこと，校長次第でその機能が左右されること等の傾向が確認される。

第4章は，引き続き①に対応して，a)学校評議員に限らない一般的な保護者等の教育要求に対する校長・教員の応答状況を検証した結果，保護者の参加・関与は教員による多様な応答を直接は導かないという限界等を指摘する。

第5・6章は，②に対応して，b)教員間の協働（内部アカウンタビリティ）がa)保護者らの満足度向上（外部アカウンタビリティ）に寄与すること，発展的学力には教員から校長へのボトムアップが重要になること等を解明した。このことから，b)の強化がa)の限界を補完しうる可能性を指摘している。

第7章は，③に対応して，教員集団の規模・構成，教育委員会の指導・助言，保護者の教育関心，地域特性等を「社会的・制度的環境」と捉えた上で，それらからb)に対する影響について検証した。上記分析枠組に基づく結論的示唆として，c)に該当する教育委員会による教員人事配置や指導助言が，b)教員間の協働を促進する可能性を指摘している。

終章では知見のまとめとして，保護者等の学校参加の限界，教員間協働による教育要求充足の可能性，教育委員会による指導等の制度的条件の重要性，また政策的含意として，校長権限強化等で地域の教育要求に応じた多様な学校経営を目指す政策動向が無条件に是認できないこと等をそれぞれ記している。

以上本書は，教育経営学の既存言説のうち曖昧で茫漠とした部分について，定量データによる明瞭化を試みた点で一定の達成と評せる。他方で，従来の見解・常識との差別化や新規性提示をさらに図ってほしい箇所や，教員間関係等の実態に照らして再解釈すべき調査結果も多く残るように思われる。

なお，他書の拙評でも触れたが，本書も索引が見当たらない。全体を通じた概念使用や論者登場の確認の上で学術書に有益と考えるため，残念に思う。

管見の限り「教育経営」を題目に含む博士論文は朴聖雨，青木薫，濱田博文，曽余田浩史ら各氏の業績のみである。これらに続く意欲作として本書の発刊自体が本学会への貢献と言える。筆者の今後の研究に大いに期待したい。

■書評■

浜田博文編著

『学校ガバナンス改革と危機に立つ 「教職の専門性」』

（学文社　2020年）

大東文化大学　仲 田 康 一

　「ガバメントからガバナンスへ」との表現で示されるように，教育に関する意思決定から具体的な諸活動まで，ますます多様なアクターが参入していることは周知の通りである。このような現象は，理論的には，教職の専門性に関する再考を求めるものである。一方では，ガバナンス改革が教職の相対的位置を低下させる可能性があるし，他方で教職に対する限界認識がガバナンス改革をもたらしたとの立論もありえよう。お互いがお互いの要因（producer）であり結果（product）でもあるような複雑な問題構造を解きほぐしながら，教職の専門性に関する地図を描くのは容易ではない。とはいえ，「教育専門機関である学校の改善」は，その中核にある「教師のエンパワメントなしではあり得ない」（24頁）。かかる観点から，教職の専門性をめぐる現在地を探った上で，教職の専門性を支えうる社会的装置を模索し，ガバナンス改革の中に教職の専門性を再定位することを目論んだのが本書である。

　本書全体の問題意識を述べる序章に続き，それを敷衍する形で，第Ⅰ部では，教職の専門性に注視することの必要性について詳述した上で（第1章），学校ガバナンス改革の中で教職が「劣位」に置かれる背景として，その専門性の準拠基盤が脆弱であることが指摘される。その上で，教職実践者と研究者の共同による専門学術分野のコミュニティにより教職の専門性の基盤を作る必要があることが予示される（第2章）。

　学校ガバナンス改革の具体事例を検討するのが第Ⅱ部である。第1章では，大阪府での公立高校入試制度改革が取り上げられ，絶対評価導入を契機としながら，むしろ学力テストが内申書を左右する相対評価的なものに回帰してきた過程が示される。「特定の政治的意図に立脚する非専門家」並びにそれとの

「親和性が高すぎる」専門家の発信が，時に場当たり的に，しかし政治的には一定の合理性を持って展開され，複雑な教育政治を生み出していた過程が動的に分析されている。第2章では学習塾の教材・指導方法・マネジメント手法を公立小学校に導入することを目指した佐賀県武雄市の取り組み（官民一体型学校）を，第3章ではB市のコミュニティ・スクールを対象とした事例検討を通じ，非教職アクターの学校教育への参画が教職の専門性をいかに変化させるのか分析している。結果として，官民一体型学校でもコミュニティ・スクールでも，様々な意図のすれ違いや共存，教育課程等の「中核領域」に介入することの丁寧な回避等により，教職の劣位化は起きていないとされる。この3事例を取り上げた必然性についての疑問は残るものの，第4章で全体的なまとめもなされており，本書の土台となる知見を構成しているのがこの部である。

第Ⅲ部では，小学校教員によるグループインタビューが分析される。第1章では，6地点で計23名の参加を得，官民一体型学校の事例を題材に喚起・展開された教師たち自身による発話をもとに，教職の専門性についての認識や論理を分析している。学習塾の手法と比した教職固有の意味が語られるとともに，むしろ教師の自負・信念・尊厳等の実存的側面について確信されていたこと，その一方で過大化する社会的な要求・介入への不安も語られていたことが指摘される。このアンバランスな認識について，中内敏夫を参照しながら，政策・政治・社会等の次元と教育実践の次元を関連付ける「方法論」に解明課題があることを示唆する第2章は，本書の中間的な山場となっている。

第Ⅳ部は，米国における教職の専門性再構築の試みとして，社会正義の視点で展開されている教員レジデンシーの試み（第1章），非営利団体である全米教職専門基準委員会による優秀教員資格証明の試み（第2章）が取り上げられる。終章でこの部への言及がなく，共同研究の中でどのようにこれらを参照したのかもう少し説明がほしいところであるが，読者にとっては，教職の専門性を担保する制度構想の有益な事例であることは間違いない。

終章では，全体を通じた総括的考察が展開される。本書を通じて明らかになったのは，教職の専門性は必ずしも劣位化しているとは限らないものの，それをより確かなものとして築き上げていくための動きも弱いということである。こうした中，教職の専門性を担保する社会的装置として，実践者・市民・行政に加え研究者が参加する公共空間の創出に手がかりを見出そうとしている。

いくつかの論点を述べておきたい。一つは，「教職の専門性」を明らかにす

るために「教育の専門性」概念を導入することの有効性についてである。教育の専門性概念は，10頁では何らかの教育に関わる者が持ちうる見識・知識・技能というように幅広い教育場面を想定しているようだが，118頁では「公教育を計画，運営，実施，評価するために必要な固有の見識・知識・技能」というように，公教育と結びつけて論じられている。政治家との関係で教育の専門性を対比した大阪の分析でも，教育の専門性は実質的には教職の専門性とほぼ同義に見えた。教育の専門性概念を導入したことで得られた固有の知見は何だったのだろうか。例えば「専門学術分野のコミュニティ」を主軸に据えるのも一案ではなかったか。

　もう一つ，公―私，官―民，専門家―非専門家，内部―外部（序章）という分析軸を取っている本書であるが，既存のガバメント内部に，新公共経営による関係の再編成が進行していることや，その中に新たな権力のモメントが生起し，そこにガバナンス改革が位置づいていることをもっと考慮に入れてもよかったのではないか。統制・競争を基調とした今日の教育編成様式の中で，学力テストやPDCA等が学習指導要領を前提とした統制を強化している。教職の専門性が劣位化していなかったとされる武雄市においても，その根拠は学習指導要領にあった。逆に教職の専門性を劣位化させながら場当たり的政策がとられていた大阪において，標準化された学力テストの実効性確保という方向性だけは一貫していた。ある意味で，ドミナントな体制は手つかずに維持されているのであり，「教職の専門性の劣位化が起きているとは限らない」とする以外の解釈可能性があるのではと感じられた。

　以上の論点を示したものの，本書が，アクチュアルな事象に対する問題意識に貫かれた共同作業の成果として，この分野に新たな知見をもたらした好著となっていることは間違いない。コロナ禍を契機とした急速なICT化による「学校というものの伝統的な時間的・空間的構成」（Ball 2017:7）の変容に加え，教育産業の大規模参入により，政策決定や教育実践を含む教育ガバナンスの一層の拡散化や，新たな集権も見込まれる。教職の専門性を定位することはますます複雑な問題となることが予想されるが，このような時だからこそ，議論の礎石としての本書の重要性も高まるはずである。

[文献]
　・Ball, S. J. (2017) *The Education Debate* (3 rd edition), Bristol: Policy Press.

教育経営学研究動向レビュー

　教育は教育者と学習者により成立する行為である。そうであれば教育経営学は〈教育者－学習者〉の経営学であり学習者の位置づけが不可欠な検討課題となる。しかしながら，学習者を枠組みに入れた教育経営研究は，教育者のそれに比して従来低位に置かれ，バランスを欠いていたと言わざるを得ない。

　この傾向は教育経営学の固有性や有用性を考究する上で難題をもたらす。本来教育経営の実践の作用は終局では学習者に向けられており，そのプロセスや成否に固有性，有用性を見いだせる可能性があるにもかかわらず，教育者までの範疇でそれらを考究しなければならないからである。作用の終局を見逃す学問から脱却することが固有性や有用性を見いだし実践の学と自称する上で不可欠であると思われる。

　それでは数少ない研究の中で，学習者を枠組みに入れた研究はどのように展開されてきただろうか。今回のレビューでは，研究推進委員会の「実践の学としての教育経営学研究の固有性を問う」というテーマの追究に資することをねらいとしつつ，以上の問題意識のもと，主に過去10年間の本学会紀要に掲載された報告（特集，課題研究，シンポジウム，実践事例，研究論文）を対象に，どのように学習者，なかでも子どもが枠組みに入れられてきたかに注目することとした。

子どもを枠組みに入れた
教育経営研究の動向

西南学院大学　雪 丸 武 彦

はじめに

　教育は教育者と学習者により成立する行為である。そうであれば教育経営学は〈教育者－学習者〉の経営学であり学習者の位置づけが不可欠な検討課題となる。しかしながら、学習者を枠組みに入れた教育経営研究は、教育者のそれに比して従来低位に置かれ、バランスを欠いていたと言わざるを得ない。この点藤井は浜田博文の学校の自律性論、佐古秀一の学校組織開発理論を参照し、それぞれ「『教授・学習活動』の中身そのもの」に踏み込まないこと、「子どもの自律性の次元にまでは降りていかない」ことを指摘する（藤井 2015：16-17頁）。

　本学会は教育経営において教育者の利害が優先されることに問題があると認識してきた。下村は30年前に「学校は、『子どもの側に立つ』ことを標榜しながら実際の戦略決定に際しては（中略）教職員や学校の都合あるいは教育委員会の利害を優先させがちではなかったか」とし、「当然のことながらクライアントである生徒の期待を中心に」策定する必要性を指摘している（下村1991：6頁）。

　それでは子どもの側に立つ教育経営が追究されたかといえば疑問符がつく。この点、前号課題研究の討論のまとめでは、当日の議論で「教育経営（実践及び研究）のサイクルからは、本来、教育が目指すべきである子どもの『学び』や『育ち』といった力学やダイナミズムが零れ落ちてしまう現状」が指摘されたとある（畑中 2020：132頁）。「子どもの姿が見える論稿が少なく、管理職や教員、保護者にウェイトが置かれがちで、子どもは教育経営の客体であれ何で

あれ，枠組みそれ自体から外れて」いるとの指摘は変わっていない（片山 2013：14頁）。この30年間はやはりバランスを欠き続けてきたと言えよう。

　もっとも，言うまでもないが，これは従来の教育経営研究が学習者を忘れていたわけではない。「結果的には」学習者のためになるとの期待が枠組みの裏側にあったはずである。しかしこの背景には，教育者への過度の関心の強さや学習者は見なくてよいとの暗黙の了解，また「心の中に無意識のうちに入り込んでいる『パターナリズム』という呪縛」（岩永 2012：18頁）もなかろうか。

　この傾向は教育経営実践・研究を振り返る余地を減らす。前号の研究動向レビューで榎は「教育組織の現実・文脈の中で，より良い実践の創造に寄与したいとの意識の高さ，教育にかかわる諸主体の『善』なる部分への信頼・活用等」を「本学会固有とも言える特色」とする一方，この特色は「相対的に政策への批判的吟味を抑制させるとともに，『教育改革』自体を捉える理論的枠組構築のための知的営みを減退させる恐れもある」と述べている（榎 2020：183頁）。この恐れは教育経営研究における「学習者不在」の弊も一因であろう。

　そして，振り返りに乏しいということは教育経営学の固有性や有用性の考究に困難をもたらす。本来教育経営の実践の作用は終局では学習者に向けられており，そのプロセスや成否に固有性，有用性を見いだせる可能性があるにもかかわらず，教育者までの範疇でそれらを考究しなければならないのである。作用の終局を見逃す学問から脱却することが固有性や有用性を見いだし実践の学と自称する上で不可欠であると思われる。

　かつて吉本は学校経営の研究と実践では，学校経営が「教育目的達成の手段であること」「その目的達成を効率化すること」を常に基底に据える必要があり，学校経営それ自体が目的視されてはならないと述べている（吉本 1977：1頁）。「手段」として経営が成功したか否かは研究と実践にあたり基底に据えられるべき問いであることを確認し，学習者の姿を通じてこの問いへの回答のボリュームを厚くすることが教育経営学の固有性を見いだす上で不可欠となると考える。

　今回の研究動向レビューでは，以上の問題意識のもと，主に過去10年間の本学会紀要に掲載された報告（特集，課題研究，シンポジウム，実践事例，研究論文）を対象に，どのように学習者，なかでも子どもが枠組みに入れられてきたかに注目した[1]。以下ではこの報告を，①学校経営要因による子どもの成果に関する研究，②経営参加による子どもの自律性，主体性の育成に注目する

研究，③子どもへの特別な支援と多職種連携に関する研究に分けて記述する。

1　学校経営要因による子どもの成果に関する研究

　教育経営学の有用性の前提は，当たり前のようであるが，教育経営が学習者のために成果を出すことである。その成果の1つが学力である。従来教育経営学では学校（経営）要因と学力との関連性の指摘は消極的であり[2]，教育社会学が先んじていたが（志水 2005，2008，2014；苅谷 2012），少しずつ言及がなされるようになった。第53号特集において佐古は，アメリカの「効果のある学校」論や国内の教育社会学の知見から，その中核的特徴は「子どもに対する期待（認知）や課題の共有性など，いわゆる学校の組織文化にある」（佐古 2011：40頁）と述べ，課題として学校改善のプロセスについての知見の構築，「効果のある学校」で示された要因が教育機能要因であることの確定等を指摘している。

　子どもの成果は狭義の学力のみならず広く自律性を獲得することでもある。藤井は第57号特集において，教育学や心理学の知見をもとに，「子どもの自律性を培うためには教員の自律性が必要であり，学校の自律性を高めるには教員の自律性が必要とされるという三者の関係」が仮設できるとし，「教員の自律的な学びのエンパワメントにより，子どもの自律性の育成と学校の自律性の確立を連動させるような研究課題」が設定可能とする（藤井 2015：22頁）。

　上記の研究は教育経営学固有の知見というより他学問の知見の活用である。一方，第60号実践研究フォーラムで久我・山﨑は，子どもの「学びへの意欲」や「生活における健全な社会性」を支える基底要因が「自分への信頼」であるとの知見をもとに「効果のある指導」を可能とする組織マネジメントのモデルを構築して導入した結果を報告しており，これにより子どもの自分への信頼，授業理解，教師への信頼等の変容等が図られたという（久我・山﨑 2018：221頁）。

　また，学会としての取り組みではないが，2010年代に進められた実証的研究として露口らによるソーシャルキャピタルに着目した一連の研究がある。その知見として，児童間，教師－児童間のつながりが家庭環境以上に学力や学習意欲を規定すること（露口 2016a），学級レベルのつながりの学習意欲向上，意欲格差抑制への効果（露口 2016b）などが示されている。また，大林は学校運営協議会導入に際して，校長による課題の明確化，学校運営協議会の役割の意

味づけ等が地域住民・保護者を巻き込んだ教育活動，そして児童の学習活動の質的改善に影響を与えることを指摘している（大林2015）。

以上のように2010年代に子どもの成果を明らかにする教育経営研究は少しずつ蓄積されている。ただし，その成果の内実については研究者によって異なり，またどのような子どもに成果があるのかという点で曖昧さが残っている。

2　経営参加による子どもの自律性，主体性の育成に注目する研究

児童の権利に関する条約を日本が批准して25年以上が経つ。周知の通りこの条約には意見表明権が明記されており，子どもが経営に声を上げる正統性は存在するが，その実質化は進んでおらず，「権利論のレベルで議論が停止している」とも言われる（岩永2012：16頁）。これに対して数少ないながらも子どもの経営参加の取り組みに注目し，その教育効果に言及する研究が見られる。

実践事例では，生徒の参加が保護者，地域のコミットメント，子どもの成長（協議会での討議経験や主体的な参加意欲の高まり）に好影響を与え，また教職員が新たな実践を生み出したとの報告がある（押田ほか2011）。この事例では研究者の考慮された支援のもと，学校経営上の問題を協議する学校協議会で企画段階から生徒が参加し，また議論を交わす場づくりを生徒が担っている。

同様の実践は第55号シンポジウム報告でもなされている。山本は生徒と教職員の関係の悪化した公立高校で教頭として勤務し，生徒・保護者・教職員の三者による学校会議の導入に関わった。この会議の目的は①三者の合意による学校運営，②信頼関係の構築，③生徒及び生徒集団の自主性・主体性の構築であったが，教職員に対して導入の動機づけとなり，また成果として直ちに現れてきたのは③であったという（山本2013）。経営責任を負うことで子どもたちが当事者意識をもち，変容が生まれたことは先述の経営参加の事例と重なる。

また，岩永は上述の押田らの事例に加え，愛媛県の公立中学校において生徒会が「まちおこし」の推進会議の運営を担った事例を挙げ，子ども主体の連携活動の実現可能性とその教育効果を指摘している（岩永2012）。

子どもの経営参加の教育効果は確認されているが，理論的，実践的課題もまた報告されている。まず，理論的課題として岩永は「主体としての能力の発達段階イメージの精緻化」が必要であると述べ（岩永2012：20頁），同様に柳澤は「学校経営参加を通じて獲得される力を整理していく」必要性を指摘する

（柳澤 2013：129頁）。「子ども」「経営参加」と一口に言ってもその内実は多様であり，幅は広い。それゆえ能力獲得の道筋を検証し，理論化することは難しさを伴うが，子どもの経営参加の正当性を示す上で不可欠である。

　次に実践的課題は教員の意識である。山本の報告では学校会議の衰退が指摘されており，その要因として教職員が「根拠を持って相手を説得すること，そして自らの信念を疑うこと」の難しさが示唆されている（山本 2013：117頁）。学校では通常，教員の子どもへの優越的地位が保障され，根拠がなくとも指示命令ができる。その根拠の不明確さや信念のあり方が公になることを教員は望まないということであろう。子どもの経営参加の理論化にあたってはこのような抵抗の克服を含め，それ自体が定着するための筋道も追究されることが必要となる。

　以上のような子どもの経営参加の理論化は，「教育経営研究において，これまでいったいどれだけ『子ども』という存在を，とりわけその主体性を位置づけるかたちで概念化することができたといえるか」（加藤 2014：127頁）という問いに答える可能性をもち，またまさしく経営に関わることだけに他の研究領域に見られにくく，教育経営研究の対象としての固有性を示しうるものと考えられるが，その動きは2010年代前半以降低調である。

3　子どもへの特別な支援と多職種連携に関する研究

　近年学校で障害児，外国人児童生徒，貧困状態にある子ども等，特別な支援を要する子どもが増加している。片山は「学級や学校への巻き込み（involvement）から外れるリスクの高い子どもたちを教育経営でどう取り扱い，環境設定するのか」が重要となると述べる（片山 2013：18頁）。この点，近年では学校，行政，地域の機能や連携のあり方を具体的実践とともに示す好著の刊行が続いている（末冨編著 2017，柏木・仲田編著 2017，柏木 2020，柏木・武井編著 2020）。

　本学会の教育経営研究では①多職種連携による子どもへの効果，②上記の子どもたちの学校からの排除やコンフリクトを避ける方策の検討がなされている。

　多職種連携については第58号シンポジウム報告や，特にスクールソーシャルワーカー（ＳＳＷ）に関しては第59号課題研究報告があるが，学校や行政における取り組みやＳＳＷの位置づけの報告となっており，子どもの姿は見えない。

　これに対して第54号実践事例では，不登校児に対して校長が先導して不登校児に対する支援チームを組織化し，解決した事例の報告がなされている。この事例では学校での行動の仕方が分からないスクールカウンセラーや教育相談員の役割を校長が明確にし，またコミュニケーションを図る中で，かれらと担任等とのコミュニケーションが円滑になり，チームでの提案がなされたことが示されている（谷 2012）。

　また，第59号実践事例では，教職員がＳＳＷの専門性を理解し，ＳＳＷも学校組織での位置を学ぶ中でＳＳＷの活動，支援範囲や福祉分野のネットワークが拡大し，子どもの貧困緩和がなされた過程が報告されている（野村 2019）。報告では教頭について，個人や組織がもつ資源や能力を一旦統合するハブ的な役割と，目的に応じて調整し学校を取り巻く様々な機関を使い効果的問題解決を検討してチーム編成をする舵取り的役割が重要と述べる（同：89頁）。教育経営から福祉へのクロスボーダー（末冨 2013）が実現する要因を示す事例と言えよう。

　これらの事例報告では，専門家の学校組織そのものの学びと，教職員による専門家の専門性の理解が子どもへの円滑な支援に結びついたことが共通して述べられており，支援のための組織化について有用な知見が示されている。

　次に特別な支援を要する子どもたちの排除やコンフリクトを避ける方策を検討する報告がある。柏木は「学校は包摂よりも排除を促しやすい装置を内在させているかのよう」（柏木 2017：78頁）と述べているが，特別な支援を要する子どもたちはとりわけ排除を受けやすい。実際，通常学級での障害児支援，障害児の包摂の実践を対象にした研究では，支援や包摂を志向しながらも差別，排除へと至る契機を有していることが示されている（武井 2017，佐藤 2019）。

　上記の問題に対する検討が第59号シンポジウム報告でなされている。子どもの貧困対策研究の立場から柏木は，共生社会の実現に向けた教育経営の課題を，①教育意思の形成過程に弱者の意思の反映，②誰を基準に教育活動を創造し，その結果をどう評価するのか，③新自由主義的教育改革と親和的な排除を促す学校文化の打破と包摂への糸口をどこに見出すか，とする（柏木 2017：79頁）。

　また，外国人児童生徒教育研究の立場から臼井は，多様性に応える教育を実現するならば「多様性の中の「個」性を，画一性の中でいかに守っていくかの戦略や判断が不可欠」（臼井 2017：81頁）とした上で，制度上の課題として「正義や公正といった価値観や規範が行動基準となるような社会の成熟」（同：

80-81頁），学校経営上の課題として，外国人児童生徒の教育に向けた「意思決定前提（事実前提，価値前提）の創出」（同：83頁）が求められるとする。

倉石は教育における「包摂」的アプローチとして，「個々の生の改善や向上」に重きを置く包摂（第一の包摂）と「社会的連帯や公共性」に重きを置き，「教育経営の直接的利害の当事者を超えた外部」に価値判断の審級をおく包摂（第二の包摂）があるとし（倉石 2017：84頁），民主主義と平等の価値とつながる後者の包摂の重視を説く。理念の精緻な区分けを求める重要な指摘である。

一方，多様性の中ではコンフリクトの抑制を図るための方策の検討が必要になる。第55号特集「社会変動と教育経営」において片山は，子ども・保護者・教師・管理職に一定の価値共有を促し，安全と安心を提供する手段の一つとなっているアメリカの Student Handbook の例を示しつつ，積極的に関係者間の合意を獲得する必要があることを指摘している（片山 2013：19-20頁）。

おわりに

これまで主に2010年以降の本学会紀要に掲載された子どもを枠組みに入れた教育経営研究を見てきた。学校の自主性・自律性確立を目指してきた教育経営学では教育者中心の枠組みとなりがちであり，上記の報告は全体の中で多いわけではないが，重要な指摘を重ねてきたことは確かである。それらの研究は，教育経営の要因により成果を説明しようとし，教育の場が抱える差別や排除の習性の除去を検討してきた。これらは教育経営学に成果の概念と規範の概念を差し入れるものである。

以下，レビューの結果を踏まえつつ子どもを枠組みに入れた教育経営学がより広がりをもつために指摘できる研究課題を述べる。第一に教育経営による子どもの成果の概念の精緻化である。換言すれば教育経営の実践が子どもの変容にどこまで寄与できるのかである。これは無謀な課題と指摘されるかもしれない。「教育」「経営」の変数，政府や学校といった経営主体の変数等，変数が多すぎる上，当然ながら子どもも多様である。しかしこの荒れ野を開拓することが教育経営研究の固有性を見いだす上で不可欠であると考える。

第二に，教育経営の理念と資源配分に関する研究の蓄積である。子どもの側に立つ教育経営学の場合，資源配分のありようは，それが一人ひとりの子どもの成果を規定し，教育目的達成に直結するだけに見逃すことができず，それゆえ資源配分を規定する経営の理念に論及せざるを得なくなる[3]。例えば「包

摂」「公正」「正義」はその例である。しかしながら理念と資源配分のありよう
はこれまで教育経営学上明確にされていない。その定義は多様であり，立場に
より望ましい姿が異なり（武井 2020），かつ政治や権力により利用されうる。
それらの難点を踏まえた上で，理論構築を図ることが必要になると思われる。

　第三に，「教育」という変数の現在の状況と結果を緻密に分析・考察するこ
とである。本文中述べた変化以外にも新たな通信制高校，校則のない学校のよ
うに，現在「教育」は多様性を増している。また例えば ICT 環境の進展によ
って「子どもが太陽となり，その周囲を教育の諸々の営みが回転する」という
約100年前の思想と実践が，否応なく現実化に向かっている。これにより学校
教育は「専門家によるサービスからセルフサービスへ」変化し，教員は「壇上
の賢者」から「傍らで導く人」になるとの予測もある（ライゲルース，C.M.・
カノップ，J.R. 2018：17，42頁）。ここでの教育経営像は明らかに伝統的なそ
れとは異なるが，本学会ではこれらの動きを十分にフォローできていない。大
きな変化の受け取りは様々であろうが，新たな教育経営を学習者の成果との関
連で分析・考察することは避けて通れない。それは同時に今現在の教育経営の
実践と研究とが何を実現し，表現できていたのかを照射する。このまなざしに
教育経営学が耐えられるよう，教育そのものを見つめた知見の蓄積が不可欠と
なろう[4]。

[注]
　(1)　先に刊行された『講座 現代の教育経営』では学習者の定義をほぼ子どもと同義に
　　　しつつある。この傾向を是とするかは本来議論が必要である。
　(2)　この点，平井は学力に対する教育経営学の消極性について，1970年代は受験学力
　　　を教育効果と見なすことそのものが避けられ「現実と切り結ぶリスクを回避した」
　　　と指摘している（平井 2011：20頁）。
　(3)　これは特に特別な支援を要する子どもに関して顕著である。星加は「メインスト
　　　リームの社会は障害者等を除外することによって初めて円滑に機能する」システム
　　　であり，統合・包摂への移行にはシステムの見直しが不可欠とする（星加 2017：
　　　414頁）。ここには理念と資源配分の新たな構想が求められている。
　(4)　この先駆的研究として末松ほか（2016)が挙げられる。

[引用文献]
　・岩永定「学校と家庭・地域の連携における子どもの位置」『日本教育経営学会紀要』

第54号，2012年，13-22頁。

・臼井智美「外国人児童生徒教育研究の立場から」『日本教育経営学会紀要』第59号，2017年，80-84頁。

・榎景子「教育改革動向と教育経営学研究に関する研究動向レビュー」『日本教育経営学会紀要』第62号，2020年，176-185頁。

・大林正史『学校運営協議会の導入による学校教育の改善過程に関する研究』大学教育出版，2015年。

・押田貴久・仲田康一・武井哲郎・村上純一「学校―家庭・地域の連携に向けた研究者の支援―志木市立第二中学校における学校協議会の実践―」『日本教育経営学会紀要』第53号，2011年，92-101頁。

・柏木智子「子どもの貧困対策研究の立場から」『日本教育経営学会紀要』第59号，2017年，77-80頁。

・柏木智子『子どもの貧困と「ケアする学校」づくり―カリキュラム・学習環境・地域との連携から考える』明石書店，2020年。

・柏木智子・仲田康一編著『子どもの貧困・不利・困難を越える学校―行政・地域と学校がつながって実現する子ども支援』学事出版，2017年。

・柏木智子・武井哲郎編著『貧困・外国人世帯の子どもへの包括的支援―地域・学校・行政の挑戦―』晃洋書房，2020年。

・片山紀子「社会変動と子どもをめぐる課題」『日本教育経営学会紀要』第55号，2013年，14-26頁。

・加藤崇英「教育経営研究者の立場から 子どもの「位置づけ」から「主体的かかわり」へ」『日本教育経営学会紀要』第56号，2014年，126-128頁。

・苅谷剛彦『学力と階層』朝日新聞出版，2012年。

・久我直人・山﨑正恭「「効果のある学校づくり」の理論と実践―高知県教育委員会「志育成型学校活性化事業」における学校改善の取り組みと教頭の役割―」『日本教育経営学会紀要』第60号，2018年，216-223頁。

・佐古秀一「学力と学校組織―「効果のある学校」研究の検討をふまえた学校経営研究の課題―」『日本教育経営学会紀要』第53号，2011年，36-45頁。

・佐藤貴宣「インクルージョン実践における［排除］の可能性―全盲児の学級参加をめぐる教師の経験とその論理―」『教育学研究』第86巻第2号，2019年，127-139頁。

・志水宏吉『学力を育てる』岩波書店，2005年。

・志水宏吉『公立学校の底力』筑摩書房，2008年。

・志水宏吉『「つながり格差」が学力格差を生む』亜紀書房，2014年。

・下村哲夫「教育経営における子どもの位置づけ」『日本教育経営学会紀要』第33号，1991年，2-10頁。

・末冨芳「拡大する学習の社会保障と「自閉化する学校」の行方―福祉への教育経営からのクロスボーダーの可能性」『日本教育経営学会紀要』第55号，2013年，39-46頁。
・末冨芳編著『子どもの貧困対策と教育支援―より良い政策・連携・協働のために』明石書店，2017年。
・末松裕基編著『現代の学校を読み解く―学校の現在地と教育の未来』春風社，2016年。
・武井哲郎『「開かれた学校」の功罪―ボランティアの参入と子どもの排除／包摂』明石書店，2017年。
・武井哲郎「多様な子どもと向き合う教育経営実践を対象化することの困難さ」『日本教育経営学会紀要』第62号，2020年，112-117頁。
・谷俊和「支援チームの組織化における校長の役割～チームによる不登校生徒個別支援活動の事例から～」『日本教育経営学会紀要』第54号，2012年，94-104頁。
・露口健司編著『ソーシャルキャピタルと教育』ミネルヴァ書房，2016a年。
・露口健司編著『「つながり」を深め子どもの成長を促す教育学』ミネルヴァ書房，2016b年。
・野村ゆかり「「子どもの貧困」緩和に向けた学校の役割と課題―スクールソーシャルワーカーを中心としたチームプロジェクトの可能性―」『日本教育経営学会紀要』第61号，2019年，80-90頁。
・畑中大路「討論のまとめ」『日本教育経営学会紀要』第62号，2020年，131-132頁。
・平井貴美代「教育経営と学力の位置づけ」『日本教育経営学会紀要』第53号，2011年，13-23頁。
・藤井穂高「学校の自律性と子どもの自律性」『日本教育経営学会紀要』第57号，2015年，14-23頁。
・星加良司「排除という問題系―『インクルーシブ教育』は答えになるか―」『日本教育学会大会研究発表要項』第75号，2017年，414-416頁。
・柳澤良明「総括2 児童生徒を中心にした参加型学校経営の意義と可能性」『日本教育経営学会紀要』第55号，2013年，128-129頁。
・山本恵三「志度高校学校会議の取り組み―プロセスから結果へ，そして今再び，結果からプロセスへ―」『日本教育経営学会紀要』第55号，2013年，116-118頁。
・吉本二郎「学校生活の再設計―教育課程審議会の答申と学校経営―」『学校経営研究』第2号，1977年，1-9頁。
・ライゲルース，C.M.・カノップ，J.R.『情報時代の学校をデザインする 学習者中心の教育に変える6つのアイデア』（稲垣忠・中嶋康二・野田啓子・細井洋実・林向達訳）北大路書房，2018年。

学　会　褒　賞

実践研究賞審査結果の概要

川崎医療福祉大学　諏　訪　英　広

⑴　受賞者

佐古　秀一（鳴門教育大学）

⑵　受賞著書

『管理職のための学校経営Ｒ‐ＰＤＣＡ：内発的な改善力を高めるマネジメントサイクル』明治図書，2019年

⑶　受賞理由

　本書は，著者が長年取り組んできた学校組織開発研究を土台にしながら，大学での現職教員との実践研究の中で構築してきた実践的な研究開発の知見に基づいて，学校が組織的に教育活動やその改善に取り組むための方法論について自身の実践例をもとに記されたものである。その具体として共創ビジョンの重要性を論じ，それを核とするＲ‐ＰＤＣＡのサイクルを回すための理論と実践のためのツールや手続きを紹介している。組織的なマネジメントについて，理論に基づきながら育成課題と実践課題を「北極星とロケット」という形で説明し，ビジョン作成プロセスを定式化している部分には実践の独創性が認められる。

　また，Ｒ‐ＰＤＣＡはＰＤＣＡをより実体的なものにし，全教員の子ども把握と実践の中から学校経営課題をとらえていくという点で，学校経営の実践的な有用性を提起していると言える。学校管理職がしばしば，通達等を受けて横並びの学校経営をしている中で，子どもの実態を教師たちが把握するリサーチ（Ｒ）をした上でＰＤＣＡを提案している点は，学校現場のあり方としても貴重である。

　さらに，学校の組織特性を踏まえて，各学校の内発的改善力に注目し，その力を高めるマネジメントの考え方と具体的な進め方を論じている点は，教育経営実践研究としての独自な視点と方法であり，その有効性も高い。教職員が自由に意見を述べ合う中での子どもの実態と指導課題の把握の提案は，どの学校でもすぐに使える実践的な方法であり，現代版「学校づくり論」として評価さ

れる。教職員が議論する課題や実践の「中味」を問うためには，学校経営の枠組みを意識し，教職員が同じ土俵の上で議論をする必要があることをわかりやすく示している。学校経営に必要な土俵づくりについて，研究者の立場からの問題提起は，教育経営実践研究及び学会への貢献という点でも評価される。

　以上から，総合的に判断して本書は実践研究賞に適していると判断した。

自著紹介

『管理職のための学校経営 R-PDCA
内発的な改善力を高めるマネジメントサイクル』

（明治図書　2019年）

鳴門教育大学　佐 古 秀 一

1　本書刊行に至る背景

　私は，主に組織論からの学校研究を主に進めてきた。一つには，学校の組織特性に関する理論的・実証的考察，二つには，学校の組織開発方法論に関する実践研究であり，そして三つには，それらの知見をもとにした学校組織とマネジメントに関する教育プログラムの構成と実践（教職大学院ならびに管理職研修）である。

　本書は，高知県教育センターと共同で行った学校コンサル事業における知見を主な内容としている。この事業は2013（平成25）年から開始され，2018（平成30）年まで継続されたものである。この間に各年度に参加した学校の延べ数は57校である。この事業を通して，高知県教育センターの関係者と共に学校を訪問し，校内研修の時間を使って内発的な改善力を高めるための組織開発を進めてきた。さまざまな議論を学校関係者と重ね，私としても多くの気づきと手応えを得てきた。

　そのような折に，出版してはどうかという，このご時世にはありがたい打診が明治図書からあり，2019年に出版したものである。

2　ねらい

　本書のねらいは，第一には学校組織に適合したマネジメントの考え方を実践家に理解してもらうことである。学校に民間的なマネジメント手法が導入され，いまや学校管理職にとってもPDCAという言葉は当たり前となっている。しかし，そのことによって学校組織の根本的な達成課題である，教育活動の組織的改善が達成されるのか，このことに私は疑問を感じていた。鳴門教育大学で現職院生と共に実践研究を展開する中で，学校組織のマネジメントの根幹を，教育活動を改善するサイクル（実態⇒課題⇒実践⇒実態）によって構成することが適切かつ有効である（教職員に分かりやすくかつ教育活動改善にフィットするサイクル）との知見を得ていた（佐古・中川2005，佐古・竹崎2011）。われわれの考え方に共感をしていただいた高知県教育センターと共に，研究室での知見をもとにより広く実践展開を試みようと考え取り組んだのが前記の事業である。

　第二には，研究室で構築した基本モデルないし考え方を，多くの学校でも実践可能な手順ないし資料として提示することである。これについて本書では，主に①学校ビジョンの共有，②協働的な実践改善のための構内研修づくり，の2つの事項について，研究室での知見をもとに学校コンサル事業を通して修正を重ねた手順，資料，様式などを，具体的な使用方法と共に提示した。

　なお，余談であるが，本書のタイトルにはR‐PDCAが付いている。このタイトルをめぐっても出版社と最後まで協議をしたが，このようなタイトルに落ち着いた経緯がある。

　さて第三には，学校が変わっていくダイナミクス，とりわけ内発的改善の具体を学校コンサル事業で遭遇した事例をもとに提示することである。学校コンサル事業を通して多くの学校と継続的に（2～4年）関わることができた。校長の経営姿勢，管理職と教職員の関係，ミドルリーダーの機能などについて多くの経験的な知見を得ることができた。また，教職員が実践を振り返る時間すら確保できにくくなっているにもかかわらず，さまざまな研究課題（研究発表や指定研究）をこなしていかねばならない学校の姿にも接してきた。そのなかで，教職員の実践上の気づき（問題提起）を契機として，学校ビジョンが捉え直され，学校の教育活動改善が一気に活性化するという事例にもいくつか遭遇した。とくに印象深かった事例が本書の131～140頁に掲載した事例である。

研究上の刺激を与えて下さっている広島大学の曽余田浩史先生と，かつて「内発的改善」とは何かを議論したことがある。その折にはそのような言葉を使いながらうまく説明することができなかった。内発的改善の概念を包括的にとらえることは未だできていないが，学校コンサル事業の中で学校自らが子どもにとってのあり方を探求し変容していく姿に接することができた。このことから，教育実践における具体的実際的気づき（学校のあり方と実践の手応えのズレなど）＝個別的省察を起点として，それを組織的に意味あるものに変換構築していく機能ないし力が内発的改善力として捉えることができるのではないかと考えるようになった。

3　教育経営研究として：反省を含めて

かつて教育経営学会において，教育経営研究における実践と研究の位置関係の見直しが議論されたことがある。この議論はいわゆる「臨床的アプローチ」として一応のまとめが示されたが（小野他 2004），この議論に関わって，私は教育経営（学校経営）研究の実践性に関して，「学校をよく知ろう」，「学校をよくしよう」という2つの観点からのアプローチの必要性を示し，あわせて実践と研究の知の非階層的な関係について述べた（佐古 1997）。

本書の中心をなす学校コンサル事業においても，教育センターと私の間で確認していたことは，学校が教育活動として何をなすべきか，何に取り組むべきかについては，こちら側からは指示したり提示したりすることは避けること，われわれの役割は学校が自らそれを探求し構想し決めることをサポートすることであった。いわゆるプロセスファシリテーションの考え方で学校との関わりをもった。しかし私のアプローチは，教育活動としてなすべき事項（コンテンツ＝内的事項）については言及しないものの，上記した内発的改善に結びつく手順については，鳴門教育大学で実践研究（研究知）にもとづき一定の構想をもって学校と関わった。したがって，純粋なプロセスファシリテーションといえるかどうか，やや疑問の残るところである。

学校が自ら教育のあり方を子どもの現実に即して捉え直すという作業は，学校が教育を遂行する組織としては，当たり前のことのように考えられるが，現実にはこのことを遂行する理論もスキルも学校には届いていないと感じることが少なくなかった。コンサル事業に参加した学校は，ビジョンの共有を学校で取り組むべき作業として捉えること自体が困難であったようである。むしろ，

持ち込まれた研究発表や研究指定のために教育活動をどう調えるかが主な関心であり，学校の時間（研修等）の多くはそれに割かれている。また，教育委員会等から提示される子どもの実態や課題をあたかも自校のそれに置き換えてしまう学校も珍しくない。その結果，学校コンサル事業に参加した学校の初期段階では，学校が示す子どもの実態や課題は，規模や地域性にかかわらず極めて類似するという現象にもしばしば遭遇した。つまり，教育委員会等からの言説をあたかも自校の実態や課題として取り込んでしまう学校の状況である。私の役割は，この「ありきたり」で「特段のこだわりもない」実態や課題を，「自校」のそれへ切り替えてもらうための働きかけであったように思う。

　あらためて思い直すと，学校における教育経営の基盤ともいえる自校の子どもの実態と課題の探求ならびに設定について，その考え方や方法論も持ち合わせることが困難になっている学校の現実から，教育経営研究は出発しなければならないのではないかと思う。

　最後になったが，学校コンサル事業を通して，当時の高知県教育センター企画監であった垣内守男先生，指導主事の松岡聖士先生，久保田美和先生，市川百合先生をはじめ多くの方から多大な示唆とご協力を得た。また，鳴門教育大学の大林正史先生には，学校コンサル事業のサポートをしていただき，多大なご助力を得た。この場を借りてあらためて謝意を表したい。

［引用文献］
- 小野由美子・淵上克義・浜田博文・曽余田浩史（編著）『学校経営研究における臨床的アプローチの構築：研究 – 実践の新たな関係性を求めて』北大路書房，2004年。
- 佐古秀一「教育経営研究における実践性に関する基礎的考察」『日本教育経営学会紀要』第39号，1997年，28-39頁。
- 佐古秀一・中川桂子「教育課題の生成と共有を支援する学校組織開発プログラムの構築とその効果に関する研究：小規模小学校を対象として」『日本教育経営学会紀要』第47号，2005年，96-111頁。
- 佐古秀一・竹崎有紀子「漸進的な学校組織開発の方法論の構築とその実践的有効性に関する事例研究」『日本教育経営学会紀要』第53号，2011年，75-90頁。

日本教育経営学会第60回大会報告

　本学会第60回大会は，2020年12月19日(土)〜20日(日)の2日間の日程で，オンラインで開催された。大会実行委員会では当初，2020年5月29日(金)〜31日(日)の日程で，千葉大学を会場に，対面で開催する予定で準備を進めていたが，全国一斉休校の措置も受け，4月8日の時点で学会大会の12月延期を決定した。この時点では，12月に対面で開催する希望的観測を持っていたが，結果的にそれは叶わず，オンライン方式での開催となった。当初の予定から日程が変更されたため，自由研究発表については，5月29日時点発行の発表要旨集録をもって口頭発表終了とし，諸事情が整わない報告者には，オンラインでの報告を義務とはしないこととした。加えて，当初のシンポジウムのテーマ「人口減少社会における地域教育経営と高等学校」は，急遽「ウイズコロナ，ポストコロナの教育経営」に変更された。教育経営学の観点から，休校措置下と学校再開後の学校や教育委員会の対応状況を共有し，学術的な向き合い方について，早期の検討が必須であると考えられたことによる。当初のテーマでご登壇をご快諾くださっていた諸氏には，この場を借りて改めてお詫びを申し上げたい。

　オンライン開催においては，各種委員会等の開催を見送り，日程を1日短縮したが，自由研究発表6部会23発表，シンポジウム（108名），課題研究（67名），実践研究フォーラム（46名）に加えて，通常の日程では金曜日開催となっていたラウンドテーブル（18名）と若手研究者のための研究フォーラム（40名），更にオンライン懇親会（20名）も開催した。括弧内は，参加者概算（ミーティング参加者で記録）である。オンライン開催で，参加費も無料ということから，参加者が増えることも期待されたものの，5月から延期となって間延びした感じがあったことと，自由研究発表のオンライン報告辞退（8発表）等が影響したのか，通常の3分の1程度の参加者に留まった点が残念であった。

　シンポジウム，課題研究，実践研究フォーラム等の内容については，本紀要に報告がなされることから，それらをご参照頂くこととして，本報告においては，以下，今後，ノーマルな開催方式となるやもしれぬオンライン学会開催について，備忘録的にその成果と課題を共有させて頂きたい。

　最大の成果は，大幅なコストダウンが可能になったことである。無論これは，

実行委員会の諸会員が，献身的に無償の支援をしてくださった結果であるが，会場費，それを維持するための学生アルバイト等の支出が不要となり，経費の側面からは余裕を持つことができた。実際，本大会では，参加費の徴収を行わなかったが，赤字を出すことなく，大会の運営を行うことができた。

　経費等に関する効果は，参加者の側面から見ても同様である。オンラインでの開催は，参加費や旅費の調達が容易ではない大学院生や，移動時間の確保が困難な現職教員の会員を中心に，研究発表や交流の機会を拡大することに繋がる。60回大会では，参加者を学会員に限定し，臨時会員等の参加は認めなかったが，今後は，オンライン開催のメリットを活かし，少なくとも会員の監督が可能な教職大学院院生等には，特別に参加を認める方向性も検討の余地がある。

　上記に加えて，大会実行委員も各自リモートで対応することが可能となり，学生アルバイトも不要となることから，比較的規模の小さな組織や複数大学での共同でも，大会実行委員会を組織することが可能となるメリットもある。本大会の実行委員会も，千葉大学をコアに，複数大学等に所属する会員の多国籍部隊で編成し，運営を行った。複数の場所からの運営は，回線の不安定に伴うリスクを分散させ，リスクマネジメントにも繋がる。

　一方，初のオンライン開催に起因するいくつかの課題も見いだされた。まず，オンライン交流に不慣れな会員も少なくないことから，発表に対する意見や質問が出にくい様子が見られた。この点は，司会者のご配慮によってある程度是正もされたが，今後は，緊密な研究交流を可能とする形式上の工夫が望まれる。

　同様に，インフォーマルな研究交流の機会が減少することも課題であった。本大会では，交流を担保するために，部会終了後もミーティングを開き続けて議論の継続を促したり，昼休みの交流室を設けたり，オンライン懇親会を開催したりすることで，経験を積んだ会員と若手会員との研究交流を実現しようとしたが，実際には，特に若手会員の参加は低調であり，十分な研究交流は実現しなかった。今後は，これらの課題に対応し，オンライン開催のメリットを最大限に活かす方策が望まれる。

　最後に，不測の事態に対応し，まがりなりにも学会大会を開催できたのは，会長，事務局始め，会員の皆様のご協力あってのことである。皆様のご支援に，改めて感謝申し上げたい。また，実行委員会のメンバーとして，献身的な支援をしてくださった諸会員にも御礼を申し上げる。

（第60回大会実行委員会事務局長　貞広斎子）

日本教育経営学会会則

第1章　総　則

第1条　本会は日本教育経営学会（The Japanese Association for the Study of Educational Administration）という。

第2条　本会は，教育経営の研究と実践を促進し，その普及を図ることを目的とする。

第3条　本会は次の事業を行う。

(1)　大会および研究会の開催

(2)　学会紀要（「日本教育経営学会紀要」），会報等の発行

(3)　会員の研究および共同研究の促進

(4)　内外の関係学会との連携

(5)　教育経営の関係機関及び団体等との連携

(6)　教育経営の研究と実践の普及活動

(7)　その他本会の目的達成のための事業

第2章　会　員

第4条　本会の入退会には，次の手続きを必要とする。

1．本会に入会するには，入会申込書その他必要な書類を提出し，当該年度の会費を納入することを必要とする。

2．入会にあたり，会員の推薦を必要とする。

3．本会を退会するものは，毎年3月31日までに文書により申し出るものとする。

第5条　会員は本会が行う事業に参加し，研究大会，学会紀要等で研究発表することができる。

第6条　会員は会費を納入するものとする。

1．会費は年額8,000円（学会紀要費を含む）とする。

2．2年以上会費の納入を怠ったものは，会員としての資格を失う。

第7条　会員にして義務を怠ったものに対しては，理事会の決議により除名する。

第8条　本会に名誉会員を置くことができる。名誉会員は，理事会が推薦し総会の承認を得るものとする。

第3章　役　員

第9条　本会に次の役員をおく。

会長　1名　理事　若干名（常任理事を含む）監査　2名

第10条　1．会長は本会を代表し，会務をつかさどる。会長に事故あるときは，理事会の推薦により理事の一人がその職務を代行する。

2．理事は理事会を組織し，本会の運営にあたる。内若干名を常任理事とし業務の執行にあたる。

3．監査は会計を監査する。

第11条　会長，理事，監査は総会において選出し，常任理事は理事の互選による。

第12条　役員の任期は3年とする。但し理事及び監査は再任を妨げない。

第13条　理事に欠員が生じたときは，次点者をもって補い，その任期は前任者の残りの期

間とする。

第14条　本会に顧問をおくことができる。

第4章　総　会

第15条　総会は会長が召集し，本会事業の重要事項を審議する最高議決機関とする。

第5章　地方研究団体・機関との連携

第16条　本会は，地方における教育経営研究に関する団体・機関と連携することができる。連携に関する事項は別に規程により定める。

第6章　会　計

第17条　本会の経費は会費，その他の収入をもってこれにあてる。

第18条　理事会は予算案を編成し，総会の議に附するものとする。

第19条　本会の会計年度は，毎年4月1日に始まり，翌年3月31日に終わる。

第7章　各種委員会

第20条　1．本会に紀要編集委員会をおく。紀要編集委員会は，学会紀要の編集にあたる。

　　　　2．本会に研究推進委員会をおく。研究推進委員会は，学会としての研究の推進にあたる。

　　　　3．本会に実践推進委員会をおく。実践推進委員会は，教育経営に関する実践の推進にあたる。

　　　　4．本会に国際交流委員会をおく。国際交流委員会は，研究の国際交流にあたる。

　　　　5．本会に必要に応じて，総会の議を経て特別委員会をおくことができる。

第21条　各委員会は委員長1名，委員若干名で構成する。委員は，会員の中から理事会の議を経て会長が委嘱する。

第22条　各委員会の運営に関する細則は必要に応じて別に定める。

第8章　学会褒賞制度

第23条　会員の研究の活性化と奨励を期して学会褒賞制度を設ける。学会褒賞制度に関する細則は別に定める。

第9章　事務局

第24条　本会に事務局をおく。事務局は事務局長1名，幹事若干名で構成する。

第25条　事務局長および幹事は，会員の中から理事会の議を経て会長が委嘱する。

第26条　事務局は会務を処理する。

　　　　補　則

　本会の運営に必要な細則は別に定める。

　　　　附　則

第1条　本会則の変更は総会の決議による。

第2条　削除

第3条　本会則は昭和33年12月13日より施行する。

第4条　本会則は昭和60年6月7日より施行する。

第5条　本会則は平成元年4月1日より施行する。

第6条　本会則は平成2年6月2日より施行する。

第7条　本会則は平成5年6月5日より施行する。

第8条　本会則は平成9年5月31日より施行する。
第9条　本会則は1999年6月5日より施行する。
第10条　本会則は2000年6月10日より施行する。
第11条　本会則は2001年6月9日より施行する。
第12条　本会則は2003年6月7日より施行する。
第13条　本会則は2006年6月3日より施行する。
第14条　本会則は2007年6月2日より施行する。
第15条　本会則は2012年6月9日より施行する。

日本教育経営学会紀要編集規程

1．日本教育経営学会紀要は日本教育経営学会の機関誌で，原則として1年に1回発行する。
2．本紀要には，教育経営学に関する未公刊の論文・資料・書評などのほか，学会会務報告その他会員の研究活動についての記事を編集掲載する。
3．紀要編集委員長については，会長が理事の中から選任し委嘱する。但し，その選任にあたっては，常任理事会の同意を得るものとする。
　　紀要編集委員長は紀要編集委員会を代表し，紀要編集委員会会務をつかさどる。紀要編集委員長に事故あるときは，会長の委嘱により紀要編集委員の一人がその職務を代行する。
4．委員長以外の紀要編集委員については，紀要編集委員長が，会長と協議の上，会員の中から14名を下限として選任し委嘱する。但し，その選任にあたっては，常任理事会の同意を得るものとし，必ず各理事選挙区から1名以上が選任されるようにするとともに，学会での活動実績，専門分野等に配慮するものとする。
　　紀要編集委員の任期は3年とする。但し，再任を妨げない。
5．紀要編集業務を担当するために，常任編集委員を若干名おく。常任編集委員については，紀要編集委員長が，会長と協議の上，紀要編集委員の中から選任し委嘱する。但し，その選任にあたっては，常任理事会の同意を得るものとする。
6．紀要編集業務を処理するために，紀要編集委員会事務局を組織し，そこに紀要編集幹事を若干名おく。紀要編集幹事は紀要編集委員長が委嘱する。
7．本紀要に論文を掲載しようとする会員は，所定の論文投稿要領に従い，紀要編集委員会事務局宛に送付するものとする。
8．投稿資格は9月1日現在で会員であることとする。
9．論文の掲載は紀要編集委員会において決定する。
10．掲載の場合若干の変更を加えることもある。但し内容についての重要な変更を加える時は執筆者と相談する。
11．本紀要に掲載したものの原稿は原則として返還しない。
12．本紀要に掲載した記事は原則としてすべて科学技術振興機構 J-STAGE の電子図書館

コンテンツとする。但し紀要第57号までは国立情報学研究所電子図書館サービスの電子図書館コンテンツとする。

附　則　本規程は平成 2 年 6 月 2 日より施行する。
　　　　本規程は平成 6 年 6 月 4 日より施行する。
　　　　本規程は1999年 6 月 5 日より施行する。
　　　　本規程は2003年 6 月 7 日より施行する。
　　　　本規程は2011 年 6 月 4 日より施行する。
　　　　本規定は2017年 6 月10日より施行する。

日本教育経営学会 紀要編集委員会
研究論文投稿要領

1．論文投稿は未発表のものに限る。ただし，口頭発表およびその配布資料はこの限りではない。

　　投稿論文と目的・方法・知見等の面で重複している論文あるいは調査報告をすでに発表（予定を含む）している場合はそのコピーをすべて添付した上で投稿すること。

　　この規定に違反し，二重投稿等の研究倫理に違反した場合には，論文審査や投稿資格の停止の対象となる可能性がある。

2．論文投稿（注および引用文献を含む）は紀要16ページ（400字詰原稿用紙約40枚相当）以内とする。提出形式の詳細については下記の要件をすべて満たすものとする。

(1)　原稿はワープロ等による横書きとし，A 4 判，天地余白各45mm，左右余白各35mm（10.5ポイントもしくは11ポイントのフォントを使用），35字 ×32行 ×16枚以内とする。
　　 1 枚目は論文題目を 1 行目に記載し，17行目から本文を書き始めることとする。節題の上下 1 行ずつは空白行とする。たとえば節題が 1 行の場合には 3 行とることとなる。なお 1 頁目の本文開始行（17行目）のみ節題上の余白は不要で17行目に節題記入を認める。

(2)　表紙を必ず添付し，表紙に論文題目のみを記載すること（執筆者名，所属は記載しない）。表紙と投稿論文原稿とホッチキス止めして提出すること（クリップ止め不可）。

(3)　注・引用文献については 1 枚あたり37字 ×35行の書式とする。

(4)　図表は本文に挿入したうえで提出するものとする（後日別形式で提出を求める場合がある）。
　　　図表がある場合には10点以内にとどめ，このスペースも前記制限枚数に含めるものとする。
　　　図表中の文字は 8 ポイント以上の大きさとし，図表が極端に小さくならないよう留意するものとする。

(5)　投稿論文には，執筆者名，所属名は書き入れず，本文（注・引用文献を含む）にもそれらが判明する書き方をしない。
　　　また「拙著」「拙稿」などの表現，研究助成，共同研究者への謝辞など，投稿者名や所属機関が判明，推測できるような表現は控えること。これらの記載が必要な場合は，採

択決定後の校正において加筆することを認める。

⑹　規定枚数を超過した場合には，受理しない。

３．投稿は，電子メールと郵送によって提出するものとする。電子メールでは，PDFファイルの形式で，執筆者名がプロパティ等に記録されないように注意して保存し，論文のみを送信する。郵送では，論文（表紙とともにホッチキス止めしたもの）１部と別紙（論文タイトル，執筆者名，所属名，連絡先を付記したもの）１部を，日本教育経営学会紀要編集委員会事務局宛に送付する。

４．投稿論文の申込期限は10月10日とし，電子メール，郵送のいずれでも可とする。論文等の提出期限は，11月９日とする。

５．投稿論文について編集委員会は，執筆者との協議を通じ，内容の変更を求めることがある。

６．掲載が決定した論文については，改めて⑴論文タイトル，執筆者名，所属名を付記した論文原稿，⑵英文タイトル，300語以内の英文レジュメ，ローマ字表記の執筆者名，英文表記の所属名を付記した英文レジュメ，⑶それらが入力された電子的記録媒体（CD-R，DVD-R等）を日本教育経営学会紀要編集委員会事務局宛に郵送するものとする。

　　送付の形式はワープロソフト（Word，一太郎等）のままの形式とし，PDF形式は認めない。

　　なお，⑴，⑵の郵送と合わせて，メールに日本教育経営学会紀要編集委員会事務局にデータ送信を行う場合は⑶の送付を免除できるものとする。

７．執筆者による校正は再校までとする。その際，内容上の修正は原則として認められない。

８．図版等で特定の費用を要する場合，執筆者に負担させることがある。

９．引用文献の表記法については，以下の通りとする。

⑴　単行本の表記方法

　　著者，書名，発行所，出版年の順で書く。

　　例1）　小野田正利『教育参加と民主制―フランスにおける教育審議機関に関する研究』風間書房，1996年。

　　例2）　Ravitch, D., *The Death and Life of Great American School System ; How Testing and Choice Are Undermining Education,* Basic Books, 2010.

　　例3）　国立教育政策研究所監訳『PISA2006年調査評価の枠組み』ぎょうせい，2007年（=Organization for Economic Co-operation and Development, *Assessing scientific, reading and mathematical literacy : a framework for PISA 2006,* 2006.)

⑵　論文の表記方法

　　著者，論文名，雑誌名，巻，号，発行年，頁の順で書く。

　　例1）　佐藤博志「オーストラリア首都直轄区の学校評価に関する考察―自律的学校経営における学校評価の役割に着目して」『日本教育経営学会紀要』第38号，1996年，88-99頁。

　　例2）　Hargreaves, A., "Distinction and disgust ; the emotional politics of school failure", *International Journal of Leadership in Education,* Vol.7, No.1, 2004, pp.27-41.

10. 脚注の表記方法は，引用文献と脚注を区別する方式とし，以下の表記方法に従うものとする。
　注は文中の該当箇所に⑴，⑵……と表記し論文原稿末尾にまとめて記載する。
　引用文献は本文中では，著者名（出版年），あるいは（著者名出版年：頁）として表示する。
　同一の著者の同一年の文献については，出版年の後にa，b，c……を付ける。
　例1）　しかし，浜田（1998a）も強調しているように……，単なる学校裁量の拡大にとどまり組織改革がともなわない場合には効果は低い。
　例2）　公立学校の改革を促進する動向は……，近年急速に進展している（中留・伊藤他2007：2頁）。
　例3）　Blumenthalの指摘によれば，「……である」（Blumenthal 2006: pp.564-565）。
11. 引用文献は，邦文，欧文を含め，注のあとにまとめてアルファベット順に記載する。著者，論文名，雑誌名，巻，号，出版社，出版年，頁の順に書く。なお引用文献は本文中に用いたもののみをあげるものとする。
例）

［引用文献一覧］
- ・Blumenthal, R., "Why Connecticut Sued the Federal Government over No Child Left Behind", *Harvard Education Review,* No.76, Vol.4, 2006, pp.564-569.
- ・浜田博文「アメリカにおける個別学校の裁量拡大と校内組織改編に関する考察―『教員リーダー』の位置と役割に着目して―」『日本教育経営学会紀要』第40号，1998年a，68-81頁。
- ・浜田博文「米国フロリダ州における校長職をめぐる改革の動向について」『学校経営研究』第23号，大塚学校経営研究会，1998年b，76-87頁。
- ・中留武昭・伊藤文一・露口健司・大竹晋吾・雪丸武彦・田代裕一・倉本哲男・生田淳一・増田健太郎・小澤永治・八尾坂修『信頼を創造する公立学校の挑戦―壱岐丘の風がどのように吹いたか―』ぎょうせい，2007年。
- ・柳澤良明『ドイツ学校経営の研究―合議制学校経営と校長の役割変容―』亜紀書房，1996年。

日本教育経営学会紀要「教育経営の実践事例」編集内規

1．〈目的〉

　　日本教育経営学会紀要に「教育経営の実践事例」の欄を設ける。「教育経営の実践事例」は，特色ある教育経営の実践事例を紹介・分析する論文を掲載することを目的とする。

2．〈執筆資格等〉

⑴　論文の執筆者は，当該実践事例の企画立案または実施に関与した本学会の会員でなければならない。

⑵　論文は未発表のものに限る。ただし，口頭発表プリントはこの限りではない。

3．〈募集方法〉

　　論文の募集は，投稿制および推薦制によって行う。

4．〈投稿制〉

⑴　会員は，紀要編集委員会に対して論文を投稿することができる。

⑵　紀要編集委員会は，投稿原稿の審査を行い，掲載の可否を決定する。その際，紀要編集委員会は，原稿の修正を求めることができる。

⑶　紀要編集委員会は，必要に応じて，原稿の査読および修正を，紀要編集委員以外の適任の会員に委嘱することができる。

⑷　原稿の分量は，紀要10ページ（400字詰原稿用紙約26枚相当）以内とする。その他，投稿の時期・手続き等は「日本教育経営学会紀要論文投稿要領」の規定を準用する。

5．〈推薦制〉

⑴　理事および紀要編集委員は，実践事例およびその執筆会員を紀要編集委員会に推薦することができる。

⑵　推薦に際しては，実践事例の概要（400字程度）と執筆会員の略歴を添えるものとする。

⑶　紀要編集委員会は，実践事例概要と執筆会員の略歴を審査して，執筆依頼の可否を決定し，可とされた実践事例について，当該会員に執筆を依頼する。

⑷　紀要編集委員会は，提出された原稿の修正を求めることができる。

⑸　紀要編集委員会は，必要に応じて，原稿の修正を，紀要編集委員以外の適任の会員に委嘱することができる。

⑹　原稿の分量は，紀要10ページ（400字詰原稿用紙約26枚相当）以内とする。その他，推薦の時期・手続き等は，「日本教育経営学会紀要論文投稿要領」の規定を準用する。この場合，「投稿」は「推薦」と読み替える。

日本教育経営学会 紀要編集委員会
「教育経営の実践事例」論文投稿要領

1．論文投稿は未発表のものに限る。ただし，口頭発表およびその配布資料はこの限りではない。

　　投稿論文と目的・方法・知見等の面で重複している論文あるいは調査報告をすでに発表（予定を含む）している場合はそのコピーをすべて添付した上で投稿すること。

　　この規定に違反し，二重投稿等の研究倫理に違反した場合には，当該論文の掲載は取り止めとなる。

2．論文投稿（注および引用文献を含む）は紀要10ページ（400字詰原稿用紙約26枚相当）以内とする。提出形式の詳細については下記の要件をすべて満たすものとする。

⑴　原稿はワープロ等による横書きとし，Ａ４判，天地余白各45mm，左右余白各35mm（10.5ポイントもしくは11ポイントのフォントを使用），35字×32行×10枚以内とする。

　　１枚目は論文題目を１行目に記載し，17行目から本文を書き始めることとする。節題には３行とる。

⑵　表紙を必ず添付し，表紙に論文題目のみを記載すること（執筆者名，所属は記載しない）。表紙と投稿論文原稿とホッチキス止めして提出すること（クリップ止め不可）。

⑶　注・引用文献については１枚あたり37字×35行の書式とする。

⑷　図表は本文に挿入したうえで提出するものとする（後日別形式で提出を求める場合がある）。

　　図表がある場合には10点以内にとどめ，このスペースも前記制限枚数に含めるものとする。

　　図表中の文字は８ポイント以上の大きさとし，図表が極端に小さくならないよう留意するものとする。

⑸　投稿論文には，執筆者名，所属名は書き入れず，本文（注・引用文献を含む）にもそれらが判明する書き方をしない。

　　また「拙著」「拙稿」などの表現，研究助成，共同研究者への謝辞など，投稿者名や所属機関が判明，推測できるような表現は控えること。これらの記載が必要な場合は，採択決定後の校正において加筆することを認める。

⑹　規定枚数を超過した場合には，受理しない。

3．投稿は，電子メールと郵送によって提出するものとする。電子メールでは，PDFファイルの形式で，執筆者名がプロパティ等に記録されないように注意して保存し，論文のみを送信する。郵送では，論文（表紙とともにホッチキス止めしたもの）１部と別紙（論文タイトル，執筆者名，所属名，連絡先を付記したもの）１部を，日本教育経営学会紀要編集委員会事務局宛に送付する。

4．投稿論文の申込期限は10月10日とし，電子メール，郵送のいずれでも可とする。論文等の提出期限は，11月９日とする。

5．投稿論文について編集委員会は，執筆者との協議を通じ，内容の変更を求めることがある。

6．掲載が決定した論文については，改めて(1)論文タイトル，執筆者名，所属名を付記した論文原稿，(2)英文タイトル，300語以内の英文レジュメ，ローマ字表記の執筆者名，英文表記の所属名を付記した英文レジュメ，(3)それらが入力された電子的記録媒体（CD-R，DVD-R等）を日本教育経営学会紀要編集委員会事務局宛に郵送するものとする。

送付の形式はワープロソフト（Word，一太郎等）のままの形式とし，PDF形式は認めない。

なお，(1)，(2)の郵送と合わせて，メールにて日本教育経営学会紀要編集委員会事務局に，データ送信を行う場合は，(3)の送付を免除できるものとする。

7．執筆者による校正は再校までとする。その際，内容上の修正は原則として認められない。

8．図版等で特定の費用を要する場合，執筆者に負担させることがある。

9．引用文献の表記法については，以下の通りとする。

(1) 単行本の表記方法

著者，書名，発行所，出版年の順で書く。

例1) 小野田正利『教育参加と民主制—フランスにおける教育審議機関に関する研究』風間書房，1996年。

例2) Ravitch, D., *The Death and Life of Great American School System; How Testing and Choice Are Undermining Education,* Basic Books, 2010.

例3) 国立教育政策研究所監訳『PISA2006年調査評価の枠組み』ぎょうせい，2007年（=Organization for Economic Co-operation and Development, *Assessing scientific, reading and mathematical literacy: a framework for PISA 2006,* 2006.)

(2) 論文の表記方法

著者，論文名，雑誌名，巻，号，発行年，頁の順で書く。

例1) 佐藤博志「オーストラリア首都直轄区の学校評価に関する考察—自律的学校経営における学校評価の役割に着目して—」『日本教育経営学会紀要』第38号，1996年，88-99頁。

例2) Hargreaves, A., "Distinction and disgust; the emotional politics of school failure", *International Journal of Leadership in Education,* Vol.7, No.1, 2004, pp.27-41.

10．注の表記方法は，引用文献と脚注を区別する方式とし，以下の表記方法に従うものとする。

注は文中の該当箇所に(1)，(2)……と表記し論文原稿末尾にまとめて記載する。

引用文献は本文中では，著者名（出版年），あるいは（著者名出版年：頁）として表示する。同一の著者の同一年の文献については，出版年の後にa，b，c……を付ける。

例1) しかし，浜田（1998a）も強調しているように……，単なる学校裁量の拡大にとどまり組織改革がともなわない場合には効果は低い。

例2) 公立学校の改革を促進する動向は……，近年急速に進展している（中留・伊藤他2007：2頁）。

例3) Blumenthalの指摘によれば，「……である」（Blumenthal 2006：pp.564-565）。

11．引用文献は，邦文，欧文を含め，注のあとにまとめてアルファベット順に記載する。

著者，論文名，雑誌名，巻，号，出版社，出版年，頁の順に書く。なお引用文献は本文中に用いたもののみをあげるものとする。

例）

[引用文献一覧]

・Blumenthal, R., "Why Connecticut Sued the Federal Government over No Child Left Behind", *Harvard Education Review,* No.76, Vol.4, 2006, pp.564-569.
・浜田博文「アメリカにおける個別学校の裁量拡大と校内組織改編に関する考察―『教員リーダー』の位置と役割に着目して―」『日本教育経営学会紀要』第40号，1998年a，68-81頁。
・浜田博文「米国フロリダ州における校長職をめぐる改革の動向について」『学校経営研究』第23号，大塚学校経営研究会，1998年b，76-87頁。
・中留武昭・伊藤文一・露口健司・大竹晋吾・雪丸武彦・田代裕一・倉本哲男・生田淳一・増田健太郎・小澤永治・八尾坂修『信頼を創造する公立学校の挑戦―壱岐丘の風がどのように吹いたか―』ぎょうせい，2007年。
・柳澤良明『ドイツ学校経営の研究―合議制学校経営と校長の役割変容―』亜紀書房，1996年。

日本教育経営学会著作権ポリシー

１．学会紀要掲載の論文等（特集論文，研究論文，教育経営の実践事例，シンポジウム・課題研究の報告，海外の教育経営事情，実践推進フォーラム，書評，教育経営学研究動向レビュー等）について

⑴　著作権（著作権法第21条から第28条に規定されているすべての権利を含む。以下同様。）は，学会に帰属するものとする。

⑵　著作者自身による学術目的等での利用（著作者自身による編集著作物への転載，掲載，WWW による公衆送信，複写して配布等を含む。）を，学会は許諾する。著作者は，学会に許諾申請をする必要がない。ただし，刊行後１年間は，WWW による公衆送信については，原則として許諾しない。また，学術目的等での利用に際しては，出典（論文誌名，巻号頁，出版年，以下同様。）を記載するものとする。

⑶　著作者が所属する機関の機関リポジトリでの公開については，刊行１年後に無条件で許諾する。著作者自身および著作者が所属する機関による許諾申請をする必要がない。ただし，出典を記載するものとする。刊行後１年以内の場合には許諾しない。

⑷　第三者から論文等の複製，翻訳，公衆送信等の許諾申請があった場合には，著作者の意向を尊重しつつ，常任理事会が許諾の決定を行うものとする。

２．大会の発表要旨（要旨集に掲載された著作物）について

⑴　著作権は著作者に帰属するものとする。

⑵　著作物の複製，公衆送信，頒布等を行おうとする者は，著作者の許諾を得るものとする。

３．学会あるいは学会の委員会，学会において設置されたグループ等による著作物（学会ニュースを含む。）について

⑴　著作権は，学会に帰属するものとする。

⑵　著作物の複製，公衆送信，頒布等を行おうとする者は，学会の許諾を得るものとする。

附則　本規程は，2010年６月５日より施行する。

Journal of JASEA
CONTENTS

Characteristics of Each Country and Challenges for Japan
   Hiroshi SATO (University of Tsukuba), Midori UEDA (National Institute for Educational Policy Research), Saiko SADA-HIRO (Chiba University), Kaori SUETOMI (Nihon University), Nozomu TAKAHASHI (Gunma University), Shota TERUYA (Okinawa International University), Michiyo NISHINO (Osaka Sangyo University)

PRACTICE FORUM JASEA:
Examination of the Compositional Principles and Program Development for School Leader Education in a Teaching Professional Graduate School (2)
   Tetsuya TAKATANI (Kagoshima University), Ryo YAMAMOTO (Oita University), Masafumi OBAYASHI (Naruto University of Education), Maho TANAKA (Osaka Kyoiku University), Shingo OTAKE (University of Teacher Education Fukuoka)

BOOK REVIEW:

RESEARCH REVIEW:
The Trend of Research for Educational Administration that Locate Children in the Framework
   Takehiko YUKIMARU (Seinan Gakuin University)

ACADEMIC AWARD:

No.63, June 2021
Edited by
The Japanese Association for the Study of Educational Administration

編　集　後　記

　今年度も編集委員の先生方をはじめ執筆者の皆様のご尽力・ご協力のもと，こうして紀要第63号を無事刊行できました。心より御礼申し上げます。

　今期の紀要編集委員会としての仕事も3年目，最終年度となる本年度は，COVID-19への対応で，常任編集委員会を全てオンラインで開催しました。2年間の対面での会議を通じてつくられた委員間のかかわりを基盤に，編集企画の議論や論文審査も問題なく行うことができたように思います。

　本年度に変更したことは次の2点です。一つ目は，4月よりクラウドサービスの会員管理システム「シクミネット」が導入されたことに伴い，投稿募集をメール配信（一部郵送）で初めて行いました。二つ目は，昨年度に研究論文のページ数（投稿要領2）を15から16ページに改定して，本号より実施しました。

　投稿や査読・審査にあたっては，昨年度より導入しました投稿様式とチェックリストをご提出いただくことで，概ね整った形でご投稿いただけるようになり，編集事務局での投稿受付や査読者の負担軽減につなげることができました。ご投稿の皆様のご協力に感謝いたします。

　今後の課題は次の2点です。一つ目は，会員の多様性が増したことにより，これまで暗黙であった論文投稿のルールやマナーをあらためて明文化する必要性が出てきているのではないかということです。二つ目は，投稿手続きをオンラインへ移行するなかで，オンライン環境の利用が難しい会員の投稿機会をどのように保障するかということです。

　これらの課題を次の期に残しての任期終了となりますことを，この場を借りてお詫び申し上げるとともに，会員の皆様には，今後ともご協力をお願い申し上げます。

　最後になりましたが，第一法規の田村雅子様と芳賀郁雄様には，温かなご配慮・ご支援をいただきました。この場を借りて，厚く御礼申し上げます。

（編集幹事・曽余田順子）

日本教育経営学会紀要　第63号

子どもの生と教育経営

2021年6月30日　初版発行　　　　　　　　　定価3,080円（本体2,800円＋税10％）

編　集　日 本 教 育 経 営 学 会（会 長　佐古　秀一）
　　　　日本教育経営学会紀要編集委員会（委員長　曽余田浩史）
発行者　田　中　英　弥
発行所　第一法規株式会社
　　　　〒107-8560　東京都港区南青山2丁目11－17
　　　　ホームページ　https://www.daiichihoki.co.jp/

ISBN978-4-474-07602-0 C3037（6）〈検印省略〉

日本教育経営学会紀要バックナンバー

第45号	教育経営研究のフロンティア	2003年
第46号	学校の自律性確立条件と公教育の在り方	2004年
第47号	自律的学校経営を担う学校経営者の在り方	2005年
第48号	学校経営の自律化に向けた評価と参加の在り方	2006年
第49号	教育経営をめぐる環境変動	2007年
第50号	教育経営概念の今日的検討―50周年記念号―	2008年
第51号	今日における教育経営学の意義と課題	2009年
第52号	学校の組織力と教育経営	2010年
第53号	教育経営と学力	2011年
第54号	教育経営と地域社会	2012年
第55号	社会変動と教育経営	2013年
第56号	教育改革と教職員の資質向上	2014年
第57号	教育経営の独立性を問う	2015年
第58号	学校組織のリアリティと人材育成の課題	2016年
第59号	大学経営の課題と展望	2017年
第60号	教育経営研究の課題と展望―60周年記念号―	2018年
第61号	カリキュラムと教育経営	2019年
第62号	教師という仕事と教育経営	2020年